中国轻工业"十四五"规划立项教材
学前教育专业（新课程标准）系列精品教材
"互联网+"新形态立体化教学资源特色教材

学前儿童科学教育

主　编◎郭海燕
副主编◎王　敏　张梓逸
主　审◎程广文

中国轻工业出版社

图书在版编目（CIP）数据

学前儿童科学教育 / 郭海燕主编. — 北京：中国轻工业出版社，2023.2

学前教育专业（新课程标准）系列精品教材

"互联网+"新形态立体化教学资源特色教材

ISBN 978-7-5184-4177-8

Ⅰ.①学… Ⅱ.①郭… Ⅲ.①学前儿童—科学教育学—幼儿师范学校—教材 Ⅳ.①G613

中国版本图书馆CIP数据核字（2022）第202323号

责任编辑：崔丽娜　　责任终审：高惠京
整体设计：锋尚设计　　责任校对：朱燕春　　责任监印：张　可

出版发行：中国轻工业出版社（北京东长安街6号，邮编：100740）
印　　刷：三河市国英印务有限公司
经　　销：各地新华书店
版　　次：2023年2月第1版第1次印刷
开　　本：787×1092　1/16　印张：13.75
字　　数：330千字
书　　号：ISBN 978-7-5184-4177-8　定价：45.00元
邮购电话：010-65241695
发行电话：010-85119835　传真：85113293
网　　址：http://www.chlip.com.cn
Email：club@chlip.com.cn
如发现图书残缺请与我社邮购联系调换

210140J1X101ZBW

前　言

科学素质是国民素质的重要组成部分，是社会文明进步的基础。在现代科技时代，科学态度、科学方法、人文和科学精神成为现代公民的基本素质，几乎所有国家都重视科学教育。为了应对新时代社会发展所带来的挑战，培养适应未来社会发展的创新人才。2021年，我国国务院颁布的《全民科学素质行动规划纲要（2021—2035年）》中提出将弘扬科学精神贯穿于育人全链条。坚持立德树人，实施"科学家精神"进校园行动，将科学精神融入课堂教学和课外实践活动，培养学生的爱国情怀、社会责任感、创新精神和实践能力。引导变革科学教学方式，倡导启发式、探究式、开放式教学，保护学生的好奇心、激发求知欲和想象力。推进信息技术与科学教育深度融合，推行场景式、体验式、沉浸式学习。

"学前儿童科学教育"是一门以课程与教学论的一般原理为依据，运用学前教育学、学前儿童发展心理学理论和原则来研究学前儿童科学教育活动过程的学科。在编写该教材时，本书以《幼儿园教育指导纲要（试行）》为理论基础，以《3—6岁儿童学习与发展指南》为实践依据，遵循《教师教育课程标准（试行）》"实践取向""能力为重"的理念，将学科前沿知识、教育改革和教育研究最新成果融入科学教育内容中，从而使学生通过本书的学习，能够较好地理解和掌握学前儿童科学教育的基础知识、基本理论和探究原理，并提高开展学前儿童科学教育教学与研究的实践能力，本书在编写过程中试图强调以下三个方面：

第一，强调"以幼儿探究为本"的教育理念和教育策略。科学的本质在于探究，探究应成为幼儿科学学习的重要内容。本书不仅阐述了幼儿科学探究的过程和特点，同时在学前儿童科学教育内容中增加了科学探究的内容，重点阐述了幼儿的科学探究能力及幼儿园不同年龄阶段探究能力的关键经验，试图帮助学习者强化以幼儿为本的价值取向和探究理念，帮助学生学会尊重儿童、了解儿童，努力成为学前儿童科学学习与探究能力发展的支持者和促进者。

第二，强调"实践取向与能力为重"。学前儿童科学教育是一门应用性、实践性较强的学科，以培养学生具有从事学前儿童科学领域教育与研究的专业素养和教学能力为核心。因此，本书在撰写过程中，由实践案例导入，引发学生带着问题去学习。在阐述基本原理时，也列举了相应的案例以丰富对理论的理解与转化，提升学生理论联系实践、分析与解决实践中科学教育问题的能力，为学生未来从事学前儿童科学教育教学与研究奠定基础。

第三，强调"与时俱进，终身学习"。本书在撰写过程中，充分汲取了教育学、心理学、学科教学的最新研究成果，广泛收集、整理并借鉴和吸纳国际先进的学前阶段科学教育改革的先进经验、先进做法，增加了学前STEM教育及幼儿园博物馆教育，希望能够开阔学生的视野、了解国际学前儿童科学教育的最新动态和研究成果。

本书共七章内容。全书的编写力求理论与实践相结合，通过理论观点的阐述和实践案例的呈现，帮助学生更好地理解学前儿童科学教育的目标、内容、方法、活动设计的原则与指导，树立科学的学前儿童科学教育观。本书受泰州学院学前教育专业省一流专业建设经费资助，由郭海燕负责拟订编写大纲及统稿，程广文教授主审，具体编写分工如下：第一章至第五章由郭海燕编写，第六章由王敏编写，第七章由张梓逸编写。本书在编写过程中，参考了大量来自国内外同行撰写的书籍、文章和资料，为本书提供了丰富的素材和范例，在此一并致谢。本书也是2020年度江苏省高校哲学社会科学研究项目"编程Robot在幼儿园游戏中的运用研究"（2020SJA2142）的成果之一。

由于编者学识和能力有限，本书难免存在一些问题和疏漏，恳请广大学生、教师、幼教同行、专家批评指正。

编者
2022年盛夏

目 录

001 | 第一章
学前儿童科学教育的基本问题

- 003 第一节 科学与科学教育
- 014 第二节 儿童的科学
- 020 第三节 学前儿童科学学习的理论依据
- 028 第四节 学前儿童的科学教育

034 | 第二章
学前儿童科学教育的目标

- 035 第一节 学前儿童科学教育的目标定位
- 044 第二节 学前儿童科学教育的目标制定

053 | 第三章
学前儿童科学教育的内容

- 055 第一节 科学探究
- 070 第二节 学前儿童科学教育的内容选择

087 | 第四章
学前儿童科学教育活动的设计与指导

- 088 第一节 主题科学探究活动的设计与指导
- 106 第二节 生命科学探究活动的设计与指导
- 122 第三节 物质科学探究活动的设计与指导
- 132 第四节 地球与空间科学探究活动的设计与指导

146 | 第五章
学前阶段 STEM 教育

- 147　第一节　STEM 教育概述
- 150　第二节　我国学前阶段 STEM 教育的发展
- 160　第三节　幼儿园 STEM 教育活动的组织与实施

173 | 第六章
学前儿童科学教育资源

- 174　第一节　学前儿童科学教育资源概述
- 177　第二节　学前儿童科学教育资源的选择与开发
- 179　第三节　学前儿童科学教育资源的利用与管理
- 189　第四节　博物馆科学教育资源

194 | 第七章
学前儿童科学教育的评价

- 195　第一节　学前儿童科学教育评价概述
- 198　第二节　学前儿童科学教育评价的内容
- 208　第三节　学前儿童科学教育评价的方法

212　参考文献

第一章 学前儿童科学教育的基本问题

学习目标

① 理解科学的本质及科学教育的内涵,并掌握科学教育中的相关问题。

② 理解儿童的科学与儿童的科学探究,并掌握儿童科学的特点及儿童不同于成人的科学探究的特点。

③ 领会与理解学前儿童科学学习的理论依据。

④ 理解与领会学前儿童科学教育的内涵、特点及价值。

导入案例

嘘，幼儿园里有妖怪

孩子们在午睡的地方发现了窗户外银杏树的影子，有人惊呼一声"有妖怪"，大家纷纷地藏了起来。后来"妖怪"不见了，孩子们有点失望。等到妖怪再次出现时，孩子们开始跟"妖怪"玩起来了。有的在摸地上的树影，有的甚至在跟"妖怪"聊天。

雨欣：这个妖怪是不动的，我一直踩它，它也没动。

梓桐：对呀，我刚才还挠了妖怪的痒痒，它也没动。

小楚：妖怪，你好啊。你从哪里来呀？你的妈妈呢？

后来，孩子们不知不觉地开始玩自己的影子。有的说自己是"大老虎"，有的和好朋友一起变成了"大妖怪"。

颢蓝：老师，快看，我的妖怪有爪子，超级凶猛。

韦名：我的老虎更加厉害。

很快，幼儿发现生活中到处都是妖怪，幼儿园里有大树怪（大树的影子）、大眼怪（滑梯的影子），家、公园、路边、商场，也到处都是妖怪。

老师：你干吗蹲在那里呢？

梓涵：我在看大眼怪啊。

老师：大眼怪？在哪里呢？

梓涵：你看草坪上的两个白白的东西，就是大眼怪的眼睛。

自从有了"妖怪"这个发现，孩子们觉得影子像一个黏人的口香糖，想要摆脱它，并尝试了很多方法。

"妖怪"这么好玩，孩子们越来越想拥有属于自己的"妖怪"，怎么捉住"妖怪"成了一件大事。

老师：我们可以去哪里捉妖怪呢？

函宇：幼儿园的操场上呀，那里有好多妖怪。

老师：怎样才能捉住呢？

若羲：用手机拍下来。

雨欣：我们可以先把妖怪画下来，就像画画一样。

不仅外面有"妖怪"，屋子里也有"妖怪"，孩子们尝试在灯光下捉"妖怪"。

（案例来源：成都市第十三幼儿园。）

请问案例中的现象是科学吗？科学到底是什么？学前儿童的科学与成人的科学一样吗？学前儿童的科学有什么特点？通过本章的学习将明晰科学的内涵、学前儿童科学教育及其特点。

2021年6月3日，国务院发布的《全民科学素质行动规划纲要（2021—2035年）》强调要弘扬科学精神和科学家精神，传递科学的思想观念和行为方式，加强求真务实、包容失败的创新文化建设，营造热爱科学、崇尚创新的社会氛围。

弘扬科学精神就是要将科学精神贯穿于育人全链条，实施"科学家精神"进校园行动，将科学精神融入教育教学和各种实践活动中，激发学生的好奇心和想象力，增强他们的科学兴趣、创新意识和实践能力，为加快建设科技强国夯实人才基础。幼儿园教育作为基础教育的重要组成部分，是学校教育制度的基础阶段，从小在幼儿心中播下爱科学的种子，有利于培养幼儿对科学的兴趣与爱好，同时也为其终身学习奠定良好的基础。

要培养学前儿童良好的科学素养，幼儿教师首先要明晰什么是科学，理解科学的内涵；其次，要理解科学教育的特点，把握科学教育与其他学科教育的不同；最后，理解与掌握学前儿童的科学及学前儿童科学教育的特点，这样才能保障高质量科学教育的提供。

第一节　科学与科学教育

一、科学

从词源学上看，英文"科学"（science）一词来源于拉丁文中的scientia，意思是知识、求知。1896年梁启超在《变法通议》中将"科学"一词引入中国。关于"科学是什么"，长期以来，科学家、科学哲学家、科学史学家等一直在进行激烈争论。

英国的科学哲学家乔治·奥威尔认为：科学一般被定义为：①精确科学，如化学、物理等；②一种通过逻辑推理从观察到的事实得出可验证的结论的思维方式。我国学者郭湛在《中国大百科全书·哲学》中提出：科学是以范畴、定理、定律形式反映现实世界多种现象的本质和运动规律的知识体系。也有学者认为：科学是人类借此获取对外界环境控制的行为模式。按照这种观点，科学不仅包含理论知识，而且包含技术。还有人提出：科学既是系统的知识体系又是探究活动。科学与技术是两个不同的概念，科学是理论形态的知识体系，而技术则是应用理论知识来解决实际问题。

不难看出，人们从不同的认识角度出发，对"什么是科学"存在着不同的看法。但通过考察科学发展的历史和科学研究的对象、过程、方法、成果等，对于现代科学的内涵、本质与特性，人们还是有很多共识的。

（一）科学是知识

科学是什么？德国哲学家康德从科学的词源和德语语境角度出发，他认为："每一种学问，只要其任务是按照一定的原则建立一个完整的知识的话，皆可被称为科学。"德国汉斯·波塞尔对此说道：科学不仅为人们提供"工具知识"，也为人们提供"定位知识"。工具知识是通过科学，人们得到一定的工具，借以可以达到一定的目的；定位知识是科学为人们提供了人与世界的秩序，借以人们有能力确定自己要达到的目的。

美国科学哲学家G·萨顿在《美国百科全书》中把科学理解为：科学为系统化的实证知识。《苏联大百科全书》第二版中认为："科学是在社会实践的基础上历史形成的和不断发展的关于自然界、社会和思维及其客观发展规律的知识体系。……从实在的事实出发，科学揭示现象的本质联系。"学者霍奇森对于作为知识体系的科学阐释得相当精辟："科学的广义是主要的定量知识的集合体，这些知识是人通过能动的努力，以系统的和可交流的方式理解他的周围事物和他自己而建立起来的。"科学在它的客观的和持久的意义上是知识。科学涉及人周围的事物，意指人们通过感官和仪器感知物质客体。科学必须是系统的，否则它就不会构成首尾一贯的知识本体。科学是可交流的，只有当科学家把自己的发现与其他科学家交流，并被他们吸收或检验时，它才能成为科学共同体的集合精神。科学也是动态的，它连续地扩大它的前沿和加深它的知识。从霍奇森对科学的阐述我们发现，科学作为一种知识体系具备与其他知识不同的特点。

1. 科学知识具有真理性

科学知识不是真理，但科学知识具有真理性。科学知识的真理性是指科学知识必须符合客观事实，它是对客观世界的真实反映。任何不能正确反映客观世界的知识，或是与客观事实不符的理论、观点、解释都应排除在科学知识体系之外。

科学知识的真理性是相对的。也就是说，科学知识并不一直是"真理"，即科学知识在一定的历史期间是真理，但随着人类探究能力的不断提升，人们的科学认识也在不断发展、变化，过去认为完全正确的科学知识也在不断修正，甚至有的被新的认识所否定。例如，哥白尼提出的"日心说"，有力地打破了长期以来居于统治地位的"地心说"，引起了人类对宇宙认识的巨大思想变革，推动了天文学的根本变革。现在，人们发现太阳并非宇宙中心，而是太阳系的中心，它只是宇宙中微小的一部分。因此，我们不能把科学知识的真理性误解为科学就是对世界的固定不变的"正确"解释。由此可见，科学没有最终的结论，更没有永远正确的结论。科学的真理性不在于它对世界的解释是永远正确的，而在于它是一个开放性的知识体系，始终在不断的自我修正中得以发展。

2. 科学知识具有经验性

科学知识的经验性是指科学知识来源于大量的实践活动，是在实践过程中发现而获得的稳定性的经验性知识，这不是人的主观臆想。

经验性的知识主要是通过收集和整理客观信息，并在客观信息的基础上进行思维加工，从而得出结论。它强调的是以客观的事实为依据。由此可见，那些通过主观直觉获得的未经证实的"感悟"，或者出自权威人物的论断，以及那些打着科学旗号的"伪科学"知识，都不是建立在客观事实证据的基础上，因此也都不是科学知识。

当然，科学知识的经验性，并不排除理性的思考。正如达尔文所说，"科学就是整理事实，从中发现规律，得出结论"。关键在于这些思考必须建立在客观事实的基础上，而不是主观臆断。此外，我们也不能把科学知识的经验性狭隘地理解为个人的亲身经验。书本上的科学知识，作为前人实践经验的结晶，这是一种宝贵的间接经验，它是人们获得科学知识的重要途径。

3. 科学知识具有可重复性

科学知识具有可重复性是指科学知识是可以验证的、规律性的知识，即能经得住实践的检验，无论何人何时何地重复该实验，都能得到同样的结果，这说明此结论是经得起验证的，是真正科学的、可靠的。例如，上古先民农耕时，发现农耕生产与大自然的节律息息相关，他们通过观察天体运行，认知一岁中时令、气候、物候等方面变化规律形成了"二十四节气"。如果这个规律能够进一步为事实所验证，就可以认为它是正确的；否则，就可认为它是错误的，至少是不完全正确的。因此，科学知识在一定时间内是能够不断地接受经验反复地检验。

总之，科学知识是指人类经过科学研究而积累的，对客观世界和人类自身的系统的认识。这个认识是一个不断修正、不断深入，以逐步逼近客观存在的过程。

需要补充的是，根据科学知识所要反映对象的领域，科学可分为自然科学、社会科学和思维科学。但自然科学和社会科学、思维科学又有所不同，这是由自然科学的特殊性所决定的。因为在客观的自然现象面前，不同的人所观察到的科学事实都是一致的，通过逻辑的推演得出的科学结论和科学理论也应该是相同的。对于自然科学知识，人们比较容易得出一致的和稳定的认识；但社会科学和思维科学的知识则常常会因认识者的立场（尤其是哲学观点）不同而存在不同的理解，因此，也很难用上面的三条标准来衡量。目前，幼儿园课程中所指的"科学"及"科学教育"主要是指自然科学和自然科学教育。

科学作为知识体系，包括事实、概念、原则与理论。事实是人们通过自身感官所感知到的事物的状况，并且是一种客观存在。科学事实是科学研究产生和发展的基础。概念是反映事物特有属性的一种思维形态，它是由特殊或相关经验概括出来的观念。科学概念就是客观事物的共同属性和本质特征在人们头脑中的反应，是对科学事物的一种抽象，是人们在观察、实验和思维相结合的一种产物，是组成科学知识的一个基本单元，是形成科学学科结构的一个基础，如动物、植物、声音、空气等都是科学概念。而由几个相关概念构成的具有普遍意义的道理即为科学原则，这些自然法则可以预测自然现象，如磁铁同极相斥、金属遇热膨胀；理论则是一大组解释多种科学现象的相关科学原则，如进化论、细胞结构论等。科学知识的表现形式有科学事实、科学概念、科学原理、科学理论和科学模型等。对于学前阶段的儿童来说，他们的科学学习更多的是感知并探究科学事实，在获得具体的科学经验的基础上进而逐渐习得初级的科学概念。

（二）科学是过程

科学作为认识活动，常常与研究过程联系起来。科学是人们心智的主要活动之一，是人们用以考察世界的方式。1952年诺贝尔化学奖获得者英国学者C. 辛格认为：科学是创造知识，而不是知识本身；科学意味着一个过程，而不是一堆静态的学说。爱因斯坦曾经把科学定义为一种"探求意义的经历"。这暗示我们：科学不仅仅是已经获得的知识体系，它更是一种通过亲身经历去探求自然事物的意义，进而理解这个世界的过程。保加利亚学者T. H. 伏尔科夫认为："科学的本质，不在于已经认识的真理，而在于探索真理。""科学本身不是知识，而是产生知识的社会活动，是一种科学生产。"美国科学社会学家小李克特（M.N. Richter）也认为，科学是"一种组织起来探求自然规律的活动"。结合以上学者的观点，可以得出以下结论。

1. 科学知识的获得离不开科学的探究过程

任何科学知识都不是孤立于科学探究过程之外而存在的，相反，它是科学探究过程的产物。一般来说，科学探究过程包括以下流程：观察和发现→假设和检验→推理和形成结论→解释和预测。

以光的直线传播为例。通过对光的长期观察，人们发现了沿着密林树叶间隙射到地面的光线形成射线状的光束，从小窗中进入屋里的日光也是这样。大量的观察事实使人们认识到光是沿直线传播的。为了证明光的这一性质，大约2450年前我国科学家墨翟和他的学生完成了世界上第一个小孔成倒像的实验，发现并解释了小孔成倒像的原理。虽然他讲的并不是成像而是成影，但道理是一样的。在一间黑暗的小屋里朝阳的墙上开一个小孔，人对着小孔站在屋外，屋里相对的墙上就出现了一个倒立的人影。为什么会有这种奇怪的现象呢？墨家解释说，光穿过小孔如射箭一样，是直线行进的，人的头部遮住了上面的光，成影在下边，人的足部遮住了下面的光，成影在上边，就形成了倒立的影。这是对光直线传播的第一次科学解释。人们在所观察到的事实根据基础上，进行合乎逻辑的推理，并得出了结论。

由此可见，科学知识的获得与科学探究过程紧密联系。任何科学知识的来源都不是权威论断，也不是主观臆断，而是事实的证据和合乎逻辑的推理，是科学探索的过程。

2. 科学不仅表现为结论的科学性，也表现为过程的科学性

美国科学社会学家小李克特一针见血地指出："科学暂且被定义为一个过程，或一组相互关联的过程；通过这个或这组过程，人们获得了现代的，甚至是正在变化之中的关于自然世界（包括无生命的自然界、生命、人类和社会在内）的知识。通过这个过程获得的知识可以被称为是'科学的'，而且在某个时期被认为是科学的知识，很可能在以后的日子里被认为是过时的。"人们的科学认识是在不断发展、变化的。科学知识在不断地接受新事实的检验。过去认为是正确的、科学的知识完全可能被新的事实所推翻、所否定，被新的认识、新的理论所取代。从科学发展史的角度来看，没有永恒不变的真理，没有永远正确的知识。

虽然科学知识可能被推翻，但获得科学知识的基本过程却是一直存在并长期起作用的。在某种意义上说，科学的客观性，不仅在于其认识结果的客观，即科学知识符合客观实际；更在于它的过程的客观。即在可观察的客观事实基础上进行合乎逻辑的推理，并将推理的结果进行验证。

随着科学技术的进步，科学研究的手段也日益更新，科学过程也日益复杂。但是，作为科学探究的基本过程——观察和发现、假设和检验、推理和形成结论、解释和预测，却是长期存在的。可以说，科学认识过程的客观性保证了科学知识的客观性，尤其是保证了科学知识在新的事实证据面前，能及时地修正自己，使之成为一个开放性的知识体系。

由此可知，科学是指人们对客观世界的一种正确认识和知识体系，同时也是指人们用科学的方法探索世界、获取知识的过程。科学不仅仅是一种知识，更是一种过程，它是科学过程和科学知识的统一。科学知识的获得依赖于科学过程，过程的科学性保证了知识的科学性。它们两者是内在于科学的内涵里，不可分割。

(三)科学是世界观

科学活动是缘于人类对周围世界的好奇心和求知欲。中国科学院粒子天体物理重点实验室主任张双南认为,科学是从天文学的研究产生出来的,具体来讲是从古希腊开始的,通过不断地刨根问底追问太阳系内行星的运动规律,经历了地心说、日心说、开普勒三定律的经验规律、伽利略利用其发明的天文望远镜对行星的精确观测以及伽利略创立的实验科学,一直到牛顿的归纳、演绎和实证,最终不但理解了行星运动的主要规律,而且产生了人类历史上第一个自然科学理论体系,也就是牛顿的力学三定律和万有引力定律。正是凭着科学家们的这种强烈的好奇心及刨根问底的精神推动了现代科技文明的发展。因此,张双南认为科学就是刨根问底。这种刨根问底的精神体现了人类所共同追求和崇尚的价值观——实事求是、敢于质疑、独立思考、坚持真理、敢于创新、谦虚谨慎等态度和精神。尽管这些价值观不是科学所特有的,但是它们在科学中得到了充分的体现,构成了科学所不可或缺的内涵。

如今,人们普遍认为科学不是纯粹客观的、价值中立的,它本身就是一种精神、一种价值追求;真正使科学光芒四射的,不是科学知识,而是科学精神及其所追求的价值。从这个意义上说,科学是一种人生态度,孜孜以求,锲而不舍;同时,科学还是一种世界观,即科学家对世界(包括对科学活动和科学知识本身)的基本看法和态度。

综上所述,科学是人们对客观世界的一种正确的认识和知识体系,是人们探索世界、获取知识的过程,还是一种看待世界的态度和方法。科学是科学知识、科学方法和科学态度的结合体。科学知识是科学的基础,它承载着科学的过程和科学态度;科学过程是科学的主要的表现方式,体现了科学知识和科学态度;科学态度是科学的精髓,是科学知识和科学过程的内化和升华。三者相辅相成,缺一不可。而科学的本质在于探究,探究是科学过程的核心,探究精神是科学态度的核心,科学知识是探究的结果。科学不在于已经认识的真理,而在于孜孜以求地探索真理。

二、科学教育

科学作为一种人类文化,通过教育不断传承和发展。随着科学技术成为现代社会第一生产力,科学态度、科学方法、人文和科学精神成为现代公民基本的素质,几乎所有国家都认识到科学教育关乎国家和民族的兴衰。为了应对21世纪社会发展所带来的挑战,各国纷纷进行教育改革,为国民提供更高质量的科学和人文教育,培养适应未来社会发展的创新人才。

中国的现代科学教育始于20世纪初,在经历了一个多世纪的不断探索和改革之后,科学教育的目的已经逐渐由培养社会中少数科技精英转变为培养每一个人成为社会的合格公民。2006年国务院颁布《全民科学素质行动计划纲要(2006—2010—2020年)》提出完善基础教育阶段的科学教育,2021年颁布《全民科学素质行动规划纲要(2021—2035年)》提出提升基础教育阶段科学教育水平,引导变革教学方式,倡导启发式、探究式、开放式教学,保护学生的好奇心,激发求知欲和想象力。

（一）科学教育的内涵

英国著名科学教育学者弗雷泽提出，科学教育的重点应放在普及科学知识、探讨由科研到获得发现的方法或途径中。他在《科学教育的概念》一书中，将追求知识、掌握技能、理解科学现象和发展学生的优势作为科学教育的四个目标。我国学者顾志跃在《科学教育概论》一书中指出，科学教育是一种通过现代科学技术知识及其社会价值的教学，让学生掌握科学概念，学会科学方法，培养科学态度，且懂得如何面对现实中的科学与社会有关问题做出明智抉择，以培养科学技术专业人才，提高全面科学素养为目的的教育活动。中国科学院在《2001科学发展报告》中指出，科学教育是关注科学技术时代的现代人所必需的科学素养的一种养成教育，是将科学知识、科学思想、科学方法、科学精神作为整体的体系，使其内化成为受教育者的信念和行为的教育过程，从而使科学态度与每个公民的日常生活息息相关，让科学精神和人文精神在现代文明中交融贯通。

由此可知，科学教育在教育目标上以培养学生科学素养为中心，在教育内容强调现代科技与日常生活的结合，在教学过程中强调实践性，通过大量的课内外实践活动引发学生积极思考与探索，发现问题与尝试解决现实问题，增强他们的科学兴趣、创新意识和实践能力。

（二）科学问题

科学作为一门独立的学科，它具有自身所特有的学科体系与特点，因此，教师在进行科学教育的过程中，在考虑学习者的年龄特点时还要遵循该学科的特点开展科学教育。教师除了要辨别实际问题和科学问题外，还要擅长提出科学问题或启发学生提出问题，并厘清以下几点。

1. 区分科学问题与伪科学问题

科学探究源于问题，为激发幼儿科学探究的兴趣，教师往往会精心准备一些问题或启发幼儿提出问题。比如：春天来了，竹林里冒出一大片的竹笋，幼儿争先恐后地展开对竹笋的探究，教师适时地提出相关问题，如：为什么这里有一大片竹笋？竹笋在什么季节生长？竹笋里面是什么样的？竹笋能长多高？竹笋的用途？等等，引导幼儿观察与记录竹笋、了解竹笋的生长环境及用途，这些是科学问题，而如"竹笋长得像什么？"这则是一个伪科学问题，重在激发幼儿的语言表达与想象力；再如，教师问幼儿：你们想研究什么？幼儿问答：我想研究……为什么……或我想研究……怎么样……，这些回答都是孩子的臆想，这是伪问题的另一种形式。

因此，教师要分清科学探究与文学艺术的不同，前者是为了认识与解释已有的客观世界，通过观察、动手操作、实验来认识和解释世界的过程。而后者是为了充分表达自己的情感和思想，并使这种表达能够引起他人情感的共鸣。由此，我们得出，伪科学问题就是那些脱离了解、解释世界的目的，或是没有足够的活动或情境准备或相对于儿童的认知能力过分开放性的、无的放矢的问题。

2. 区分开放性问题与封闭性问题

下面有三组问题：

A："气球为什么一吹就会变大？"

"气球的大小与气球的硬度有什么关系?"

B:"怎样预防感冒?"

"什么条件下我们会感冒?"

C:"我们应该怎样改善环境?"

"不同颜色的池塘中,鱼的数量(或种类)有什么不同?"

以上三组问题,每组中的两个问题有什么规律性的差异吗?对于B和C组,我们曾经用的"是否"是"实际问题"来区别它们,但A组似乎都不是实际问题,那它们的差异在哪里?

为了进一步分清它们的关系,我们将三组的前一个问题称为开放性的问题,后者称为封闭性的问题。它们的差异在于所包含的变量(这里可以理解为影响因素)的个数。开放性问题往往暗含有多个"变量",而封闭性问题只有两个以下的"变量"。"气球为什么一吹就会变大?"它的变量包括气球的材料、空气的含量、空气的可压缩性、吹气人的力气。因此,幼儿往往非常迷惑,难以把握。善于思考的幼儿听到这样问题的第一反应,很可能是不知所措。

开放性的科学问题无边无际;封闭性的科学问题往往指向确定的答案,这样的问题有利于活动的设计、活动材料的选择,有利于教学目标的明确,有利于幼儿能够沿着活动所指引的目标,而不是教师规定的清晰的目标,顺利地达到认知的彼岸。

问题的开放程度应是相对的。下面关于"蚯蚓"话题里有三个层次的开放性问题:

A:蚯蚓的生活习性是什么?

B:在教室里"怎样才能为蚯蚓营造出一种与它们的天然环境极为近似的生存场所?"

C:蚯蚓真的喜欢黑暗吗?

问题A有一定的难度,需要幼儿长时间的观察与教师引导探究;问题B需要进行两周的户外实地对蚯蚓的观察活动之后才能回答。问题C是幼儿自己可以探究的问题,这里只涉及两个变量:环境的亮度与蚯蚓的反应。因此,教师提出的开放性问题首先要适合幼儿的年龄特点,是幼儿能自己独立探究的;其次要保证幼儿有能力先将这个开放性的问题转化为一系列互相联系的封闭性的问题,这样的问题才有意义。

封闭性的科学问题往往产生于开放性问题提出之后,没有开放性的问题便不会产生封闭性的问题。但包含众多变量的问题反映了提问者对问题所涉及的研究对象的认识才刚刚开始;而两个变量的问题说明提问者已初步获得了一个因果关系的假说。因此,真正的"科学问题"是一个暗含着理论假说的问题,是启发学生提出更多问题和假说的梯子。但教师应该把从开放性问题向封闭性问题转换的过程放在活动前完成,留给学前儿童的应该是封闭性的问题。学前阶段的幼儿,依赖具体形象思维,往往不能独立地、成功地提出一个封闭的科学问题,而需要靠大量亲身经历的活动和教师的充分引导才能提出合适的问题。

3. 正确使用"是什么"和"为什么"的问题

科学是为了解释世界,但在解释世界之前,科学家必须客观地描述世界。也就是说,科学家要回答两种类型的问题,一是世界是什么的问题,二是为什么的问题。前一个问题是后一个问题的基础,人类对自然界的认识也是如此。在没有产生近代矿物学、岩石学、植物学、动物学的时候,有一门学问称为博物学。18世纪以前的生物学家,包括卡尔·冯·林奈,都是通才型的博物学家。他们为辨别事物形状、特征,就像孩子们一样都制造过妈妈不喜欢的"垃圾"：石头、小木棍、螺丝钉、玻璃球、小药瓶等，于是博物学家们收集了大量的标本。以植物学为例，亚里士多德曾经描述过约500种植物，17世纪初人们知道约6000种植物，但直到18世纪初植物种类达到约18000种，林奈才开始考虑将它们分类，以便更好地研究它们。事实上，在分类的基础上，人类才有可能解释这些类型之间的关系，考虑"为什么"的问题。在解释的层面上，一般先宏观，后微观，宏观认识是微观认识的基础。

科学活动的意义是什么呢？如果我们把杜威、皮亚杰曾经提出过的，至今仍然有人在研究的"重演论"（即孩子们个体的认知发展过程，重演人类文明发展的历史过程）拿来解释的话，它似乎告诉我们，孩子们的认知发展是从认识"这是什么？"到"这是为什么？"的发展过程。在科学探究活动中，一般经历从分类法的练习，到涉及相互关系的实验研究的过程，如"里面是什么？"是关于认识空气的探究，它属于"是什么"的问题（当然在"认识空气"的主题活动下，幼儿的思考不可能不包含一些简单的解释性内容，如"为什么空气是热的？"）。在"水的探究"中，幼儿只能获得"有些物体在水里会浮起来、有些物体在水里会下沉"的日常概念，还不能真正解释为什么物体在水里会浮起来或下沉，尽管他们对答案很有兴趣，如有的幼儿发现了："如果各种东西大小一样，重的东西在水里会下沉。"

总而言之，幼儿要先进行"是什么"问题的观察，然后再进行"为什么"的解释性思考；学习"为什么"的主题，要建立在对"是什么"问题的观察和思考的基础上。对于学前儿童来说，应该主要进行"是什么"问题的探究活动，鼓励对"为什么"问题的思考，但不作严格的要求。即便是对小学高年级的学生，也只是鼓励并强调解释。他们对科学问题的解释，即"为什么"问题，也不会以符合逻辑的方式在活动之前就能产生，更不会在教师的逼问下："看到……现象，我们能提出什么科学问题呀？"而产生，而是在经过了一段时间的活动后，甚至通过师生共同的讨论后才会发现矛盾和困惑，从而提出对现象的解释。

4. 矛盾是产生问题的母体

20世纪80年代活跃于我国"自然课"教学改革中的兰本达教授多次建议在活动材料的准备中要注意挑起矛盾。例如，对着气球吹气，一只气球被成功地吹起来了，而另一只气球想尽办法也吹不起来，或刚吹起来就炸了，这就是问题。在"关于水的沉浮"实验中，教师所提供的两种不同的纸张，一种下沉，一种浮在水面上，这才能使幼儿产生惊讶之情，激发幼儿的探究欲。因此，教师要想办法在幼儿园的环境与活动材料中给幼儿设置困惑和矛盾。但矛盾和困惑不能太多，对于学前儿童而言，一般不要涉及超过两个变量的问题。例如，在"我们穿什么？"主题探究中，活动目标是了解常见的几种纺织材料的特点，幼儿能观察到不同种类的纺织材料有不同的吸水性，这里包含了两个变量：一个是纺织材料的种类（有棉布、丝绸、麻、毛等），另一个是吸水性（很大、中等、小、很小等）。可是如果教师又引进了纺织材料的强度、可燃性等性质，幼儿就难以理解了。事实上，即便是科学家，也会先从少数变量开始一项研究工作。

综上所述，科学家们所说的"提出科学问题"主要指"为什么"这一类的解释性问题，而这类问题不是在认识的初始阶段所能达到的，因而期望幼儿能独立提出这样的问题往往是不切实际的。即使在科学家的研究中，提出新的科学问题也必须建立在较全面地掌握前人已有的科研成果之上，并对本领域的科学发展趋势有较好的洞察能力，从而指出符合逻辑的和符合社会需求的进一步发展方向。因此，对于学前儿童的科学教育要遵循幼儿年龄特点及认知规律，发展其提出问题的能力。

（三）科学问题与活动内容的关系

一般来说，教学内容遵循科学概念体系，它主要包含以下四个层次。

1. 形式与功能

形式与功能（或结构与功能）是自然界和人类社会互为补充的两个侧面。一个物体或系统如生命体，其形式是与它的功能相一致的。这一规律适用于不同的组织水平。这里的功能不仅是指人类对其利用的潜力，而且是维持物质或生命体自身性质的一种机能。例如，植物茎的构造具有海绵一样的吸水性，它的功能是输送根部的水分。

2. 变化与守恒

世界万物都处在永恒的运动和变化之中，从微小的电子到宇宙星球。运动带来变化，如四季、昼夜更替，生命的生长与衰老，物质的三态转换。但在一个系统中，能量和质量的总和不变。

3. 演变与平衡

自然界不仅是处于不停的运动与变化之中，而且有些是逐渐发生的，有些是突然发生的。自然界（包括生命体和物质）和人类社会具有的现状，只是长期演变过程的一个阶段。进化一般是指生物的演变过程。平衡是演变达到相对稳定的状态。此时力和反方向力相互抵消，或者说系统的能量输入和输出大致相等。稳定、均衡是类似的术语。系统具有向平衡态发展的趋势，在这种情况下，能量会尽可能随机分布或均匀分布。

4. 系统、结构与秩序

自然界和人类社会是复杂的、巨大的系统，但它们不是变幻莫测的、不可知的。自然界和人类社会都具有普遍的规律和秩序。对其中一个个子系统进行定义和研究，人类会越来越多地认识世界。研究的单位即"系统"。系统是相关事物有组织的集合。系统具有边界、组成成分和能量流或信息流，如生命体、机器、分子、学校等。系统的性质取决于系统与子系统、结构与功能、能量的输入与输出及其演进和反馈之间的关系。

概念体系的难度是从A、B、C到D逐步加深，活动组织上的循序渐进一般也要依照这样的次序，当然也有交叉，布鲁纳的螺旋式渐进就是这个意思。此外，还要注意的是，对于幼儿来讲，一般情况下一次活动只能围绕着一个"概念体系"进行。

然而，在实际教学中这两点往往难以把握。例如，在教师设计的"被压缩的空气"中，教师原想通过观察和记录皮球充气的次数与球的弹性之间的关系来认识空气的可压缩性，结果在幼儿活动一定时间后，他们仍然提出了五花八门的问题，让教师招架不住。

生：为什么皮球越打越硬？
生：为什么皮球充气后才能拍，不能往里面充水吗？
生：为什么把充气的针拔掉，皮球里面的气跑不掉？
生：为什么皮球打气之后能拍起来？
生：为什么气充少了，皮球弹不起来？
生：为什么气充多了，皮球就有弹性？

生：为什么气刚充进皮球里不会漏掉，过几天以后它会慢慢地漏掉？

认识空气，这应该是形式与功能的问题，但幼儿提出的问题与变化、系统的概念有关。有时教师为了强拉幼儿围绕自己觉得有意义的科学问题进行探讨，却将孩子们有意义的思考否定了。例如，当一名幼儿认为皮球的弹性与皮球的皮有关时，老师却坚持说："你认为皮球现在弹性很好，是和皮球的皮有关系，还是和皮球里的空气有关系？"孩子们回答说："都有关系。"教师不引导幼儿去讨论他们所关心的"皮球的皮"，而只讨论自己关心的问题——皮球里的空气。设想如果是木头球，能有弹性吗？实际上这次活动的整个走向是教师多次"拨乱反正"才牵强附会地围绕着"压缩的空气"这个概念进行的，幼儿不可能自己完成，也不会主动提出任何与认识"空气的压缩性"真正相关的问题。

这个活动设计的最大问题是将简单的问题复杂化；将概念体系A层次的问题复杂为更高层次的问题。向篮球里充气的次数与球的弹性之间的关系是对"空气的压缩性"的应用，是高层次的问题，就像我们不能通过学习造飞机去认识空气的流体动力学问题一样。换句话说，人类是先认识空气的压缩性，然后去制造篮球的。因此，简单地讲，幼儿也应该先学习空气的压缩性，然后才能学习篮球的制造原理。因为后者与橡胶的性质、气嘴的构造，甚至气筒的工作原理和数学的函数关系（充气的次数与球的弹性之间的关系）有联系。

而在"水的溶解"活动中，教师引导幼儿只讨论水可以溶解什么物质，即水具有溶解性、糖和盐可以被水溶解等这些描述性的特征，紧紧围绕着概念体系A的层次。

这些例子说明，活动设计只有围绕着合适的、明确的概念体系即具体的教学目标，才能使幼儿的问题不分散。也就是说，幼儿的问题是可以由教师通过良好的活动设计（所给的材料和引导）来控制，使之不会像"压缩的空气"那样出现五花八门的问题。

还有一种更有问题的情况是根本没有科学问题，或者说探究目标完全脱离上述科学内容的概念体系。例如，"我们穿什么？"的活动设计是区别四种纺织材料（棉、丝、毛线、人造纤维）的四种特点（柔软性、牢固性、透气性、吸水性）。幼儿学习的是生活常识，而从科学内容的意义上来讲，这四种纺织材料都是有机材料甚至是人造合成材料，是高中阶段才学习的有机化学的内容。从探究过程来讲，它不是分类活动（类型已知，没有"是什么"的问题），也不是实验活动（没有变量和实验假说，因此没有"为什么"的问题），也不是技术课（没有设计的作品）。这样的设计与科学教育的目标距离较大。

（四）科学教育活动中要注意的有关问题

1. 科学问题宜小不宜大，宜少不宜多

对于学前阶段儿童的科学教育，要把握科学问题的合适尺度，因为他们的年龄特点与认知发展规律决定了他们的科学探究往往是重复科学历史过程，所以他们选择的科学主题要小，对于"是什么"的问题，所观察的对象要具体；对于"为什么"的问题，所解释的现象要简化，不要变量太多。对于学前儿童科学教育，要注意"不要以善小而不为"，因为这正是幼儿可为之处，也是基础所在。

2. 从自身活动中提出问题

1983年，兰本达教授为路培琪老师的一次"爬行动物"活动的实录材料进行评述。这次活动的开头是这样的：

师："不用我说，你们就能猜到我们今天要研究什么。"

孩子们活跃起来，有的说研究乌龟，有的说研究蛇，有的说……

师："用什么方法来研究呢？"

生："用观察的方法。"

师："怎样进行观察呢？"

生："要仔细地、认真地看。"

生："不只是看，还可以动手。"

师："动手也是为了全面地、仔细地观察。观察些什么呢？今天我们主要观察它们的外部形态特点，也就是它们的形状、颜色，还有什么特殊的地方，你很感兴趣的地方，注意它们的身体表面、头部、四肢、背面、腹面等。先从整体观察，然后再一部分一部分地观察，还要观察它们行走的特点。要边看边记录，把观察到的内容记录在表格内。"（发给每人1份记录表）

师："好，现在开始观察。"

兰本达教授指出教师不要一开始就给幼儿设定一个观察内容和观察方法的框框，应该让幼儿直接接触材料。我们在上文中提到，教师的连续追问下所"逼"出来的问题，如"我想研究……，为什么……"或"我想研究……，怎么样……"，这些问题经常都是些脱离幼儿实际体验的问题，它们不是由幼儿在活动中遇到的困惑和矛盾而自然产生的，这些问题都是伪科学。科学学习与其他学科的学习不一样，它是以直接经验为基础。

如今，教师虽然已经认识到这样一个道理：不应由教师指派问题，而应由幼儿自主探究，但教师往往不知道怎样实现这样的目标。他们反复追问的结果往往引来五花八门的"我想研究……"的回答，但很可能极少符合教师的设计意愿和材料的结构，最后还是教师说出早已定好的科学问题。

进一步讲，"提出问题"是科学研究的第一步，这一步骤是在一个不断循环的过程中完成的。幼儿只有在"真实"的活动中，才能不断发现新矛盾，提出新问题。因此，培养幼儿提出问题的能力，只能通过科学探究实践，教师创设环境，提供适当的材料，激发幼儿主动探索，发现问题。反之，刻意设计很多现存的问题，或在活动前"逼"幼儿提问题，是没有成效的教学设计。

3. 明确所要探究的科学问题

明确、清晰的科学问题有利于活动目标的达成。例如，一位教师将一种植物的种子播种后，分别放在窗台上和不见阳光的橱子里，目的是让幼儿知道阳光对于植物生长的重要性，实验结果是窗台上的植物长得粗壮、短小、色绿，而橱子里的植物长得细长、色黄。有些幼儿认为黄色好看，枝条更细长，则得不出植物生长需要光合作用的日常科学概念。因此，教师在活动设计上要明确科学问题及其相关的准备性概念的建立。没有明确的科学问题就是没有目标，而没有目标的探究始终停留在感性认识阶段，而不能上升到理性并形成初级的科学概念。

总而言之，在开展科学活动时，首先要明确科学问题是什么，分清科学问题与实际问题的区别；认识到提出科学问题是为了寻找一种解释，而不是最终解决问题的方案；明确活动中的教学目标设计是以发现科学问题、回答科学问题、形成科学概念为目的，并且注意在整个活动过程中让幼儿始终围绕着所关心的科学问题或目标进行。要做到这一点，科学问题必须小而具体、贴近幼儿的生活经验。实际上这也培养了幼儿对待问题的分析态度，而不是所谓的"综合"的、不求甚解的、"宏观"的态度。

第二节　儿童的科学

确立以探究为核心的科学观，对于理解"儿童的科学"至关重要。而理解"儿童的科学"，对于幼儿教师实施有效的科学教育则至关重要。

一、儿童的科学

（一）儿童的科学的内涵

儿童从出生时起就对世界具有强烈的好奇心与探究欲，他们玩自己的手指头和脚趾头，玩他们身边所有能够得着的东西。动动这，摸摸那，还不停地问"这是什么？""那是什么？""为什么？"等相关问题，充满了对世界的惊奇与疑惑。这种本能的、原始的好奇好问激发着学前儿童像科学家一样对身边的世界进行观察、动手操作、实验等探究性的活动，并由此而获得的认识，这就是"学前儿童的科学"。一方面，学前儿童对世界充满了好奇和探究之心，积极地尝试、探索和理解周围世界；另一方面，受自身发展水平的限制，学前儿童的思维还依赖于具体的动作和表象，不能进行抽象的逻辑思考。但这些正是最初的科学活动，也正体现了科学的本质——探究。

（二）儿童的科学的特点

承认儿童有自己的"科学"，这是学前儿童科学教育的前提。而只有理解与把握儿童的科学的独特性，才能使科学教育真正符合学前儿童的年龄特点，并发挥其独特的价值，为提升整体公民的科学素养奠定基础。儿童的科学的特点主要表现在以下三个方面。

1. 儿童的科学是一种经验层次的科学知识

经验，在哲学上指人们在同客观事物直接接触的过程中通过感觉器官获得的关于客观事物的现象和外部联系的认识。辩证唯物主义认为，经验是在社会实践中产生的，是客观事物在人们头脑中的反映，是认识的开端。美国教育家杜威将经验界定为主客体相互作用的过程及其反思。杜威认为经验是人与环境之间的相互作用，一方面人主动地作用于环境，另一方面人作用于环境产生的结果又反作用于人，二者之间通过反省思维相互联合。因此，经验既是行动的过程，也是行动过程获得的结果及反省。

实践是认识的来源，而经验只是认识的初级阶段。儿童所能理解的科学知识，并不是在成人意义上所指的抽象的、概念化的科学知识，而是科学经验，即儿童通过他们的感官及与外界环境中的物体相互操作而获得有关事物和现象的直观的、具体的感受与体验。

> **案例 1-1**
>
> 某中班幼儿科学发现室里有一个简易的"指南针"装置，（这实际上是一枚可以自由转动的缝被针，已被磁化为指南针）。教师在这个指南针的底座的四个方向分别贴上4个小动物的图画，以吸引幼儿的注意。一个小男孩走到这个材料面前，便玩了起来。当他第一次轻轻转动这根针，发现针尖指向小猫时，对自己说："我抓到小猫咪，我就装作小猫。"（这是他为自己设定的一个游戏规则），然后扮了一个鬼脸，模仿猫的动作。可是，当他一次次地重复转，看它还能指到哪里时，他发现针尖总是指着小猫，便自言自语地说："怎么又是小猫？"有一次他试图让针尖指向别的小动物，便用手按住针尖，想让它停在别的地方，可是当他一松手，针尖仍然转向小猫，于是他开始尝试用各种不同的方法，一会儿轻轻地转，一会儿重重地转，一会儿顺着转，一会儿反着转，一会儿把针取下来将针尖对着桌子刮，一会儿又翻开底座看看下面有什么东西，可是他都没有找到答案。事后老师问他有什么发现，他说："我发现它转不到好多东西，只能转到小猫，它喜欢小猫。"
>
> 案例分析：幼儿通过自己的探究，能够发现指南针运动的各种现象，但是他并不能从中概括出"指南针指向南方"这一抽象的结论。因为学前阶段幼儿的思维水平以具体形象思维为主，他们对物质世界的认识，依赖于对具体事物和材料的直接操作，通过动作进行思维，他们的认识是感性的、具体的、形象的，还不具备抽象逻辑思维。所以，他们无法形成一个抽象的"指南针"概念，更不能理解抽象的方位概念。他们只能感受和体验指南针运动中的现象。即使老师告诉他们："这就是指南针！它指的地方就是南方。"幼儿也无法真正理解。

孩子们正是通过与物的直接相互作用来获得对事物的认识的。正如皮亚杰所说：认识既不是来源于客体，也不是来源于主体，而是发生于主客体的相互作用。与科学家一样，儿童也在不自觉地使用科学探究方法。由于受经验水平和思维发展特点的限制，幼儿探究解决问题的过程和方法具有很大的试误性。他们对于事物特点的认识和对事物间关系的发现，需要多次尝试，不断排除无关因素，才能接近真相。

所以说，"儿童的科学"是经验层次的科学知识。它是直接的、具体的，而不是间接的、抽象的；是描述性的，而不是解释性的。幼儿对事物的认识直接受到其原有经验的影响，若要让幼儿说明具体事物背后的间接联系或者解释现象背后的因果关系，这是不符合幼儿的心理发展规律的。因此，科学经验是学前儿童科学教育的起点，科学教育始于经验，经由经验，最终落实到经验上，只有关注幼儿的经验，才能提升幼儿的认识，才能促进幼儿的全面发展，学前儿童科学经验的获取应成为学前儿童科学学习的核心。

2. 儿童的科学是一个自我建构的过程

人类的科学认识是在自我修正的过程中成长起来的，儿童的科学也同样经历不断改变的过程。

首先，儿童对事物的看法是建立在亲身体验的基础上的，他们对身边现象的解释也是来自于自我的体验。只有当儿童已有的认识不能解释新的经验时，他们才会主动改变原有的认识、接受和建构新的经验。随着儿童年龄的增长，他们的经验范围不断扩大，对事物和现象的认识也在不断深化。当这些直接或间接的经验与他们已有的认识发生矛盾时，新旧经验之间的冲突、同化、顺应、整合就导致了儿童的认识发生改变。这就是知识建构的过程。

其次，随着生活经验的不断丰富，儿童会逐渐放弃那种主观的、自我中心的思维方式，转而寻求客观的解释。他们的认知能力会逐步提高，对于世界的认识会越来越趋近于成人的科学认识。

因此，与其说儿童的科学是一种肤浅的、不完善的认识，还不如说这是一个建构知识的过程。我们应该用一种发展性、过程性的视角来看待儿童的科学，把它理解为是一种在不断发展、变化和完善过程中的科学认识。

3. 儿童的科学是对客观世界的独特理解

儿童的科学是一种发展的认识，这种认识受每个人的经验及认识发展水平的限制，致使儿童只能从自己的观察角度出发，获取一些片面的信息；同时，他们也无法区分主观感受、体验、意愿与客观观察信息之间的区别，客观现实与假想（游戏的）间的区别。因此，儿童不能客观地解释自然事物和现象，而往往从主观的意愿出发，如对万物赋予灵性，形成拟人化的解释。

案例 1-2

一天，幼儿青青忽闪着眼睛问爸爸："爸爸，人是怎么来的呢？"爸爸想了想，用通俗明了的语言说道："青青，是这样的，人的爷爷的爷爷的爷爷，就是人的祖先，就是猴子……"青青咯咯笑着说："爸爸说话好啰唆呀！"爸爸笑着继续说："猴子很聪明，又特别喜欢干活，过了很久很久，猴子学会了站着走路，也学会了说话，然后就变成了我们现在的人，懂了吗？"

思考半天，青青点点头说："噢，怪不得猴子越来越少了，原来都变成人了。"青青爸爸听了吃惊得张大了嘴巴。青青继续补充说："爸爸，我明白了，动物园里的猴子都是懒猴子，我们和妈妈都是聪明的猴子。"

案例分析：幼儿的行为似乎离科学很远了：与其说这是科学，还不如说是幻想。然而，科学和幻想并没有绝对的界限。这正是"儿童的科学"——儿童对自然界的现象充满着强烈好奇，并且试图通过自己的思考找到一个解释，尽管这个解释可能没有建立在事实的基础上，有可能是主观想象的结果，但这仍是儿童对这种现象的独特的理解。

正是由于这种浓厚的主观性色彩，儿童的科学充满了诗意和想象的特质，对身边的事物与现象的解释形成了他们对客观世界的独特理解。理解儿童的科学的独特性，有利于我们开展符合学前儿童年龄特点的科学教育。

二、儿童的科学探究

探究是科学的本质，《3—6岁儿童学习与发展指南》指出幼儿科学学习的核心是激发探究兴趣，体验探究过程，发展初步的探究能力。探究成为儿童科学学习的主要方式，那探究是什么？幼儿的探究与成人的探究一样吗？儿童的科学探究是什么？他们的探究具有哪些独特的特点？接下来将重点阐述。

（一）探究

《美国国家科学教育标准》中指出，探究是一种多侧面的活动，需要观察现象，提出问题，查阅书刊和其他信息资源以便了解已有的知识，制订调查研究方案，根据实验证据评价已有的结论，运用多种手段来搜集、分析和解释数据，得出答案、进行解释并做出预测，交流结果。探究需要明确假设，运用批判性思维和逻辑思维，并考虑各种可能的解释。

理解和从事探究能力的发展，要求有直接经历探究和不间断的实践过程。儿童简单的学习诸如"假设""推论"或记忆"科学方法的步骤"是不可能理解探究的。他们必须直接参与探究的过程，充分地体验、思考、反思才能认识与理解探究。探究是体验与理解并行。

（二）儿童的科学探究

学前儿童与生俱来的好奇心与探究欲，让很多学者都认为学前儿童是一个小小的科学家，但毕竟他们不是真正的科学家。"探究—研讨"教学法的创立者兰本达例证说：一个幼儿在房间里跑来跑去，人们并不称他为运动员，但是他确实在跑；一个幼儿随便写出一个句子或一篇文章时（也许会有一两段精彩的文字），人们并不把他称为作家，但他确实在写作；一个幼儿画了一幅画，并不会被称为画家，但是他真是在作画。同样，一个幼儿从事于某种形式的发现，建立起对他来说是新的关系，设计出一个简单的试验，虽然他并不是科学家，但是他的确是在"搞科学"。

为了区分"小科学家"与"大科学家"科学探究。刘占兰教授从探究兴趣、探究性质与结构、探究的程序与环节三个方面进行比较分析。

从探究兴趣来看，他们探究的兴趣与动力都非常强烈，儿童有着与生俱来的好奇心，而科学家是本能地对所探究的事物保持着一贯以来的热情。

从探究性质与结构来看，儿童和科学家都在一定结构的限制内自由探索，但自由的性质和结构的程度不同。科学家处于一定的历史阶段，选择自己熟悉的、感兴趣的研究内容；而幼儿则处于教师设定的环境和材料之中，自由地按照自己的想法去支配材料。

从探究的程序与环节来看，学前儿童和科学家经历了大致相似的探究过程，但每个环节都有程度上的差异。首先，幼儿和科学家都提出问题，科学家提出的是人类未知的问题，幼儿提出的是他未知的问题；其次，运用已有经验提出假设，科学家在文献综述和自身观察的基础上进行推论和假设，而幼儿只在自身经验和观察基础上进行假设；再次，验证自己的假设，科学家需要经历漫长的科学发现历程，甚至几代人的努力，而幼儿只是简约式地重演科学发现的过程；最后，分享交流探究的结果，科学家将成果公之于众，供他人分享与验证，服务于人类社会的发展，而幼儿只与同伴、教师进行分享交流和相互质疑。

由此得出，儿童与科学家的探究既有共性又有差异性。儿童的科学探究是基于幼儿喜好与需要，对周围感兴趣的事物通过观察、假设、验证，得出结论并表达交流的主动探究过程。

（三）儿童的科学探究的特点

通过比较儿童与成人科学探究的异同，可以发现，学前儿童由于受已有的认知水平与经验的限制，他们的科学探究具有以下独特的年龄特点。

1. 强烈的好奇心和探究欲望

好奇、好问、好探究是学前儿童与生俱来的特点。他们什么都想知道，什么都想问，问题无穷无尽，探索接连不断。正如杜威所说，儿童有调查和探究的本能，探索是学前儿童的本能冲动。

正因为学前儿童这种强烈的好奇心和探究欲望，致使他们拥有一双敏锐的眼睛，没有什么东西能逃脱他们的注意力之外，尤其是越不知道或越被禁止触摸的东西，他们就越想一探究竟或尝试操作。正是有了这种锲而不舍的探究精神，让学前儿童的科学教育成为可能。

2. 探究问题来自生活

探究始于发现与提出问题。学前儿童所感兴趣和关心的是与他们生活密切相关的事物，因此，他们所探究的问题只能来自正在经历的生活或操作的事物中所感兴趣的话题或困惑的问题。例如，影子是怎么形成的？为什么影子一会跑到这边一会跑到那边？为什么影子一会长一会短？为什么没有下雨，叶子上会有水珠？为什么这里有一条长长的蚂蚁？蚂蚁们在干什么？等等。

3. 通过直接经验探究事物

受学前儿童直观行动思维的影响，学前儿童的科学是一种行动的科学。若学前儿童要了解一个物体，则需要通过各种操作（如抛、敲、混合、掷、推、拉、拆、移动、捏）来改变该物体的状态，并观察物体的转换所引起的变化，才能获得对这个事物的认知。他们是边做边想，边发现问题边探究。因此，幼儿对物质世界的探究必须以具体的事物和材料为中介和桥梁，在很大程度上借助于对物体的直接操作。他们不仅要动眼、动耳，还要动手、动嘴、动脑。简而言之，学前儿童在认知身边世界时，需要亲临现场，直接地见闻某种事物、现象与情境，亲身参与，主动操作，直接体验。

4. 探究过程不完整

完整的科学探究过程一般包括观察、发现问题和提出问题，形成假设，实验求证，得出和交流结论。学前儿童在探究周围世界时，有时有问题的发现与提出，有时有问题解决方法的运用和问题结果的获得，有时有问题结论的交流，有时会进行动手操作与简单的实验，他们在探究过程中展示了学前这个特殊年龄段所体现探究的部分精神与过程。

5. 探究的知识经验具有"非科学性"

幼儿对周围事物的认识和解释以及所获得的知识经验受其原有经验和思维水平的直接影响，从而形成幼儿期所独有的"天真幼稚的理论"和"非科学性"的知识经验。突出表现在以下几个方面。

（1）用原有经验解释事物

幼儿对事物的认识直接受到其原有经验的影响。幼儿在探索和认识事物过程中所表现出的不合乎成人逻辑的想法和做法，在幼儿已有经验和认知结构上却是极其合理的，合乎他"自身逻辑"的。幼儿认识事物的这一特点是由于他们思维的具体形象性所派生出来的。

> **案例1-3**
>
> 案例一：
>
> 原有经验：种子泡在水里能发芽、长大。
>
> 新的解释：小花瓣泡在水里能长大。
>
> 原有经验：小朋友喝开水长得好。
>
> 新的认识：给菊花浇开水。
>
> 案例二：
>
> 一天早晨，两位小朋友在街心公园玩耍，树枝、草叶上挂满了露珠，长椅上也是湿漉漉的。幼儿A忽然想到一个问题，问幼儿B："你说是白天热还是夜里热？""当然是白天比夜里热。"幼儿B回答。"我认为正好相反。你看，昨夜热得树木、花草出了那么多汗。"
>
> 案例分析：在案例一中，我们发现儿童的解释都是根据原有经验进行迁移与判断。案例二中幼儿B对露珠的解释也是基于他平时有关出汗的生活经验，他认为汗和热这两个现象是有关联的，只是他不能区分汗珠和露珠，于是他结合自己的经验推导出对身边现象的解释。这就是"儿童的科学"。儿童对世界的解释是建立在已有的经验基础上的，他们依据过去的生活经验（也许是贫乏的生活经验）和当前观察到的事实，对自然现象做出了自己的判断，尽管是错误的判断，但也是儿童的思考与认识。

（2）认识具有表面性、片面性和主观性

学前阶段的儿童对事物的认识不能抓住本质特征，对事物及其关系的认识和解释只是根据具体接触到的表面现象来进行。而且，他们不能客观地解释自然事物和现象，往往从主观意愿出发，或赋予万物以灵性（即泛灵论），是科学与想象，真实与虚无缥缈并存。他们总是用"儿童独特的眼光"来看待事物及其关系。

> **案例 1-4**
>
> 幼儿:"太阳的妈妈在哪里?"
> 教师:"太阳没有妈妈。"
> 幼儿:"为什么太阳没有妈妈啊?那它太孤单了。"
> 教师:"为什么你认为太阳有妈妈啊?"
> 幼儿:"我有妈妈,我妈妈也有妈妈,我爸爸也有妈妈,幼儿园里的小朋友们都有妈妈啊!"

综上可知,学前儿童的科学探究源于其强烈的好奇心与求知欲,他们的探究需要与自然接触,与真实对话;他们的探究由于受其认知特点和思维水平的限制,探究的过程并不严谨,且他们的探究还具有很大的试误性,探寻答案的过程反反复复;他们对事物及其现象的解释建立在自己已有的经验基础上,常常具有表面性、片面性和主动性。学前儿童用其天真幼稚的理论解释他们所看到的事物,形成了对世界独特的理解。

第三节 学前儿童科学学习的理论依据

上文提到儿童的科学是儿童对世界的独特理解,是他们自主建构的,那儿童是如何建构自我经验的?他们是如何理解这些自然事物和现象的?如何把经验发展为概念的?这就需要理解儿童的认知发展特点。

最早关注儿童科学认识的心理学家是瑞士的发生认识论创始人皮亚杰。皮亚杰最早提出了认知结构和认知发展阶段的理论。苏联心理学家维果茨基则从概念形成的角度,对儿童科学概念的发展做了丰富的研究。当代建构主义心理学家也开始关注儿童科学概念的形成和转变。

一、皮亚杰有关儿童科学认识发展理论

早在20世纪20年代,皮亚杰通过临床法的研究,和儿童进行了广泛的交谈,并对儿童所表现出的对自然界的各种"千奇百怪"的天真想法进行了深入研究,发现儿童的自然观念具有"泛灵论"和"人为论"的特点。与此同时,他还从心理逻辑学的角度,对儿童的逻辑推理、因果概念进行了研究,发现了儿童的"前因果"现象,揭示了不同发展阶段儿童认知的一般特点。皮亚杰的研究及其著作《儿童的世界观》对于我们理解"儿童的科学"及其发展、演变过程具有重要的意义。可以说,皮亚杰是发现"儿童的科学"的第一人。

(一)皮亚杰的儿童认知发展阶段论

皮亚杰认为儿童的认知发展是一个连续的发展过程,他把儿童认知发展过程划分为四个

不同水平的阶段：感知—运动阶段（0~2岁）、前运算阶段（2~7岁左右）、具体运算阶段（7~11岁）和形式运算阶段（12岁以后）。他认为每一阶段都是一个统一的整体；每一阶段都有它主要的行为模式，标志这一阶段的行为特征；阶段与阶段之间不是量的差异，而是质的差异；各前后阶段都具有一定程度的交叉重叠；同时，儿童的认知发展各阶段会因个体智慧程度、动机、练习、教育影响及社会环境的不同而导致出现的年龄有所不同，可能提前或推迟，但阶段的先后次序不变。下面重点介绍前两个阶段。

1. 感知—运动阶段（0~2岁）

感知—运动阶段的儿童只有动作的智慧而没有表象和运算的智慧。他们仅靠感知动作的手段来适应外部环境。他们形成了动作—图式的认知结构，以动作进行逻辑思维。皮亚杰认为感知运动智慧的最大成就表现在：①形成了客体的永久性。当某个客体在视野某处消失，他仍能在该处寻找，并不因为客体被遮挡而不存在。②形成空间"位移群"的基本结构。对客体的定位可以按"位移"的线路追踪出来。③因果性认识的萌芽。儿童最初的因果性认识产生于自己的动作与动作结果的分化，然后推及客体之间的运动关系。当儿童能运用一系列协调的动作实现某个目的，如用手拉动前面的毯子，拿到放在毯子上的玩具的时候，就意味着因果性认识已产生了。

2. 前运算阶段（2~7岁左右）

前运算阶段又称为前逻辑阶段，指的是幼儿处于运算之前并为运算做准备的阶段。皮亚杰所说的"运算"（operation）指的是一种"内化的、可逆的动作"，这是一个特定的概念，是外部动作在头脑内部进行的一种具有可逆性的心理操作。而内化的动作，是指能在经过一定的时间间隔后模仿先前出现的事件。

在运算阶段，由于符号功能的出现，儿童开始从具体动作中摆脱出来，他们能在移动一个物体前进行思考，开始内化行为。但由于他们尚未形成逻辑思维所必需的心理结构，只能以直观的环境刺激进行内化活动，而且不能持久。同时受已有经历的限制，他们只能在表象水平上进行运算。例如，把瓶子里的水倒到杯子中去，这包含一系列具有外显的、直接诉诸感官特征的倒水动作。然而对达到了运算水平的儿童和成人来说，可以用不着实际去做这个动作，而是在头脑里想象完成这一动作，并预见它的结果。这种心理上的倒水过程，就是一种"内化的动作"。以上所说的倒水的动作，不仅是"在头脑中"要能够把水从瓶中倒入杯中，而且还要把水再从杯中倒回到瓶中，并恢复原来的状态。

皮亚杰认为这个阶段的儿童能运用言语并形成心理意象，能使用符号在头脑中再现外部世界。但是这个时期儿童所运用的语词和符号，还不能离开所代表的事物。儿童还不能形成成人意义上的概念，不能用概念反映事物间的联系或代替一类事物。因此，皮亚杰把前运算阶段儿童的思维称为"自我中心思维"。皮亚杰指出，儿童把注意力集中在自己的观点和自己的动作上的现象称为自我中心主义。他认为这个阶段的儿童是以自我为中心的，他们对周围世界的看法往往是主观的，不会考虑其他人的看法。例如，一个孩子喜欢吃糖，他就会认为所有的孩子都喜欢吃糖。所以儿童不会站在别人的立场上观察和思考问题。

皮亚杰还认为这个阶段的儿童能够观察和描述一个物体的特征或一个现象的状态，但是只能看到物体的一个特征，而且集中于表面的特征，不能协调变量，所以，儿童对认识一个物体的几个特征是有困难的。该阶段儿童的另一个特点是认为万物是有灵的、人造的，常常表现出"泛灵论"倾向,即任何事物都被他们看作生命的或类似生命的活动,任何事物都有意图和动机,如"太阳下山睡觉了""花儿开了是因为它喜欢小朋友"等。他们不断地问为什么,力图去发现他们所感知的事物简单的意义、用途、效果、目的等。

根据皮亚杰的认知发展阶段论,儿童的科学认识和认知结构的发展是平行的。皮亚杰的儿童认知发展阶段的主要特点如表1-1所示,儿童科学认识的发展取决于他们的认知发展阶段。因此,当我们在对儿童进行科学教育时,不能超越儿童本身成熟的条件,对儿童提出过高的、不符合实际的要求。

表1-1 皮亚杰的儿童认知发展阶段的主要特点

认知发展阶段	主要特点	主要成就
感知运动阶段 (0~2岁)	主要通过感知和动作与外界发生相互作用	①获得客体永久性 ②因果关系的简单推理
前运算阶段 (2~7岁)	符号功能的出现,使儿童能够通过表象和言语来表征内心世界和外部世界	①表象符号能力 ②语言符号能力
具体运算阶段 (7~11岁)	具有明显的符号性和逻辑性,能进行简单的逻辑推理,克服了思维的自我中心性,但思维活动仍局限于具体的事物及日常经验,缺乏抽象性	①获得守恒能力 ②可逆性 ③去自我中心化 ④分类和序列
形式运算阶段 (12岁以后)	思维不再局限于真实的或可观察的事物,开始能够对观念和命题进行心理操作,形成了解决各类问题的推理逻辑	①假设─演绎推理能力 ②归纳推理能力

(二)儿童科学概念的发展

根据皮亚杰的理论,儿童的认识来自主体和客体之间的相互作用。儿童早期不能很好地区分主体和客体,因此,他们的认识常表现出"泛灵论"的特点。所谓"泛灵论",就是将主体的思想和意愿附着于客体身上,从而产生了"万物有灵"的思想。

随着生活经验的不断积累,儿童会不断地将新的经验整合到已有的认知结构中,并促成原有认识的改变,这是通过同化和顺应的过程实现的。所谓同化,就是将新经验纳入已有的认知结构中,而顺应则是改变已有认知结构以适应新的经验。我们可以通过儿童对"月亮"认识的发展来理解这一过程(见表1-2)。

儿童对自然事物的认识和成人是有很大不同的,儿童科学概念的发展过程也与此相似。以"生命"概念为例,皮亚杰运用临床法对儿童的"生命"概念进行了研究。他向不同年龄的儿童询问"什么是活的?",得到了各种有趣的答案。皮亚杰据此发现了儿童"生命"概念发展的不同阶段。

第一阶段:儿童认为"凡是活动着的物体就是有生命的"。

第二阶段:儿童坚持"凡是运动的物体都是有生命的"。

第三阶段:儿童认为"生命是一种发生在动植物身上的自发性的运动",能真正区分毫无理由的运动和自发的运动,并能把自发的运动和生命的存在相联系。

表1-2　不同认知发展阶段的儿童对月亮的认识变化

认知发展阶段	思维类型	典型回答
前运算阶段 ↓ 具体运算阶段	儿童已有的认识	月亮跟着我走 月亮有张脸
	对新经验的同化	月亮也跟着我的朋友走 月亮是非常远的 远处的树看上去也会跟着我走，可树是不能动的 月亮不是活的
	对新经验的顺应	如果月亮看上去跟随每个人，那它又怎么跟随我呢 远处的树确实是不会动的 月亮如果不是活的，它就不会有脸 月亮从很远的地方升起来，从地球上看就像它有一张脸 有的人认为月亮会跟着他走，其实它只是看上去那样

皮亚杰据此总结了儿童"泛灵论"思想发展的三个阶段。

第一阶段延续到4～5岁为止，此时的儿童以整体性的暗示表现万物有灵，儿童认为任何事物的活动都是有目的的、有意识的。在这个阶段，主客体完全混淆，互相渗透，现实常常被想象为魔幻般的活动。

第二阶段从4～6岁到8～9岁，暗示性特征逐渐消失，主客体开始区分，但是主观意向仍附着于客体之上。例如，儿童解释自己与月亮之间的关系是"它是跟着我走的"。魔幻和泛灵论依然是构成该阶段的基本成分。

第三阶段从8～9岁到11～12岁，随着儿童年龄的增长，主客体开始分离，儿童已经能对不同形式的运动加以辨认，儿童开始认识到主体不必追随于客体。魔幻和泛灵论的成分逐渐消失。

（三）儿童因果认识的发展

皮亚杰在其早年著作《儿童的物质因果观念》一书中归纳了17种类型的因果解释，并在此基础上揭示了儿童因果概念发展的三个阶段。

第一阶段：儿童对世界的解释归因于心理的、魔幻的、现象学及决定论的因素。当问一个孩子为什么会做梦时，他会说那是因为我们做了不该做的事情，或者月亮挂在天空是因为它有黄色的光芒等诸如此类的答案。

第二阶段：儿童对世界的解释又转向人为论，即把大自然看作是人类创造的产物。泛灵论和动力论，魔幻的解释渐趋消失。在儿童的眼中，太阳会慢慢长大，云在漂浮是因为它活着，黑夜为什么看不见太阳是因为太阳睡觉了，等等。

第三阶段：前两个阶段的解释类型进一步消失而代之以更为理智的解释。同样是看天上的云，这时的儿童意识到云在漂浮是由于空气的流动引起的，此时儿童开始把云和它周围所属的环境联系在一起，朦胧地认识到这是一种机械运动。

皮亚杰把第一、二个阶段所显现出来的特征称为"前因果"概念期，儿童真正获得逻辑的因果认识则要到具体运算阶段以后。

皮亚杰还特别指出，儿童自然观念的发展取决于他们的认知发展阶段（见表1-3），尽管这些具体认识要受到其生活经验的影响，但是这不是根本的原因。

表1-3 儿童因果认识的发展过程

发展阶段	思维类型	典型回答
前运算阶段 （2～7岁）	现象学 （将无关的事实联系在一起）	• 这有个湖，因为我们需要在这里游泳 • 小石子沉到水底了，因为它是白色的 • 船浮在水底了，因为它们必须浮在水上
	泛灵论	• 太阳是他妈妈生出来的，因为我们也是妈妈生的 • 云会移动因为它是活动的；小片的云会长成大云 • 月亮会长大与变小的
具体运算阶段 （7～11岁）	动力论 （将原因归结为物体内在的力量）	• 河水往下流是因为它有向下流到湖泊的力量，它没有向上爬到山上的力量 • 球下落是因为它需要接触到地面 • 云的移动形成了风
形式运算阶段 （12岁以后）	机械论 （将原因归结为外部力量的接触和传递）	• 石头下落是因为地球引力把它推下去的 • 云是被风推动的
	逻辑的演绎	• 地球引力给了物体重力，所以物体会下落 • 水在管子里向两边流动是因为水会平均向两个方向移动

案例1-5

王老师曾在幼儿园和一些大班幼儿讨论有关太阳的事情。在刚刚进行过的教育活动中，幼儿表现出对太阳已经有了很多了解，包括"太阳是个熊熊燃烧的大火球"等。但是，当换一个情景再提问："如果今天是下雨天，太阳还在烧吗？"此时，孩子们的意见就不统一了。有的说："不烧了，因为雨水把火熄灭了。"也有的说："会烧的，它会在不下雨的地方烧。"当王老师问道："晚上太阳还烧吗？"孩子们一致认为："不烧了，因为太阳回家睡觉了。"

由此可见，在学前阶段，即使成人向儿童灌输了一些科学概念，但这丝毫不能改变他们的泛灵论认识。

（四）皮亚杰认知发展理论对儿童科学学习的启示

皮亚杰关于儿童认知结构及发展的理论为学前儿童科学教育活动的开展提供了理论支撑。

1. 遵循儿童的认知发展模式

皮亚杰的研究发现了儿童的精神世界中具有对"科学"的独特而生动的理解，他引导教师从关注成人的科学转向"儿童的科学"，教师要从儿童的角度、用发展的观点来看待儿童的科学认识，要接受、承认乃至欣赏儿童对周围世界的科学认识。

2. 儿童知识经验的获得是自身与环境相互作用的结果

皮亚杰指出，儿童是通过自身和周围世界的相互作用，自己建构关于客观世界的科学认识。他关注儿童科学认识发展的自发性。儿童对事物及其关系的认识不是靠记忆，而是在与物体不断的相互作用的过程中，儿童通过动作作用于客体，并在内心不断反省，加工自己的行为，主动建构自己的知识和经验。只有儿童自己具体地和自主地参与各种活动，才能获得真实的知识，才能形成他们自己的假设，给予证实或否定，形成新的认识结构。因此，幼儿园教师不应将科学知识硬塞给幼儿，而是要创设情境，提供材料，放手让幼儿自己动手操作，动脑探究，主动建构自己的知识经验体系。

3. 儿童学习的主要形式是自主、探究性学习

皮亚杰指出，幼儿认知结构的发展是幼儿通过同化和顺应的方式与外部环境相平衡而达成的。智慧本质上是一种对环境的能动适应，其能动性体现在主体在接受刺激时会主动做出反应。幼儿只有将外界客体积极地同化或顺应于自己的认知结构，才能产生深刻的认识印象。

皮亚杰认为："关于学习能否加速儿童认知发展的问题，其关键在于学习活动是成人教导下儿童被动地学习知识，还是儿童在其生活情境中自行探索主动地学到知识。"从话语中可知，皮亚杰反对传统的学习把知识归结为外部现实的被动反映，反对对幼儿进行知识的灌输，他认为幼儿是主动学习的学习者，学习是由幼儿自身发起的主动探究的过程，而不是由教师手把手教或传递而进行的。皮亚杰认为，每次过早地教给幼儿一些他自己日后能够发现的东西，这样会使他不能有所创造，结果也不能对这种东西有真正的理解。皮亚杰指出：童年期是一个人最精彩、最具创造力的时期。教育的真正目的不是增加儿童的知识，而是设置充满智慧刺激的环境，让儿童自行探索，主动学到知识。如果在发展尚未达到适当水平之前提早教他知识，对儿童自行探索，主动求知的行为反倒会产生不利影响。

学前儿童科学教育应该为幼儿提供实物和环境，让幼儿自己动手操作，通过看、闻、尝、摸、抓、举、掷等动作不断地了解事物的各种特性及逻辑数理关系，感知事物与事物之间的关系，主动建构，最终形成对事物的基本认识。因此，只有当幼儿积极操作材料、观察比较、实验操作，兴高采烈地交流讨论着他们的发现时，这才是真正的学习。

二、维果茨基有关儿童科学概念发展的研究

维果茨基是苏联杰出的心理学家，他在国际上与皮亚杰齐名，是心理学社会文化历史学派的创始人，在儿童心理发展的研究上享有盛誉，被誉为"心理学界的莫扎特"。

（一）维果茨基有关儿童科学概念发展的观点

维果茨基认为学前儿童尚处于复合思维阶段。儿童是根据"组成复合体的各成分之间具体的和实际的联系"来认识事物的，而不是根据抽象和逻辑的联系来认识事物的。由复合思

维而形成的复合体属于具体（实际思维）的层次，而并非属于抽象（逻辑思维）。简单地说，概念反映的是事物之间内在的、共同的、本质的联系，而作为复合思维产物的复合体，反映的是直接经验所揭示的广泛的、多样的、实际的却非实质的联系。例如，较小幼儿的思维中常常会出现一些任意性的联系，而形成所谓"联想型"的复合体。而较大幼儿则常常会用直观的联系来解释事物的现象，如将物体在水中的沉浮原因解释为它的体积大小。

维果茨基将儿童自发产生的概念（或日常生活概念）归因于他们的复合思维的形式。他承认儿童对世界会有很多自发的认识，这些自发概念与经由教学过程获得的科学概念是有区别的，但也绝不是和科学概念毫无联系。

日常概念是从与物体的直接接触开始的，吸取了丰富的生活经验内容；科学概念是从与客体的间接关系开始，是对物质的本质的反映，是通过语词进行概括形成的。这对儿童来说是抽象的、空洞的，难以理解。儿童的自发概念的发展是由下而上，从较简单的、低级的特性到高级的特性；科学概念的发展则是由上而下的，从较复杂、高级的特性到较简单、低级的特性。这两个过程虽是相反的，但内部却是紧密相联系的、相互不断影响的过程。日常概念的发展取决于科学概念，它是通过科学概念向上生长发展的；而科学概念依赖于日常概念的发展，为其进一步向下延伸发展开拓道路。

（二）维果茨基关于科学概念发展理论对儿童科学学习的启示

维果茨基提出的"最近发展区"理论及关于幼儿科学概念的发展理论，对学前儿童科学教育教学活动的组织与实施具有一定的启示。

1. 把握幼儿的"最近发展区"

维果茨基在分析了不同派别关于教学与发展问题的观点及其合理性和不足以后，提出了"最近发展区"概念，他指出："只有走在发展前面的教学，才是好的教学。"儿童的发展有两种水平，第一种水平指幼儿到今天为止已经达到的发展水平，即幼儿在独立活动中所达到的解决问题的水平；第二种水平是指现在仍处于形成状态的，即幼儿在成人的帮助下即将要达成的水平。最近发展区就是指两种水平之间的差异。最近发展区可以帮助教育者预测幼儿发展的未来。为此，维果斯基认为，教学必须依靠最近发展区。建立最近发展区的教学能引起并激发幼儿的发展。

由此可见，教师在开展幼儿园科学教育活动时，首先不能一味地被动适应幼儿的认知发展，想要促进幼儿的发展，就要找准幼儿的最近发展区，将幼儿的最近发展区水平转化为幼儿能独立解决问题的水平，同时再开辟新的最近发展区……如此循环往复，促进幼儿认知的发展及心理的发展，帮助幼儿更好地理解科学现象，把握科学活动的实质；其次，教师要创设科学学习的环境，通过设置情境，投放材料，把教育的意图和目标渗透隐含在教育的环境中，当幼儿在教师精心创设的环境中，不断地操作材料，与材料互动、探究与体验时，也就自然而然地促进了幼儿的科学态度、科学情感发展以及获得了一定的科学经验与科学知识。

2. 关注幼儿的自发概念

维果茨基关于幼儿科学概念与日常生活概念内在统一性的认识让教育者意识到在学前儿童科学教育中要关注幼儿在日常生活中所形成的自发的概念，即使这些概念是"天真的""另类的"，甚至是"错误的"，但正是由于这些日常生活经验的累积才慢慢形成了幼儿对一些科学现象、科学事实的朴素的认识。离开幼儿对科学现象、科学实验、科学操作等亲身的探究、感受、体验与发现，幼儿就无法接触到关于科学的直接的经验；没有自发的概念，也就无法形成真正的科学概念。因此，为了促进幼儿科学概念的形成，要给幼儿创设良好的科学探究的环境，投放相应的科学活动的操作材料，让幼儿在与环境、材料的相互作用中获得真实的感受与体验，获得粗浅的科学经验是幼儿学习科学、理解科学的前提条件。

三、建构主义学习理论

建构主义是认知学习理论的进一步发展，其理论基础主要来自杜威、皮亚杰和维果斯基，同时又在一定程度上受到了当代科学、哲学以及后现代主义思潮的影响。它揭示了人类学习过程的认知规律，阐明了学习如何发生、意义如何建构以及学习环境对知识建构的作用。

（一）建构主义的学习观

1. 学习者是主动建构者

建构主义理论认为，世界是客观的，但是对于世界的理解和赋予意义却是由每个人自己决定的。学习并非学生对于教师所授予知识的被动接受，而是依据主体已有的知识和经验为基础的主动建构。也就是说，个体的认知发展与学习过程密切相关，学习者不是被动地接受和储存外界输入的信息，而是在原有认知结构的基础上同化、顺应和建构当前所学的新知识。

2. 学习者是在真实情境中进行意义的建构

建构主义学习理论强调学习情境的重要性，认为学生的学习是与真实的或类似于真实的情境相联系的，是学生对一种真实情境的体验。学生只有在真实的社会文化背景下，才能借助于社会性交互作用积极有效地建构知识。

3. 互动是知识构建的重要方式

建构主义认为，每个人都是以自己的经验为背景建构对于事物的理解，由于不同个体的已有经验以及对经验的看法不同，不同人看到的是知识的不同侧面，对同一个问题常会表现出不同的理解，不存在对事物唯一正确的理解。要使个体超越自己的认识，看到那些与自己不同的理解，看到事物另外的侧面，就必须通过充分的合作和广泛的讨论，使理解更加丰富和全面。因此，建构主义主张通过增进学生之间的协商和合作来达到超越自己的认识。

（二）建构主义的学习理论对儿童科学学习的启示

建构主义学习理论让教育者认识到儿童学习的重点不是被动地获得科学知识，而是创设条件让儿童主动建构自己的知识经验。基于以上建构主义学习理论的基本观点，能引导我们思考与反思目前的学前儿童科学教育课程教学。

1. 关注个体差异性，因人因材施教

建构主义认为，学习是学生依据其已有知识和经验所进行的主动建构，由于各个学生个人经历与社会环境的不同，必然有着不同的知识和经验，因此，从建构主义的立场出发，我们应特别重视学生认知活动的个体特殊性，并应从认知风格、学习态度、学习信念及学习动机等方面对此做出具体分析。基于此,教育者要承认学前儿童的学习活动必然有一定的"时间差",也会有一定的"路径差";每个人都是以自己的特殊方式来认识世界的,从而"一百个幼儿就是一百个主体,并有一百种不同的建构"。教师要努力去了解每个幼儿的现有水平作为其教学工作的起点。

2. 对于"错误"的观念要理解与包容

由于学习并非一种机械的、高度统一的过程,因此,对于学前儿童在学习过程中所发生的错误(特别是所谓的"规律性错误")就应采取更为理解的态度,而不应简单地予以否定,即应当努力发现其中的合理成分和积极因素。另外,教育者又不能期望单纯依靠正面的示范与反复练习就能纠正学前儿童的错误,这主要是一个"自我否定"的过程,并以主体内在的"观念冲突"为必要前提。从这个立场出发,我们并不应将学前儿童在学习过程中所产生的各种不同于"标准观念"或"标准做法"的想法、做法称为"错误观念(做法)",而应正理解为"替代观念(做法)"。教师要创设适当的外部环境引起学生发生必要的"观念冲突"。

3. 注重情境性、交互性学习

建构主义认为,每个人都在以自己的经验方式建构对于事物的理解。由于不同个体的已有经验以及对经验的看法不同,不同的人看到的是事物的不同面,因而对事物有不同的理解。教学中要使儿童超越自己的认识,看到事物的不同面。教师要创设适宜的情境,引领儿童与儿童之间、儿童与老师之间通过充分的合作和广泛的讨论丰富儿童的理解。教师要通过合作性学习,建立学习共同体,让儿童通过小组交流讨论,意见分享、辩论、游戏等形式促进儿童之间的沟通与互动,使儿童面对不同的观点,学会聆听、理解他人的想法,表达自己的见解,学会相互接纳赞赏、争辩,从而不断地对自己和别人的观点进行反思和评判,进而使儿童对自己产生新的思考,全面地建构知识的意义。

第四节 学前儿童的科学教育

自20世纪80年代以来,我国的学前儿童科学教育由最初的常识教育、新生的幼儿科学教育发展到以探究为核心的学前儿童科学教育,那这个阶段学前儿童科学教育的内涵是什么呢?有什么特点呢?对幼儿的发展有什么价值呢?本节将重点阐述这三个问题。

一、学前儿童科学教育的内涵

学前儿童科学教育的概念是在1996年《幼儿园工作规程》颁布前后出现的。幼教界一直交叉使用"科学教育"和"常识教育"这两个概念。在2001年颁布的《幼儿园教育指导纲要(试行)》(以下简称《纲要》)中,"科学"成为幼儿园五大领域的教育内容之一。随后,幼儿园有关科学领域的各种学习活动都被称为"科学教育活动"。人们针对儿童的科学教育活动不断展开理论探讨和实践研究,但对学前儿童科学教育的内涵讨论并未达成一致看法,其中具有代表性的主要有以下几种。

1. 强调幼儿主动探究

学前儿童科学教育是指幼儿在教师的指导下（包括直接指导和间接指导），通过自身的活动，对周围物质世界（包括自然界和人工自然）进行感知、观察、操作、发现问题、寻求答案的探索过程；是幼儿获取广泛的科学、技术经验与具体事实，主动建立表象水平的初级科学概念，学习科学的方法和技能，发展智力的过程；是发展幼儿好奇心，使幼儿感知自己的能力，得到愉悦的情绪体验，产生学习科学技术的兴趣，对自然界和人工自然积极关注和爱护的过程。

2. 强调在探究过程中教师的支持

学前儿童科学教育应成为引发、支持和引导幼儿主动探究、经历探究和发现过程，获得有关周围物质世界及其关系的经验的过程，使幼儿获得乐学、会学这些有利于幼儿终身发展的长远教育价值。

3. 强调探究的过程

学前儿童科学教育是指学前儿童在教师的指导下，通过自身的活动，对周围的自然界进行感知、观察、操作、发现，以及提出问题，寻找答案的探索过程。

4. 强调幼儿亲身体验

学前儿童科学教育是引导幼儿主动学习、主动探索的过程，是支持幼儿亲身经历研究过程、体验科学精神和探究问题解决策略的过程，是使幼儿获得有关物质世界及其关系的感性认识和经验的过程。

分析这些概念发现，其核心内涵是一致的：教师引发、支持和引导儿童与周围环境和物质世界进行相互作用，亲身经历探究过程，以帮助幼儿形成喜欢探究、尊重科学事实的科学情感和态度，初步掌握观察、实验、测量、分类等各种科学方法，获得有关周围物质世界及其关系的广泛的科学经验的活动。

二、学前儿童科学教育的特点

通过分析以上的诸多概念，我们不难发现学前儿童科学教育具备以下特点。

1. 学前儿童是科学学习的主体

学前儿童从一出生就对周围世界有着强烈的好奇心与探究欲，他们总是不断地探索身边事物以寻求解答。在他们成长的过程中，他们由依靠成人的帮助而逐渐发展到独立和自主，有能力逐渐主导自己的行动，自信心与自我认同也逐渐增强，并渐渐具有了把自己看作是积极建构者的意识。由此可见，学前儿童科学教育的过程应是学前儿童自己主动参与的过程。科学学习应从幼儿日常已有的经验出发，引导幼儿主动观察、操作、实验、测量、记录、交流讨论，发现问题、提出问题并尝试解决问题。教师应更多地鼓励并支持学前儿童的发现与探索，对他们的表现给予充分的理解和尊重。

2. 探究是科学学习的核心

亲身体验以探究为主的学习活动是幼儿学习科学的主要途径。学前儿童科学教育活动强调向幼儿提供充分的科学探究机会，强调幼儿直接操作和探索物质材料，使幼儿在像科学家那样进行科学探究的过程中，体验学习科学的乐趣，增长科学探究的能力，获取经验与一定的科学知识，形成尊重事实、善于质疑的科学态度。

首先，重视幼儿探究能力的养成。科学探究既是学习方法也是学习内容。教师在设计科学学习活动目标时要体现对幼儿探究能力的培养，在科学学习内容的选择上既要关注到核心科学概念的学习，也要关注科学探究的学习，使学习活动的内容充实完整。探究能力的培养需要考虑到年龄适宜性。幼儿的科学探究能力包括观察力、实验能力、科学思考能力、表达交流能力、设计制作能力等，不同年龄阶段幼儿的探究能力侧重点也不同。例如，小班幼儿侧重对个别物体的观察，中班幼儿侧重比较观察、大班幼儿开始对一个周期进行观察。因此，教师要充分考虑幼儿的年龄特点和发展水平，设计符合其最近发展区的学习活动。探究能力的培养要渗透于核心科学概念的学习过程中。核心科学概念的学习离不开探究能力的发展，幼儿需要通过观察、思考、表达等方式获取关键的科学经验。此外，核心科学概念不同，在学习的过程中所涉及的探究能力也有所差异。例如，生命科学概念的学习更强调观察、比较、表达能力，而物质科学更强调实验、思考、设计制作能力。在各个核心科学概念的学习活动中，每种探究能力都会有所涉及，但侧重点会有所不同。

其次，关注幼儿通过探究所获得的感受、体验与发现。《纲要》指出，科学教育应成为引发、支持和引导幼儿主动探究、经历探究和发现的过程，成为获得有关周围物质世界及其关系的经验的过程。在探究过程中，幼儿的经历、感受、建构的经验不同，对某些科学现象与科学问题的理解也不同，正是这些体验与认识的不同才构成了探究过程与静态科学知识习得的不同，幼儿在探究、体验中可以理解科学，理解科学与人们生活的关系，领会科学的内涵。同时，科学发现的成功与喜悦也会进一步激发幼儿爱科学、用科学的积极情感。

3. 关注核心科学概念

在学前阶段，科学教育的内容主要来自生命科学、物质科学、地球和空间科学的核心科学概念，核心科学概念又包含了不同的关键经验。这些核心科学概念和关键经验能够帮助教师确立教学的目标和重点，帮助幼儿形成学习进阶。因此，教师在设计学习活动时需要关注核心科学概念。

首先，关注核心概念为教师选取恰当的学习内容提供了依据。例如，为了让幼儿了解"生物的基本特征"这一核心概念，教师选取认识小狗、小猫、小兔子等小动物都是可以的。事实上，具体是什么动物并不重要，重要的是有关动物的现象背后蕴含的核心科学概念。围绕核心科学概念设计的科学学习活动能够为幼儿日后的科学学习进阶打下坚实的基础。需要说明的是，我们要求教师设计的学习活动要体现核心科学概念，但并不是指幼儿园所有的科学教育活动都要围绕核心概念。

其次，关注核心概念要求教师在设计活动时要考虑科学核心概念的均衡。对于幼儿来说，来自生命科学、物质科学、地球和空间科学的核心科学概念都同等重要。教师不能因为日常生活中某方面核心概念所涉及的内容较少，就自以为幼儿不易理解而忽略。例如，地球与空间科学的内容，事实上幼儿对这部分内容是十分感兴趣的。只要采取合适的方式，都能够激发幼儿的探究兴趣，培养幼儿的探究能力，帮助幼儿获取相关的科学经验。

4. 关注日常生活、游戏中的科学问题

学前儿童的科学教育是引发幼儿积极去观察身边的事物和现象，发现自己感兴趣的问题并主动探索，寻求答案的过程。科学探究源于问题，问题是引发学前儿童深度探究的前提条件。那什么样的问题适合学前儿童？受学前儿童的年龄特点及认知水平的限制，学前儿童能探索的问题一定是来源于他们身边熟悉的、感兴趣的话题。只有贴近学前儿童生活经验的问题，才是他们愿意探究、能够探究的问题；而且学前儿童探究的问题要小且合适，变量不要太多，是真问题而不是假问题。

因此，学前儿童应该从简单问题、单一变量入手，关注学前儿童的日常生活、游戏中的实际问题，从解决这些真实问题展开探究。比如：为什么门一开，风铃就会叮咚响（探究力与物体运动之间的关系）；不一样的纸，它的吸水速度是否一样（探究水的渗透现象及不同纸张的吸水性）；蚂蚁最爱吃什么？蚂蚁如何搬运食物（观察探究蚂蚁的生活习性与运动方式）；为什么种子不发芽（探索种子发芽所需要的条件）；为什么矿泉水瓶子里的水一挤就能从瓶盖的小洞里射出来（探究在相同压力下，受力面积越小，水喷得越高）；镜子为何能照出人的形象（探究镜子的反射现象）……这样就拉近了学前儿童与生活中科学的距离，使他们在解决日常生活、游戏中的一些科学问题的过程中理解科学现象，获得一些经验与科学知识，真正体验到科学与人们生活的密切关系。更为重要的是，在特定情境中的问题解决，可以进一步帮助学前儿童建构科学知识对于人们生活的重要意义，激发幼儿爱科学、主动学科学的积极情感。

当然，关注学前儿童生活、游戏中的科学问题，并不是说要把学前儿童的科学教育带入茫茫无边的凌乱生活之中，而是强调从一些生活、游戏中的科学问题入手进行设计，把科学知识的学习融入学前儿童的生活、游戏之中，通过生活、游戏中的问题把他们引向对某些科学概念的探究上，让学前儿童在真实的问题情境中探索科学、学习科学。

5. 给予足够的探究时间

受学前儿童的生理、心理及认知水平的限制，学前儿童的探究与其他年龄阶段的儿童相比，更具有反复性与困难性。《面向全体幼儿的科学》指出："对许多学生来说，面对他们先前的错误概念并对它们加以改变是一个艰难的智力挑战。"因此，在科学探究的过程中，要允许学前儿童以自己的学习速度尝试、操作与实验，允许学前儿童以自己的经验个性化地理解与表达科学的概念与现象，也允许幼儿出错与反复。因此，教师要给予幼儿充足的时间，让他们反复尝试、多次试误、寻求答案，耐心等待他们的理解与发现。

6. 评价科学教育活动

评价学前儿童科学教育活动能够了解学前儿童科学学习与探究的过程、进展与结果，以便给予学前儿童及时且适宜的支持和帮助。

首先，评价内容要多维。综合考察与评价学前儿童的学习与发展，不仅要关注科学经验、科学知识的获得，还要关注学前儿童在探究过程中所秉持的科学态度、科学情感及科学方法的运用，同时还可以了解一些关键概念的理解与形成。

其次，评价全过程。尽管只注重结果而忽视过程的课程评价取向是不对的，但没有结果的教育活动往往是盲目的，容易导致教育活动过于随意自由、低效率化的状况。所以在评价时，既要关注科学活动的过程，也要关注科学活动的结果，强调学前儿童在经历探究过程中有所获得、有所体验、有所发现，强调幼儿在感受、操作、体验基础上形成科学的素养。

最后，评价方法多元。学前儿童科学教育强调运用多种方法对学前儿童的探究学习进行评价。只要有利于提高学前儿童科学素养的评价方法都可采用。评价可以依据教师观察与了解到的学前儿童的科学学习表现，可以是对科学活动作品的分析，也可以是成长记录袋，与幼儿的谈话或评定量表等。总之，只要能反映幼儿科学学习的实际情况与发展状况的方法都应灵活纳入到评价体系中。

三、学前儿童科学教育的价值

学前儿童科学教育的实质就是对学前儿童进行科学素养的早期培养。作为整个科学教育体系的起始阶段，它是科学前启蒙教育。对学前儿童开展科学教育，既是儿童身心发展的需要，也是国家提升国民科学素养的重要环节，同时也为儿童一生的全面发展奠定基础。

1. 学前儿童科学教育是提升公民科学素养的起点

科学教育作为教育的一个重要组成部分对于现代社会具有基础的、首要的地位。社会的发展依赖于生产的不断发展，而生产力的提升又强烈依赖于科技的发展，科技的发展离不开高素质的科技人才。而科技人才的培养需要"十年树木，百年树人"。

学前儿童从一出生就对身边的事物充满着好奇、好问、好动，这种与生就俱来的强烈的好奇心与探究欲正是科学教育中所倡导的科学品质，也是支持幼儿不断探究、走进科学的原动力。如果在此阶段，家庭、教师、社会创设良好的环境，给予学前儿童恰当的引导，就能保护好他们的好奇心与求知欲，激发他们科学学习的兴趣，养成他们喜欢科学、愿意探究科学、爱自然、爱科学的积极情感与态度；同时，学前儿童也能积累一些科学经验，掌握初步的科学方法，并为后续的科学学习奠定基础。

2. 学前儿童科学教育能发展幼儿的思维

幼儿在探索周围世界中所获取的丰富的知识经验在他们的头脑中并不是杂乱无序地排列，而是形成了一定的认知结构。幼儿通过对这些经验加以分类、比较、概括，梳理了经验与经验之间的关系，并逐渐形成了对这个事物的认识，同时也认识到这个世界的多样性和共性。伴随着儿童的概括能力的增长，他们会在已有的关系之间建立新的关系。比如，他会思考为什么针尖有时指向小猫，有时指向小狗。这个问题促使儿童进行新的概括，当然也使得儿童对世界的认识更加深刻。从这个角度来说，学前儿童科学教育就是幼儿思维的"实验室"，它既反映了幼儿思维实验的结果，又为新的思维实验提出了问题。学前儿童科学认识演进的历程，就是幼儿思维发展的轨迹。

3. 学前儿童科学教育能促进幼儿全面和谐地发展

学前儿童科学教育作为幼儿园课程的重要组成部分，它的学习不仅促进幼儿的科学情感与态度的发展，帮助与丰富幼儿的科学经验和知识，而且发展幼儿的探究能力；同时，幼儿所掌握的科学研究方法也适用于其他领域的课程学习。

首先，科学教育能够促进幼儿良好个性品质的养成。科学教育给幼儿以直接接触和探究客观现实世界的机会，满足了幼儿的好奇心和动手操作的欲望，还使幼儿在与物质材料和环境的互动中、在与教师和同伴的交流中、在操作和探究中发展幼儿的积极性、主动性、独立性、专注性、坚持性、创造性、自信心等良好个性品质，这将为幼儿后期的学习与发展奠定基础。

其次，科学教育能够促进幼儿认知图式的逐渐形成。幼儿可以在感知与操作过程中获得大量直观、具体的事实素材，这些素材为幼儿理解抽象的科学知识提供了表象支持，从而成为幼儿通向科学世界的桥梁，为他们以后学习更抽象复杂的科学概念奠定基础。

最后，科学教育能够促进幼儿其他领域课程的学习。在科学教育中获得的科学经验与知识、探究能力和科学态度对幼儿其他领域课程的学习同样重要。例如，观察能力的发展有助于提升幼儿的艺术表现力；分析、推理、表达能力的发展有利于幼儿的语言组织能力与表达能力的发展；幼儿与同伴共同探究有利于幼儿的社会性的发展等。

本章小结

本章首先围绕着科学的本质进行阐述，明晰了科学教育的内涵，并针对科学教育中的科学问题与伪科学问题、"是什么"和"为什么"的问题、科学问题与活动内容的关系、科学教育活动中要注意的有关问题做了具体分析。其次，在理解了科学本质与科学教育内涵的基础上，指出了儿童科学的内涵并分析了儿童科学的特点，区分了儿童的科学与成人的科学；在此基础上，重点阐明了探究、儿童的科学探究及其特点。再次，充分分析了皮亚杰的儿童认知发展阶段论、儿童科学概念的发展、儿童因果认识的发展理论，维果茨基的有关儿童科学概念发展的相关研究及建构主义心理学家关于儿童学习的理论，明晰了儿童科学学习的理论依据及其对学前科学教育的启示。最后，分析了学前儿童科学教育的内涵、特点及价值。

关键术语

科学　科学教育　科学问题　儿童的科学　探究　儿童的科学探究　自发性概念
日常概念　科学经验　科学概念　学前儿童的科学教育

思考题

1. 科学是什么？
2. 谈谈科学教育中要注意的问题。
3. 结合实践观察分析儿童科学的特点。
4. 谈谈儿童的科学探究与科学家的科学探究的区别。
5. 结合观察实践谈谈儿童的科学探究的特点。
6. 试述皮亚杰认知发展理论对学前儿童科学教育的启示。
7. 结合实践分析学前儿童科学教育的特点。

建议的活动

1. 在现实生活中或到幼儿园观察幼儿的科学探究活动。
2. 观摩名园名师开展的一次幼儿园科学教育活动，思考学前儿童的科学教育。

第二章 学前儿童科学教育的目标

学习目标

① 理解与掌握我国学前儿童科学教育目标的层次及各层次目标的结构。

② 理解与掌握《幼儿园教育指导纲要（试行）》中我国学前儿童科学教育总目标及《3—6岁儿童学习与发展指南》中各年龄阶段目标。

③ 领会学前儿童科学教育目标的制定依据，理解与掌握科学教育目标制定的原则与表述要求。

④ 尝试制定不同年龄段学前儿童科学教育的具体活动目标。

导入案例

案例一：

一次大班科学活动"鸡蛋壳的游戏"中，幼儿教师设计了以下活动目标：

1. 通过亲自动手摆一摆、搭一搭、试一试、想一想的过程，激发幼儿动手操作的兴趣，培养幼儿的探索意识；
2. 培养幼儿的动手操作能力、判断能力以及协作能力；
3. 让幼儿在反复实践、操作过程中，感知鸡蛋壳弧形凸面承受力较大。

案例二：

在小班科学活动"水的浮力"中，幼儿教师设计了以下活动目标：

1. 观察水果在水中的沉浮现象，初步获得有关物体沉浮的经验，体验科学探索的乐趣；
2. 学习用简单的方法记录水果在水中的沉浮状态，并能简单讲述；
3. 愿意大胆尝试，并与同伴分享自己的想法；
4. 萌发探索水的兴趣。

请问以上两个案例中的活动目标设计是否合理？幼儿园科学教育的目标应包括哪些维度？设计幼儿园科学教育活动目标应注意哪些问题？通过本章的学习，掌握学前儿童科学教育活动目标设计的基本原则与要求。

第一节 学前儿童科学教育的目标定位

教育目标是开展教育活动的出发点和归宿，它规定教育活动预期可能会获得的某种效果。有了教育目标，教育活动的设计与安排、教育活动的组织与实施才有了基本的依据；有了教育目标，教育活动的内容选择、方法运用、效果评价也有了原则和范围。

学前儿童科学教育目标是学前教育目的在学前科学教育阶段要求的具体化，是引导学前阶段科学教育工作的纲领性要求。学前儿童科学教育的目标体系是按一定的结构有序组织起来的。它涵盖纵横两个层次结构，从纵向看，学前儿童科学教育目标具有一般的层次结构；从横向看，学前儿童科学教育目标具有不同的分类结构。

一、学前儿童科学教育目标的层次

学前儿童科学教育是学前儿童全面发展教育的一个重要组成部分。学前儿童科学教育目标是根据学前教育的总目标，遵循儿童身心发展规律，结合科学教育的特点而制定的，是学前教育总目标在学前儿童科学教育领域的具体体现。

学前儿童科学教育的目标体系是按一定的结构有序组织起来的。从纵向来看，学前儿童科学教育目标包含学前儿童全面发展教育总目标、学前儿童科学教育领域目标、学前儿童科学教育各年龄阶段及学期目标、单元目标或主题目标与具体活动目标等，具体分解如图2-1所示。

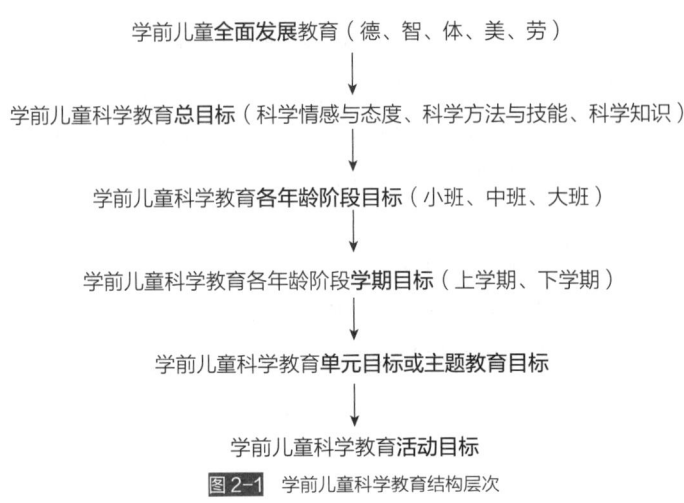

图 2-1 学前儿童科学教育结构层次

（一）学前儿童科学教育的总目标

学前儿童科学教育的总目标是学前教育总目标的有机组成部分，是学前阶段科学教育总的任务要求，明确了学前阶段科学教育的范围和方向，是学前儿童科学教育所期望的终极目标。它是通过一系列的科学探究活动来实现的，因此，在学前阶段进行科学教育应以此总目标为指导思想。

《纲要》指出学前教育阶段科学教育的总目标为：

①对周围的事物、现象感兴趣，有好奇心和求知欲；

②能运用各种感官，动手动脑，探究问题；

③能用适当的方式表达、交流探索的过程和结果；

④能从生活和游戏中感受事物的数量关系并体验到数学的重要和有趣；

⑤爱护动植物，关心周围环境，亲近大自然，珍惜自然资源，有初步的环保意识。

（二）学前儿童科学教育各年龄阶段目标

学前儿童科学教育的各年龄阶段目标是依据学前儿童科学教育总目标，根据幼儿年龄特点而划分的中短期发展目标。它反映了不同年龄阶段儿童的目标要求的差异性，同时，也体现了不同年龄阶段儿童的科学目标之间的连续性。

1. 0~3岁婴幼儿科学教育活动目标

①保护好奇心，支持儿童的触摸、爬动、操作、摆弄玩具和物品的行为；

②提供丰富的感觉刺激,发展感觉能力、注意力;

③初步掌握与生活经验相贴近的日常概念和科学常识,知道一些与生活贴近的动植物、自然现象和科技产品的名称;

④形成一和多的数概念;形成白天、晚上的时间概念。

2. 3~6岁幼儿科学教育活动目标

《指南》以3~4岁、4~5岁、5~6岁三个年龄班进行目标的划分,将3~6岁幼儿科学教育目标分为科学探究和数学认知两个方面,并提出了基本要求,具体目标如下。

(1)科学探究

目标1 亲近自然,喜欢探究

3~4岁	4~5岁	5~6岁
1. 喜欢接触大自然,对周围的很多事物和现象感兴趣 2. 经常问各种问题,或好奇地摆弄物品	1. 喜欢接触新事物,经常问一些与新事物有关的问题 2. 常常动手动脑探索物体和材料,并乐在其中	1. 对自己感兴趣的问题总是刨根问底 2. 能经常动手动脑寻找问题的答案 3. 探索中有所发现时感到兴奋和满足

目标2 具有初步的探究能力

3~4岁	4~5岁	5~6岁
1. 对感兴趣的事物能仔细观察,发现其明显特征 2. 能用多种感官或动作去探索物体,关注动作所产生的结果	1. 能对事物或现象进行观察比较,发现其相同与不同 2. 能根据观察结果提出问题,并大胆猜测答案 3. 能通过简单的调查收集信息 4. 能用图画或其他符号进行记录	1. 能通过观察、比较与分析,发现并描述不同种类物体的特征或某个事物前后的变化 2. 能用一定的方法验证自己的猜测 3. 在成人的帮助下能制订简单的调查计划并执行 4. 能用数字、图画、图表或其他符号记录 5. 探究中能与他人合作与交流

目标3 在探究中认识周围事物和现象

3~4岁	4~5岁	5~6岁
1. 认识常见的动植物,能注意并发现周围的动植物是多种多样的 2. 能感知和发现物体和材料的软硬、光滑和粗糙等特性 3. 能感知和体验天气对自己生活和活动的影响 4. 初步了解和体会动植物和人们生活的关系	1. 能感知和发现动植物的生长变化及其基本条件 2. 能感知和发现常见材料的溶解、传热等性质或用途 3. 能感知和发现简单的物理现象,如物体形态或位置变化等 4. 能感知和发现不同季节的特点,体验季节对动植物和人的影响 5. 初步感知常用科技产品与自己生活的关系,知道科技产品有利也有弊	1. 能察觉到动植物的外形特征、习性与生存环境的适应关系 2. 能发现常见物体的结构与功能之间的关系 3. 能探索并发现常见的物理现象产生的条件或影响因素,如影子、沉浮等 4. 感知并了解季节变化的周期性,知道变化的顺序 5. 初步了解人们的生活与自然环境的密切关系,知道尊重和珍惜生命,保护环境

科学探究的三个目标，其中"亲近自然，喜欢探究"是首要的、前提性的、动机性的目标；"具有初步的探究能力"是重要的、核心的、关键性的目标；"在探究中认识周围事物和现象"是载体性、媒介性、产物性的目标。三个方面的目标是一个教育活动的有机组成部分，是一个探究过程的不同方面，在开展科学探究活动时，教师不能强制性地割裂开来，让儿童分开学习或单独训练。

（2）数学认知

目标1 初步感知生活中数学的有用和有趣

3~4岁	4~5岁	5~6岁
1. 感知和发现周围物体的形状是多种多样的，对不同的形状感兴趣 2. 体验和发现生活中很多地方都用到数	1. 在指导下，感知和体会有些事物可以用形状来描述 2. 在指导下，感知和体会有些事物可以用数来描述，对环境中各种数字的含义有进一步探究的兴趣	1. 能发现事物简单的排列规律，并尝试创造新的排列规律 2. 能发现生活中许多问题都可以用数学的方法来解决，体验解决问题的乐趣

目标2 感知和理解数、量及数量关系

3~4岁	4~5岁	5~6岁
1. 能感知和区分物体的大小、多少、高矮长短等量方面的特点，并能用相应的词表示 2. 能通过一一对应的方法比较两组物体的多少 3. 能手口一致地点数5个以内的物体，并能说出总数。能按数取物 4. 能用数词描述事物或动作。如"我有4本书"	1. 能感知和区分物体的粗细、厚薄、轻重等量方面的特点，并能用相应的词语描述 2. 能通过数数比较两组物体的多少 3. 能通过实际操作理解数与数之间的关系，如5比4多1；2和3合在一起是5 4. 会用数词描述事物的排列顺序和位置	1. 初步理解量的相对性 2. 借助实际情境和操作（如合并或拿取）理解"加"和"减"的实际意义 3. 能通过实物操作或其他方法进行10以内的加减运算 4. 能用简单的记录表、统计图等表示简单的数量关系

目标3 感知形状与空间关系

3~4岁	4~5岁	5~6岁
1. 能注意物体较明显的形状特征，并能用自己的语言描述 2. 能感知物体基本的空间位置与方位，理解上下、前后、里外等方位词	1. 能感知物体的形体结构特征，画出或拼搭出该物体的造型 2. 能感知和发现常见几何图形的基本特征，并能进行分类 3. 能使用上下、前后、里外、中间、旁边等方位词描述物体的位置和运动方向	1. 能用常见的几何形体有创意地拼搭和画出物体的造型 2. 能按语言指示或根据简单示意图正确取放物品 3. 能辨别自己的左右

数学认知领域目标与科学探究目标一样把情感目标摆在第一位，强调数学认知要以幼儿的兴趣和积极的情绪情感体验为首；强调通过真实情景发展幼儿的理解和应用数学的能力；强调在日常生活与游戏中发展幼儿发现和解决问题的能力。

(三)学前儿童科学教育各年龄阶段学期目标

学前儿童科学教育的同一年龄班在不同的学期目标要求也有区别。以中班"科学"为例,上学期和下学期的目标如下。

1. 上学期目标

①喜欢探索周围常见的事物与现象,并从中体会到快乐,能有顺序、有目的地进行观察;

②会比较事物的不同点,会按某些外部特征或某一简单规律对某些事物进行分类;

③能使用各种常见材料进行简单的小实验,有简单的猜想;

④能用多种方式与成人、同伴等分享和交流自己探索的过程和感受;

⑤知道季节的变化,关心、爱护自己身边的动植物,爱惜周围的环境;

⑥知道周围生活中如交通工具等科技产品与人们生活的关系。

2. 下学期目标

①喜欢探索周围环境,乐于发现,能主动参加科学活动;

②学习观察方法,初步学会运用多种感官观察,有顺序地观察、比较观察,学习对物体按一定的标准进行简单分类,学习用语言和绘画等方式表达自己的感受与发现;

③认识自然事物、自然现象和科技产品与人的关系,关心爱护动植物和周围的自然环境;

④对一些科学现象感兴趣,了解它们在生活中的应用和人们生活的关系;

⑤了解季节特征,引导幼儿观察周围自然事物和现象及其变化,使幼儿获得广泛的科学经验,并能在表象水平上形成初步的概念。

在具体的教学实践中,教师要根据本班儿童的年龄特点、幼儿已有的认知水平及本学期的要求,把各年龄阶段目标进一步分解,制定不同年龄班及不同学期的目标,这样才能为顺利完成教育任务奠定基础。

(四)学前儿童科学教育单元或主题教育目标

学前儿童科学教育的学期目标需要通过单元目标或主题教育目标来达成,单元目标或主题教育目标是各年龄阶段目标的具体化。划分单元主要是以时间为主线,在学期目标的基础上再次分解为季目标、月目标、周目标等;主题是基于幼儿的兴趣爱好,围绕某一教育内容进行深入探究的系列活动,因此,主题教育目标是完成这一系列活动而达成的目标。随着幼儿园课程改革的不断深入,目前单一以"时间单元"为目标的形式在幼儿园已不多见,而以主题教育目标组织的活动越来越常态化。

(五)学前儿童科学教育活动目标

学前儿童科学教育活动目标是指一次具体的科学教育活动所要达到的结果或所引起的幼儿行为的变化。它是单元或主题教育目标的具体化,也是幼儿园科学领域目标体系中最为具体的目标,操作性最强的目标,直接作用于幼儿的日常目标。教师根据学前儿童科学教育总目标和年龄阶段目标或主题教育目标,结合具体的教育活动内容及本班儿童年龄特点、兴趣、需要和现有的水平制定的可直接操作的活动目标。活动目标虽然是最下层目标,但总目标和年龄目标是通过一系列具体活动目标的达成而最终实现。

以上五个层次是对学前儿童科学教育的总目标的具体分解，构成了一个金字塔式的学前儿童科学教育目标的层级结构。各阶段性目标之间是相互衔接的，体现了学前儿童心理发展的渐进性。

二、学前儿童科学教育目标的结构

2021年6月国务院颁布的《全民科学素质行动规划纲要（2021—2035年）》指出科学素质是国民素质的重要组成部分，应大力提升公民的科学素质。公民的科学素质是指崇尚科学精神，树立科学思想，掌握基本科学方法，了解必要科技知识，并具有应用其分析判断事物和解决实际问题的能力。由此可见，公民的科学素质主要包括科学精神与态度、科学技能与方法、科学知识三个方面。

幼儿园科学活动的目标是培养幼儿的科学素养，它通过发展幼儿的科学意识、科学精神、科学思维、科学能力来促进幼儿的深度学习和全面可持续发展。分析《纲要》中科学领域的总目标结构发现，幼儿的科学素养也包括科学态度和情感、科学技能和方法、科学经验和知识三个方面，具体内容如图2-2所示。

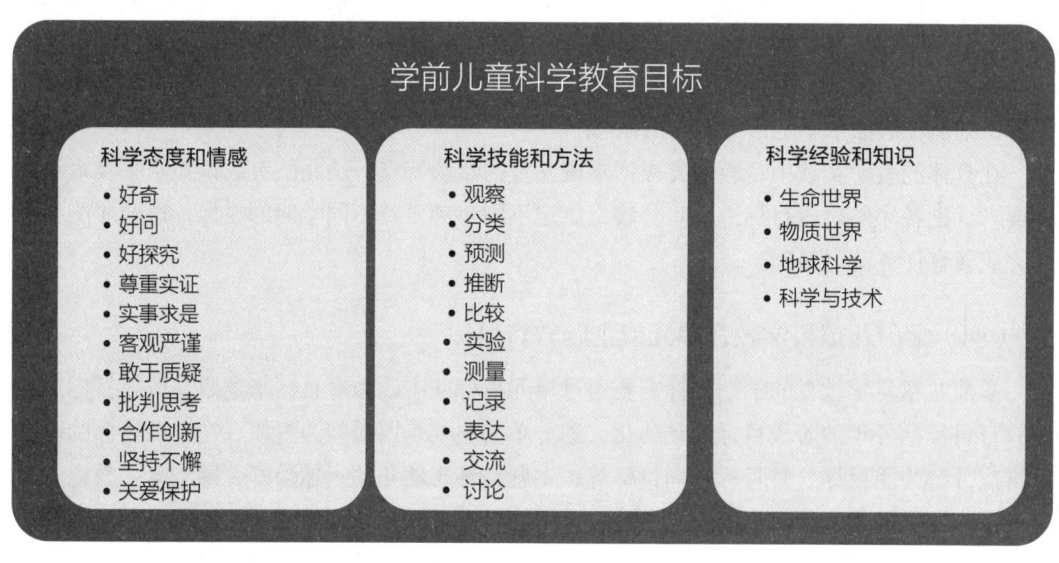

图2-2 学前儿童科学教育目标结构

（一）科学态度和情感

科学精神是个体在科学活动中所形成和表现出来的人格特征，是各种科学价值观、科学品质以及行为准则的整合，是科学的灵魂和科学发展的内在动力，它包含理性思维、批判质疑、勇于探究、开拓创新等要素。因此，科学精神被视为现代人的基本品格，是儿童发展的基本核心素养。幼儿科学学习的核心是激发探究兴趣，体验探究过程，发展初步的探究能力。科学探究过程实质上是一种态度与价值追求，这种追求就是科学态度和情感。科学态度和情感的培养具体包括以下几个方面。

1. 保护与激发幼儿的好奇心、探究欲

爱因斯坦曾说："我没有特殊的天赋，我只有强烈的好奇心。"可见，好奇心是驱使学前儿童主动探究周围世界的原始动力。学前儿童是天生的"科学家"，他们一出生就对周围世界充满了好奇，他们不停地向身边的人进行追问：为什么树叶会变颜色？人是从哪儿来的？为什么人不能飞？为什么植物会开花？雨是从哪儿来的？为什么冬天会下雪？为什么从外太空看地球是蓝色的？……这些问题就是幼儿好奇心的体现。幼儿在好奇心的驱使下对身边事物的主动探究就是科学。因此，保护与激发幼儿的好奇心、探究欲是培养幼儿科学素养的第一步，也是学前教育阶段科学教育的首要目标和核心目标。

科学教育总目标的第1条："对周围的事物、现象感兴趣，有好奇心和求知欲。"就是要求学前教育阶段要不断地激发学前儿童对周围各种事物和现象（包括自然现象和科学现象）的好奇心及求知欲，培养他们参与科学探究活动、科技制作活动的兴趣。《指南》中科学领域的目标1"喜欢探究"也体现了对幼儿好奇心和探究兴趣的高度重视，幼儿在学前期的行为可概括为"好奇、好问、好探究"。好奇心和兴趣是科学探究中的首要目标。幼儿对身边的、熟悉的、生活中的自然事物是最感兴趣的。科学教育总目标的第4条："能从生活和游戏中感受事物的数量关系并体验到数学的重要和有趣。"《指南》中的数学目标1"初步感知生活中数学的有用和有趣"都是强调学前儿童数学的学习需要通过生活与游戏来激发学前儿童对数学的兴趣，兴趣才是学习的第一位老师。总而言之，学前教育阶段的科学学习是建立在学习兴趣的基础上的，兴趣是学前儿童不断深度学习的源泉和动力。

2. 培养幼儿关爱生命、珍爱自然的积极情感，建立人与自然的和谐关系

科学教育总目标的第5条："爱护动植物，关心周围环境，亲近大自然，珍惜自然资源，有初步的环保意识。"与《指南》中科学领域目标1"亲近自然"都是强调人与自然建立和谐关系。

苏联教育家苏霍姆林斯基指出："经验证明，善良之情应当在童年扎下根来，而人性、仁慈、抚爱、同情心则在劳动中，在爱护和关怀周围世界的美中产生。善良情感、情绪素养——这是人性的核心……如果在童年培养不出善良情感，那就永远也培养不起来了，人在童年时期应当经历一个培养情感的学校——培养善良情感的学校。"的确如此，幼儿对大自然中生命的情感是在与周围环境的人、物、事的积极互动中逐渐养成的。幼儿的科学教育过程就是一个培养幼儿关爱生命、珍惜生命的过程。

[案例]
环保故事

案例2-1

2014年10月由国际性非营利环保机构——保护国际基金会发布的系列公益影片《大自然在说话》，以大自然独特的视角，倡导人类通过改变自己的行为关爱环境。《大自然在说话》系列公益影片以"大自然不需要人类，人类需要大自然"为宣传

口号，以"大自然母亲、海洋、雨林、土地、水、红木、花"七种大自然元素为"第一人称"发声，通过他们的声音，让人类倾听大自然的所知所见，更重要的是，倾听大自然给予人类的建议。2016年，《大自然在说话》第二季，以"珊瑚礁、家园、天空、冰、山"五种大自然元素为"第一人称"继续发声，唤醒人类，主动关爱大自然，保护地球，爱护自然环境。

大自然与人类是息息相关的，人类与大自然休戚与共。大自然是幼儿学科学的最好的课堂和材料，大自然是学前儿童科学学习与探究的对象，也是学前儿童审美与发展道德的对象。在学前阶段的科学教育中，要逐步养成学前儿童关心、热爱自然，珍惜自然资源，保护环境的积极态度与情感。这对于人与自然的和谐相处、人类社会的可持续发展具有深远的意义。

因此，学前儿童的科学教育在强调学前儿童探究自然的同时，还要陶冶他们热爱大自然的情感，保护与珍爱周围的生活环境。

3. 奠定学前儿童的科学价值观

科学是知识，科学是过程，科学更是一种世界观。科学包涵了人们对世界（包括对科学本身）的基本看法与态度。也就是说，人们无论是进行科学探究，还是对待具体的事物，都会表现出对待科学的态度和观点。

[拓展知识]
不同学者对科学的态度和理解

1999年中国科协制定的《全民科学素质行动计划》即《2049计划》中对科学精神、态度和方法也做了具体的说明。

①科学精神：求真精神，怀疑精神，创新精神，实践精神，团队精神。

②科学态度：严肃认真、一丝不苟、客观公正、实事求是的态度。

③科学方法：观察实验、假说推理、验证发展、去伪存真的方法，识别伪科学。

2021年国务院颁发的《全民科学素质行动规划纲要（2021—2035年）》指导原则第1条指出，要"突出科学精神引领，践行社会主义核心价值观，弘扬科学精神和科学家精神，传递科学的思想观念和行为方式，加强理性质疑、勇于创新、求真务实、包容失败的创新文化建设，坚定创新自信，形成崇尚创新的社会氛围。"强调公民的科学精神应具有质疑、创新、求真务实、包容失败等。

科学精神是科学的实质和灵魂，是个体科学素养的综合体现，是科学知识、科学思想和科学方法的集中表达，是更具根本性和基础性的信念、意识和品格。求真是科学精神的基本内核，要求科学实践主体客观真实地对待各种科学现象。缺乏求真的科学精神就无从把握科学的本质与规律，就会使得个体在认识世界时陷入主观臆断。质疑和批判是一种基本的科学精神和科学思维活动，只有坚持理性和自由的独立人格，才能够正确对待科学传统与科学权威，能够对自己感到疑惑或者有不同见解的事物发出正当的质疑，没有质疑和批判就不可能突破人类现有的科学认识去达到对事物的深层理解。因此，在学前教育阶段，除了培养学前儿童好奇、好问、好探究的学习品质，还需要养成学前儿童尊重实证、实事求是、客观严谨的科学态度和敢于质疑、批判思考、合作创新、坚持不懈、关爱保护的科学精神，为其终身教育奠定良好的基础。

（二）科学技能和方法

科学探究是寻求科学真理和验证科学质疑、进行科学批判的基本手段，也是一种重要的科学能力。科学教育总目标第2条"能运用各种感官，动手动脑，探究问题"，明确了科学探究的方法，即幼儿充分利用眼睛去仔细观察、用耳朵去认真倾听、用嘴去充分提问和表达、用大脑去积极思考、用双手去直接操作，主动探究；第3条"能用适当的方式表达、交流探索的过程和结果"，指出探究后需要表达交流与经验分享，这两条目标组成了一个完整的探索过程。即提出问题、观察探索、思考猜测、调查验证、收集信息、得出结论、合作交流是科学探究的基本过程（不同年龄的探究环节的完整性稍有不同和探究的深度不同）。同时，总目标第2条和第3条也指明了幼儿探究科学的常用方法：观察法、分类法、比较法、预测法、推断法、信息收集法、实验验证法、调查法、记录法、测量法、表达交流法、讨论法等。

（三）科学经验和知识

科学是知识。学前阶段的科学教育主要是让幼儿在探究、体验和发现中学习科学，是在培养幼儿的科学探究精神的基础上发展幼儿的科学探究行为，激发幼儿在不断的动手操作中切身去感知和认识科学。

1. 学前儿童的科学知识离不开探究过程

《指南》中科学领域目标3"在探究中认识周围事物和现象"指出，幼儿科学认知的对象是周围事物和现象，涉及动植物、物质与材料、天气与季节、科技、环境等；数学目标2"感知和理解数、量及数量关系目标"和目标3"感知形状与空间关系"提出，数学认知涉及数、量、形状、空间等，这些内容都是幼儿探究的载体。三条目标准确揭示了幼儿科学知识的习得是伴随着探究过程，在感知中获得，是与幼儿生活密切相关的。那些外部强加给幼儿的"权威解释"，或远离幼儿生活经验的概念术语，尽管它们披着"科学"的外衣，但绝不是幼儿科学教育所要追求的目标。

幼儿对事物和现象的认识依赖于直接感知、亲身体验和实际操作，依赖于直接经验，是幼儿在感知、体验、探究和发现的过程中获得的，是幼儿运用自己的知识经验主动建构的结果。例如，幼儿通过看一看、摸一摸、闻一闻、听一听、尝一尝等感知觉认识苹果的形状、颜色、质地、味道、口感等，认识到苹果的多样性；幼儿通过实验探究，认识到颜色的变化；幼儿通过调查和记录，认识到天气变化和季节的更替。这些都是符合幼儿发展水平的科学知识。当然，这并不是说幼儿不可能通过间接经验来学习，但必须建立在幼儿已有经验的基础上，并且是在幼儿理解能力的范围之内。

2. 学前阶段的科学知识以科学经验为主

科学教育目标强调幼儿通过自己的探索活动获取科学经验。幼儿对事物和现象的认识是建立在个人已有经验的基础上，他们获得的科学经验是幼儿自己对世界的独特理解，是每个幼儿用自己的方法，在自己的水平上获取的自己的科学认识，并能够运用已有的认识促进自我不断地丰富和深化。因此，教师要接受和鼓励幼儿自己的认识和理解。

幼儿的科学知识来自周围熟悉的事物和现象。一方面，幼儿的年龄特征和具体形象的思维特点决定了幼儿不易理解概念化、理论性的知识，只能理解其所亲历的事物与现象，形成初步的认识，即科学经验。因此，脱离幼儿的实际发展水平而片面强调概念化的知识是不恰当的做法。例如，对光与影的形成，应让幼儿主动去实验发现，而不是教师直接告诉幼儿光与影形成的原因，这种间接的、概括性强的、抽象的经验幼儿是难以理解的。

另一方面，幼儿对事物和现象的理解是基于其对周围事物的直接探究经验，而不是成人强加给幼儿的、远离其生活经验范围的内容。随着幼儿思维的不断发展，他们的经验范围也在不断扩大，从小班到大班，幼儿对周围事物和现象的认识遵循由近及远、由表入里、由浅入深的发展轨迹。不同年龄阶段的幼儿对同一事物和现象的认识程度是不一样的。科学教育应该支持幼儿不断建构他们对科学知识的理解，应根据不同年龄阶段幼儿的认识水平提出差异化的目标。总体来说，幼儿科学知识的发展，遵循着从外部到内部、从孤立到联系、从现象到实质、从具体到抽象的过程。

分析了学前儿童科学教育目标的纵向层次及横向结构，我们发现学前儿童科学教育目标体系具有以下特点：

①具有明确的层次性。从纵向联系来看，整个目标体系是由抽象到具体，由统一到多样，层层分解、步步落实，最终形成了学前儿童科学教育目标的阶梯式结构。

②具有连续性和递阶性。从不同年龄及不同学期目标来看，学前儿童科学教育各阶段的目标前后之间是相互衔接、循序渐进的，前一目标的实现是后一目标的基础，后一目标是前一目标的继续。前一目标与后一目标之间、局部目标与整体目标之间是协调一致的。每层目标都是上一层目标的具体化，低层次目标的达成最终实现高层次目标。各项目标的实现都遵循由易到难、由简到繁，递进发展，逐步提高要求，体现递阶性。这种目标体系既帮助教师从宏观方面把握学前儿童科学教育目标的完整性及其各阶段目标之间的关系，又从微观方面引导教师积极考虑如何落实具体的科学教育活动目标。

③具有全面性和系统性。学前儿童科学教育目标体系纵横相连，构成一个相互联系的统一体，旨在实现儿童整体全面发展的任务。从纵向联系来看，各层次目标层层递进，逐步实现学前儿童科学教育的领域目标。从横向联系来看，每一层次的目标都围绕着科学情感态度、科学技能方法、科学认知三个维度制定。因为儿童是一个完整的有机体，其身心发展是相互影响、密切相关的，而学前儿童科学教育目标是培养具有一定科学素养的完整儿童。所以，在制定每个阶段目标时，都需要涵盖以上三个维度来保证儿童的全面和谐发展。

第二节　学前儿童科学教育的目标制定

幼儿园科学活动的目标制定是开展科学教育活动的出发点和归宿。在制定学前儿童科学教育目标时，不仅要考虑社会发展的需求，考虑幼儿身心发展的规律和特点，还要体现自然科学的学科特点。

一、幼儿科学教育活动目标制定的依据

教师要制定出合理的教育目标至少要考虑三个方面：儿童发展、社会需要和学科特点。

（一）遵循儿童发展的需要

幼儿的现实发展状况是幼儿科学目标确立的心理学依据。教育目标最终是要以幼儿在教育影响下的发展表现出来的。因此，研究和把握幼儿身心发展的实际水平、需要和可能性才能确定幼儿的最近发展区。

《纲要》指出，教育活动目标要以《幼儿园工作规程》和《纲要》所提出的各领域目标为指导，结合本班幼儿的发展水平、经验和需要来确定。教师要尊重幼儿在发展水平、能力、经验、学习方式等方面的个体差异，因人施教，努力使每一个幼儿都能获得满足和成功。教育工作评价要考察教育计划和教育活动的目标是否建立在了解幼儿现状的基础上。

1. 尊重幼儿的年龄差异性

不同年龄、不同阶段、不同层次的幼儿已有的经验是不同的，因此，在制定幼儿园科学活动目标时，教师要了解不同年龄阶段幼儿身心发展的特点，遵循其发展的规律，科学地确定教育目标。

2. 尊重幼儿的个体差异性

每个幼儿都是独特的，他们发展的速度与进程也是不同的，教师在制定科学活动目标时要把握和了解不同幼儿发展的差异性，观察与研究每一个幼儿发展的特点，提出更富有个性的发展目标，适宜于每个幼儿的发展。

3. 满足幼儿的全面发展需求

儿童的发展是一个整体，涵盖身体、认知、情感和社会性、个性等多方面的发展，它们每一方面都不是独立的，是属于儿童整体发展的一部分，是相互联系、相辅相成的。因此，科学教育不仅要关注幼儿的认知发展，更要关注其情感和社会性的发展，要以培养幼儿真善美的完整人格为最终目的。单纯强调知识获取而忽视能力发展，或者强调认知发展而忽视情感、个性发展，或者把认知、情感和社会性的发展割裂开来，都是不正确的。所以，幼儿科学教育目标内容应包括认知经验、方法技能、情感态度以及个性品质等方面。

（二）顺应社会发展的需要

社会需要是幼儿科学教育目标确立的客观依据。不同社会、不同时代，都会面临不同问题，对于受教育者的培养规格也会有不同要求。现代社会的发展以其特有的特征对学前儿童科学教育目标的确立提出了新的要求。

1. 网络信息化时代已经到来

21世纪是网络信息化时代，随着互联网技术和应用的快速发展，知识更新快、数量极速增加，对众多知识进行辨识筛选、收集、整合、加工、处理的能力已经成为现代人必备的科学素养。

2. 科学技术迅猛发展

现代人类生活已经离不开科技的发展，现代生活的每一步都有科技运用的痕迹。一个不掌握和运用现代科学技术的人在现代生活中寸步难行。

3. 环境问题日益严重。

科技发展在给人类带来便利的同时，也造成了一些负面影响，环境问题尤为突出，环境的破坏与污染打破了人类生态的平衡，影响了整个地球的健康。

面临这样的社会问题，一个重要的解决途径就是通过教育，尤其是通过对幼儿的科学教育，播下爱自然、爱科学、保护环境的种子，培养适应现代和未来社会需要的新一代人才后备军。

（三）满足科学学科特点的需要

科学学科的学科性质、学科知识体系、学科结构、学科学习规律、学科的教育价值等都是制定科学教育目标的主要依据。学前儿童科学教育在制定科学教育目标时也需要考虑其学科的独特性，使之区别于其他领域目标。具体来说，自然科学具有以下学科特点。

1. 内容的广泛性和知识的严密性

自然科学研究范围广泛，涉及整个物质世界，且内在的知识体系严密、逻辑性强。因此，幼儿园的科学教育要坚持由简到繁、由浅到深、从具体到抽象，循序渐进，在满足幼儿获取广泛科学经验的基础上，逐步拓宽幼儿的知识面；同时，关注幼儿知识的连续性，为将来形成科学概念和构建科学知识体系打下基础。

2. 过程与方法的科学性

自然科学崇尚实证，强调通过事实的证据和逻辑的推理获得新知识。幼儿园的科学教育要引导幼儿通过直接感知、亲身体验和实际操作进行科学学习，不应为追求知识和技能的掌握，对幼儿进行灌输和强化训练。

二、幼儿科学教育活动目标的制定

目标是教育所追求的结果，也是开展教育活动的依据。科学教育活动目标是科学教育实践活动的第一要素和前提，它是教师进行科学教育的指导思想和制订计划的依据。

（一）幼儿园科学教育活动目标的设计原则

幼儿园科学教育活动目标是指某一具体的科学教育活动的目标。科学教育总目标的实现就是通过具体教育活动目标逐步达成的。具体教育活动目标制定得科学与否，适宜与否，表述得清晰与否直接影响着总目标的达成度。

1. 关注幼儿的发展

一方面，活动目标应贴切幼儿已有的发展水平，符合幼儿科学学习的规律和特点；另一方面，活动目标应是幼儿在教师帮助下能达到的水平，也就是教师要为幼儿创造最近发展区。

2. 注意整合性

幼儿的发展是全面的，幼儿与外界环境的互动所获得的经验涉及方方面面，因此在设计幼儿园科学教育目标时不仅要整合科学的态度与情感、科学技能与方法、科学知识；同时还要考虑科学领域与其他教育领域的整合。

（二）幼儿园科学教育活动目标的取向

由于对幼儿发展、社会需求及幼儿园科学教育活动的不同理解，在幼儿园科学教育活动目标的设计中，体现出不同的价值观，从而表现出不同的目标取向。

1. 行为目标

行为目标是以儿童具体的、可被观察的行为表述来设计目标，它指向的是通过教育活动儿童所发生的行为变化，目标设计关注的是儿童学习行为的变化结果。行为目标是可以观察和测量的，强调的是目标的客观性、可理解性、可把握性和可操作性，能够指导教育者具体实施教育活动并评价其教育活动效果。例如，在一个大班科学活动"吹泡泡"中，把活动目标设计为"尝试用身边常见的不同质地、不同形状、不同大小的材料制作吹泡泡器，体验自制吹泡泡器吹泡泡所带来的乐趣"，此目标明晰了儿童在活动过程中将要做什么和期望的结果，这样的目标表述就比"让儿童自制吹泡泡器，感受吹泡泡的乐趣"更有利于教师把握。

行为目标包括三个组成部分：

①儿童外显的科学行为表现，如"说出""画出""比较出"等。

②可观察到这种行为表现的条件，即儿童的这种科学行为是在什么样的情况下产生的，如"说出""画出"是在"通过观察""在教师的指导下"还是"实验操作下"产生的行为。

③行为表现的具体内容，如"说出小白兔的典型外部特征""记录下蝌蚪变小青蛙的成长历程"等。一般来说，科学技能与方法的目标可采用行为目标的写法。

虽然行为目标对于教育活动具有指导作用，但应注意并不是行为目标越具体越好，应在目标的概括化与具体化之间寻求一个合适的"度"。行为目标强调的是那些可以观察到的、外显的行为变化，而儿童发展有许多方面是难以转化为具体行为指标，因此需要考虑其他方面，对行为目标予以补充。

2. 生成性目标

生成性目标是在教育活动过程中生成的目标。目标陈述的是儿童学习行为变化的过程，它所关注的不是外部事先规定的目标，而是强调教师根据教育的实际进展提出相应的目标。如果说行为目标关注的是结果，那么生成性目标注重行为进展的过程。所以，生成性目标有时又被称为过程性目标，展开性目标。

生成性目标是以过程为中心，以儿童参与活动的表现为基础展开，强调儿童、教师与教育情境交互作用过程中所产生的目标。在幼儿园科学教育活动中，"愿意与同伴合作""喜爱小动物，愿意与小动物交朋友"这些都是在长期的教育过程中逐渐形成的。因此，相对于行为目标的具体明确来说，生成性目标具有一定的模糊性和不确定性。因此，教师要根据活动的实际进展情况，灵活、机动地提出进一步的目标，以促进儿童更好地发展。

3. 表现性目标

表现性目标强调的是个性化，指向的是培养儿童的创造性，所以表现性目标陈述的是儿童参与某种活动后得到的各不相同的结果。它所关注的是儿童在活动中与环境的交互作用中所表现出来的个性化和首创性的反应形式，而不是事先规定的儿童行为变化的结果。表现性目标并不预先规定儿童的行为变化，它追求儿童表现的多元化，而不是同质性，这种个性化、多元化的表现，教师是无法准确预知的，这对于儿童个性的充分展示和发展是有益的。例如，在参观"海底世界"的活动中，如果从表现性目标的角度设计，教师关注的是"表达你最喜欢的海底世界的动物""讨论海底世界最有趣的动物"或"表达对海底世界的喜爱"等，而不是"儿童能够说出海底世界鱼的种类"。

总之，不同取向的目标只是从某一特定的角度把握教育活动的某一方面，从行为目标取向发展到生成性目标取向，再发展到表现性目标取向，体现了教育对儿童的主体价值和个性培养的追求，弥补了单纯强调行为目标的缺失。教师在进行科学教育活动目标设计时，应全面辩证地看待行为目标、生成性目标和表现性目标的关系，三者之间并不排斥或对立，而是相互补充和联系；同时，根据儿童身心发展和社会发展的需要，以及教育活动的内容和特点，把三者融为一体，科学合理地设计教育活动目标，促进儿童情感、态度、能力、知识、技能等方面全面和谐地发展。

（三）幼儿园科学教育活动目标的表述

美国心理学家马杰在《准备教学目标》一书中提出，编写得好的教学目标应包括三个要素。

①表现：目标期待学习者能做到什么，有时是客观描述所做的产品或结果。

②条件：目标描述重要条件，在什么样的条件下将产生预期的表现。

③标准：目标描述可接受的表现来确定标准，而所谓可接受的表现则是通过描述学习者为了被认可而应该表现得好的程度来确定。

在制定幼儿园科学教育活动目标时，行为表述是最基本的部分，主要涵盖以下五个方面。

1. 行为主体

行为主体是指由谁来完成教学所预期的行为。幼儿园的活动，活动主体一般是幼儿。如"幼儿能观察小鸡的外部特征"，所以表述时，行为主体"幼儿"往往省略。

2. 行为本身

行为本身是指幼儿达到教育活动目标的具体学习行为。通常用"说出""画出""知道""了解""学会""能够"等词语。这里的行为是指幼儿学习后能够做什么，是学习的结果，而不是学习的过程，更不是教师的行为。因此，要避免使用"……教会/让幼儿……"这种写法，也要避免写成教学内容、教学过程或程序，如"幼儿在20分钟内学习……"，这是学习过程，而不是幼儿学习后表现出的行为变化。

3. 行为情境

行为情境是指幼儿行为变化产生的条件。情境/条件表示幼儿完成规定行为时所处的情境，即说明在评价幼儿的学习结果时该在哪种情况下评价。比如，"能利用放大镜细致、全面地观察蚂蚁并表达自己的发现"中的"放大镜"就属于行为情境/条件。这些情境/条件一般包括下列因素：

①环境因素（空间、光线、气温、室内外、噪声等）。

②人的因素（个体独自完成、小组进行、个人在集体环境中完成、在教师指导下进行等）。

③设备因素（材料、工具、设备、图纸等）。

④信息因素（资料、图表等）。
⑤时间因素（速度、时间限制等）。
⑥问题明确性的因素（为引起行为的特征，提供什么刺激、刺激的数量如何等）。
在描述情境/条件时，应注意目标中的情境/条件也是评价幼儿时的情境/条件。

4. 行为结果

行为结果，即通过活动，幼儿行为发生的变化。如"通过仔细观察能区分鸡和鸭"。

5. 行为标准

行为标准是用来评价幼儿学习结果的标准，衡量行为完成的可接受的最低依据。对行为标准做出具体描述，使得教育活动目标有可测性的特点。比如，"能说出幼儿园中三种以上的植物名称"中的"三种以上"就是行为评定的标准。

在实际撰写教育活动行为目标的时候，并不需要把五个要素都写出来，但需要适当考虑上述五个要素，有益于制定适宜幼儿最近发展区的教育活动目标。当然，还有许多心理过程无法行为化，要先用描述内部过程的术语来表达教育活动目标，以反映理解、应用、分析、创造、欣赏等内在的心理变化，然后列举反映这些内在变化的例子，从而使这些内在心理变化可以观察和测量。

（四）幼儿园科学教育活动目标表述的要求

在具体设计与表述活动目标时，为了提高目标设计的针对性与有效性，幼儿园教师在设计和撰写活动目标时，应重点关注以下几个方面。

1. 目标表述角度要一致，尽量立足于幼儿角度

活动目标的表述一般从教育者或幼儿的角度进行，至于从哪个角度并无严格的规定。目前幼教界正逐渐认同从幼儿的角度表述教育活动目标。为保证目标设计在形式上整齐、统一，教师表述每条目标时应保持一致的角度。

例如，小班"好吃的苹果"这一科学活动的目标表述为："①让幼儿在活动中运用多种感官去了解和发现苹果的不同种类和不同味道；②在活动中乐意与同伴分享水果，能大胆地表达自己的意愿。"此目标中，既有站在教师培养角度的表述（"让幼儿……"），又有站在幼儿发展角度的表述（"乐意……大胆……"）。表述角度的混乱必然会制约教学评价的有效开展。

针对以上活动目标主体表述不一致的问题，可调整为："①运用看、摸、闻、尝等多种感知觉，观察苹果的外部特征；②愿意用自己的方式向同伴、老师表达自己对苹果的发现；③乐意与同伴分享苹果，并能大胆参与活动。"调整后的目标表述角度统一，可操作性强。

再如，大班"我的关节"活动目标表述为："①探究身体上的主要关节，知道它们的名称；②说出关节的主要功能并例举关节对人身体的重要性；③体验关节运动的快乐，萌发保护关节的意识。"该目标从幼儿学习的角度来制定，便于教师从幼儿的角度把握学习状况，也便于教师从幼儿的身心发展水平来落实教学目标，避免"以教定学"或"只教不关注学"的状况。

2. 目标表述贴近幼儿的最近发展区，具体、有针对性

首先，在目标设定中，要确保目标有一定的难度和挑战性，既要保证幼儿能够达成确定

目标，又要避免超出幼儿的能力范围或在低水平上的简单重复，提升活动的有效性。

①大班：能够在玩具盒中挑出红色的玩具。（过易）

②小班：体验与其他幼儿一起合作探究的乐趣。（过难）

③中班：能够区分自己与他人的左和右。（后半部分过难）

中班目标修改：能够认识自己的左右，尝试辨别他人的左右。（难易适中）

例如，在中班科学活动"我们怎样过冬"中，教师将活动目标设计为："知道动物与人怎样过冬。"这个目标涵盖的内容非常多且广，涉及人与动物过冬的方式、方法、行为、习性，对环境的依赖与改造等，对于中班幼儿来说教学内容难度过高，幼儿难以通过一次教学活动习得，而且该目标指向不清，可操作性低；因此，教师在撰写目标时不仅要贴切教育对象，而且要具体、清晰，针对性强，这也有利于教学的评价及教师对教学的反思。

其次，目标在设计上一定要具体地指向幼儿的某些行为表现，情感的获得，关键学习经验的习得，应尽可能呈现幼儿可感知的，可观察到的行为表现以及活动的情景和行为指向的对象，尽可能以直接、具体和可观察的方式来表述学习结果。例如，"有探索、操作的欲望"这样的目标就显得难以把握，而"乐于探究，初步发现不同形状的物体有不同的滚动路线"就较好地说明了活动的直接结果，不仅避免了笼统地表示促进幼儿探究欲望、好奇心的发展，还规定了本次活动幼儿积极探究的可观察评价的外显成果，更易于教师在活动中对幼儿探究欲望表现的掌握以及活动后的自我分析。

例如，中班科学活动"白白的牙齿"的目标之一："养成保护牙齿的良好习惯，能坚持早晚刷牙。"可调整为："了解保护牙齿的方法，懂得早晚刷牙的好处。"教师应学会分析每个活动内容的内涵、涉及的关键概念及相关知识，以准确定位，并使活动目标明确、具体。

再次，要明确说明使用哪些材料，哪些内容，在哪段时间内等达成此教学目标。例如："利用可乐瓶、吸管、打气筒等工具尝试让火箭飞起来的各种方法。""通过猜想、操作、观察，了解蔬果的沉浮现象。"在目标中这样的表述可能就更符合行为目标的要求。

最后，使用准确的预期学习行为的程度用词：

①涉及情感态度与价值观的具体目标，其行为动词主要用"体验、意识"。"体验"指学生在参与科学学习与探究活动中获得情绪感受，并融入自身的经验之中。它强调学生亲身经历的过程，伴有情绪反应，并对原有经验发生影响。"意识"指学生知道某一概念及其价值，并把它纳入判别标准，用于指引或规范自己的行为。

②涉及科学探究能力的具体目标，其行为动词主要用"会、能够"。"会"指学生知道规则、方法或程序，能正确操作，大多用于技能目标；"能够"指学生掌握规则、方法或程序，胜任操作，大多用于科学探究能力的目标。

③涉及知识的具体目标，其行为动词主要用"知道、认识、理解"。"知道"指学生能说出、写出或识别所学的内容；"认识"指学生在经历认知过程的基础上，对所学内容有一定程度的反应；"理解"指学生懂得所学内容的道理，往往表现为可以举例、类比、解释、概括或应用。

3. 目标表述结构完整，突出关键经验

科学教育的具体活动目标应尽量确保目标指向于幼儿经验的完整获得，涵盖认知、动作技能和情感态度三个维度，以服务于幼儿的全面发展。

例如，中班科学活动"水的浮力"的活动目标，教师表述为："发现浮力的存在，理解浮力的概念，学会用词'沉浮'。"此目标只提出了知识方面的要求，而未考虑幼儿能力与方法、情感与态度的发展，反映出教师重知识技能、轻情感态度的价值倾向，容易导致活动只重结果而忽视活动过程和幼儿的体验和探索。将以上目标调整为："观察、探索不同材料的物体在水中的沉浮状态，感知水的浮力；学习细致观察，并及时记录观察结果；对沉浮现象感兴趣，能大胆探索。"如此表述则全面、规范。

一个具体的活动目标在条目数量上一般是2至4条，而且需尽量简洁清晰。每一个具体的活动目标不可能承载过多的发展目标，要有所侧重，突出某些关键经验和核心的学习任务。关键经验是此活动中幼儿必定能够获得的经验，这些经验在幼儿的经验系统或经验结构中起节点和支撑作用，有利于经验的建构、迁移以及对知识的深层理解。

例如，中班科学活动"水油分离"的活动目标：
①观察水、油混合时互不相溶的现象；
②能细致观察，记录水油混合后的整个变化过程；
③能积极地表述自己的发现，对水油分离实验感兴趣。

在撰写教育活动目标时，要确保目标条目之间的独立性，避免彼此之间的意义重叠，避免把手段或途径混合于目标之中。例如，"通过品尝、制作小动物饼干或各种造型活动，激发幼儿的探索兴趣"可改为"品尝、制作各种造型的小动物饼干；对制作饼干的材料感兴趣"，这将有利于教师具有清晰的目标意识。

本章小结

本章主要阐述学前儿童科学教育的总目标及目标的制定。首先，从纵向分析了学前儿童科学的目标层次，分层次梳理了各阶段的目标；从横向分析了各阶段目标的结构，每一个阶段的目标都是涵盖科学态度与情感、科学技能与方法、科学认知三个维度。其次，分析了幼儿科学教育活动目标制定的依据，提出科学教育目标的制定要考虑儿童发展、社会需要、学科性质三个要素；同时，指出幼儿园科学教育活动目标的设计原则，举例说明幼儿园科学教育活动目标的撰写，提出了目标表述的基本要求。通过本章的学习，学生明晰了学前儿童科学教育的总目标与各年龄阶段目标，掌握了目标撰写的基本方法，为后期的活动设计打下了良好的基础。

关键术语

学前儿童科学教育总目标　学前儿童科学教育各年龄阶段目标
学前儿童科学教育具体活动目标　科学精神　科学经验

思考题

1. 试分析学前儿童科学教育目标的层次，并分析各层次目标之间的关系。
2. 阐述学前儿童科学教育的总目标，并分析学前儿童科学教育总目标的结构。
3. 请为中班科学活动"我们怎样过冬"的活动目标"知道动物与人怎样过冬"做调整，以适应幼儿的最近发展区。
4. 修改本章导入案例一"鸡蛋壳的游戏"的活动目标。
5. 请结合《指南》中的科学领域目标，尝试以"水"为探究内容，为小班、中班、大班三个不同年龄阶段的幼儿各设计一个活动目标，活动名称自行拟定。

☆ 建议的活动

建议观看《大自然在说话》，萌发自身对大自然的保护与敬畏的积极情感，奠定良好的科学素养。

第三章 学前儿童科学教育的内容

学习目标

1. 理解与掌握我国学前儿童科学教育的主要内容。

2. 理解与熟知幼儿的科学探究能力及不同年龄阶段探究能力的关键经验。

3. 领会与理解学前儿童科学教育内容选择的指导思想及掌握学前儿童教育科学内容的关键经验。

4. 能结合某一主题初步尝试选择学前儿童科学教育的内容,并能说出选择这些内容的理由。

导入案例

人们的周围到处都有线，缝衣服的线、打毛衣的线、电话有线、电灯也有线……哦，原来生活中到处充满了奇妙而有用的线！仔细观察一下，线条无处不在，一根线重新摆弄可以形成三角形，门和窗可以看成是由四根线构成的方形……生活中"神奇"的线条更是无处不在。为了让孩子走进"线"的世界里，感受"线"的惊奇。

教师基于大班幼儿的年龄特点，选择了"惊奇一线"为主题（主题网络图如下）的科学活动，带领孩子在充满"惊奇"的情境中享受探究、发现、创造的乐趣，感受线的神奇。

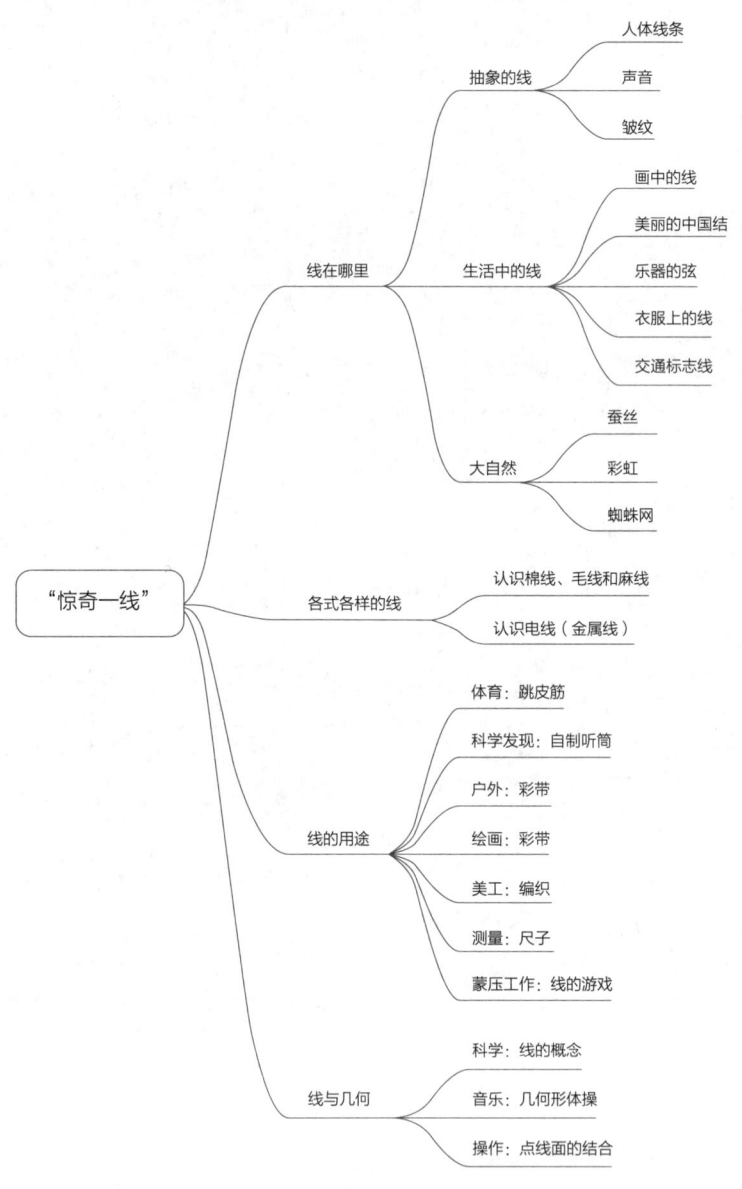

"惊奇一线"活动主题网络图

（案例来源：西城馥邦幼儿园大二班。）

你觉得案例中该幼儿教师选择的关于"线"的主题内容是否符合大班幼儿的年龄特点？科学教育的内容选择是否关注了"线"的核心概念，是否有利于激发幼儿的兴趣与探究能力的发展，是否有助于幼儿对"线"的初级科学概念的形成？

学前儿童科学教育的目标回答"为什么教"，科学教育的内容则回答"教什么"。科学内容是科学活动的载体，是实现科学目标的媒介。教什么取决于为什么而教，从这个意义上说，内容可以说是目标的具体化。

对于幼儿园3~6岁的幼儿来说，科学学习的重点应该放在幼儿如何获取有关自然现象和社会现象的经验上，并建立起对科学的热爱。因此，科学的学习不仅仅是学习者在自然科学领域应该懂得什么、理解什么，通过知识的教与学来达成的教学目标，更应该是学习者知道如何去获得什么，能够去做什么。因此，"作为探究过程之科学"也应成为科学学习的重要内容。科学的学习应涵盖如何探究科学与探究获得何种科学知识两个维度，即科学教育的内容包括科学探究和科学知识两个部分。

第一节　科学探究

科学学习是学习者积极主动探究的过程，是学习者学习观察、推断和实验等诸种能力的过程。科学学习的中心环节是探究。在参与探究时，学习者要能描述物体和事件，能提出问题，能做出解释，能根据现有科学知识对所作解释加以检验，并且能把自己的看法和意思传达给别人；学习者得会提出自己的假设，会运用判断思维和逻辑思维，会考虑可能的各种解释。这样学习者就可以把科学知识与推理和思维的技能结合起来，从而可以能动地获得对科学的理解。

一、科学探究的内涵

当科学被理解为有证据的思想、解释和辩护的时候，不仅普通大众有了参与科学研究的必要与可能，而且儿童也可合法参与科学研究。"科学探究"因而具有了新的内涵。从科学家来看，科学探究是他们用以研究自然界并基于此种研究获得的证据提出种种解释的多种不同途径；从学习者来看，科学探究是学习者用以获取知识、领悟科学的思想观念、领悟科学家们研究自然界所用的方法而进行的各种活动。因此，科学探究既包括科学家真正意义上的科学研究活动，也包括学习者运用科学家探索科学所运用的态度、方法、途径所进行的科学学习。

研究认为，科学教育中的"探究"有五个关键特征：学习者被科学问题所吸引；学习者寻找证据以解释科学问题；学习者基于证据将对科学问题的解释体系化；学习者对其形成的解释进行评价，以获得更恰当的解释；学习者对其提出的解释加以确证和交流。这五个特征可概括为：形成问题→获取证据→形成解释→评价解释→交流解释，这体现了"科学即基于证据的解释"的新科学观。

二、幼儿的科学探究

当代认知科学取得的一大成就是发现儿童学习的一大特点：儿童对世界及其运行能够发展自己的理论，而这是其学习过程的重要构成。用美国学者莱斯尼克的话说："学习者总是试图将新信息与其已知的事情联系起来，以根据已经建立的结构解释新事物。"儿童的当前经验和想法是一切科学素养的生长点。儿童自己的科学观是"种子"，在恰当的教育条件下，它会生长为成熟而完善的科学素养。儿童是"理论的创造者"。儿童经常在生活中提出自己"天真的理论"，这些理论是其日后发展成为成熟的科学探究者的基础和生长点。儿童也能基于证据提出自己对自然现象的解释和思想，因此，幼儿能像科学家一样，在科学探究的过程中学习科学。

儿童具有与生俱来的好奇心和探究热情。他们往往通过直接经验来认识事物。幼儿的科学探究需要与自然接触，与真实对话，面对真实，向真实发问。因此，幼儿的科学探究就是幼儿在真实生活中发现问题并运用观察、比较、调查、操作、实验、记录、表达、交流等多种方法探究问题并解决问题，寻找答案的过程。

三、幼儿的科学探究能力

科学探究能帮助幼儿加深对科学的理解，理解科学的本质。幼儿从小接触科学，将探究作为学习内容，不仅能够逐步培养幼儿收集和处理科学信息的能力、分析问题和解决问题的能力、交流思考论证的能力，同时也能帮助幼儿逐渐理解科学，理解科学的核心在于探究，学会用探究的方式思考和解决问题，在幼儿阶段埋下科学素养的种子，形成良好的科学学习品质，使其在成年后将探究作为基本的生活态度和思维方式。

（一）观察能力

认识始于经验，科学始于观察。人们对于日常生活环境中的事物所产生的好奇与探究几乎都是受偶然间的观察所启发的。

1. 内涵

观察是一种有目的、有计划、比较持久的知觉活动。它是以视觉为主，融其他感觉为一体的综合感知，是知觉的一种高级形式。

观察是一切科学活动的基础，一切科学实验，科学的新发现、新规律，都是建立在周密、精确、系统的观察基础之上的，没有观察，就没有科学。幼儿在直接接触事物的过程中，运用多种感官直观、生动、具体地观察事物，感知物体的特性，提高幼儿感官的综合活动能力，培养其运用感官探索周围环境的习惯，为发展幼儿的抽象思维能力、形成概念提供丰富的感性经验。在科学教育中，观察是学前儿童认识世界，增长知识、能力的最基本和最重要的方法。

观察力即观察能力，是指能够迅速准确地看出对象和现象的典型的但并不很显著的特征和重要细节的能力。它是个人通过长期观察活动所形成的。观察力是智力结构的第一要素，是智力发展的基础。观察力的高低，直接影响人感知的精确性，影响人的想象力和思维能力的发展。

2. 发展观察能力的重要性

皮亚杰认为科学活动最大的价值就是对幼儿观察能力的训练，能够使幼儿养成对客观事实尊重的态度。

观察为幼儿提供了直接与周围世界接触的机会，使幼儿获得最直接、最具体的科学经验，把幼儿带入学科学之门。幼儿通过观察所获知的事实材料，既是一种科学经验，同时也是进一步学科学的基础。

观察能激发幼儿探索科学的兴趣。在观察过程中，幼儿通过感官获取第一手感性材料，发现问题、提出问题并展开积极主动的探究，这正是科学研究的第一步。在观察的基础上幼儿对事物或现象有了鲜明、直观、生动、具体的感性认识，积累了丰富的感性经验，这能帮助幼儿理解常见的科学现象并逐步建立事物之间的联系，学会分析问题、解决问题，真正地"做科学"；与此同时，也培养了幼儿的观察能力、分析能力与思维能力。

3. 不同年龄段观察能力的关键经验（见表3-1）

表 3-1 幼儿观察能力的关键经验

年龄段	关键经验	案例
3~4岁	发现事物明显的特征	认识橘子的颜色、形状等明显的外部特征
	发现事物的外部特征	
	能用多种感官感知事物的特征	运用视、听、嗅、味、触等感知觉感知西瓜的特征
	能感知周围现象的发生和事物的变化	能感知夜晚与白天的不一样
	能使用简单工具触摸和观察并收集信息	使用放大镜观察事物的细节
4~5岁	有顺序地观察事物的特征	有序地观察柳树的各个部分及特征
	比较各个观察对象的不同和相同	观察各种各样的帽子，发现帽子的共性与差异性
	使用简单工具观察并收集更多细节性信息	使用放大镜观察小蚂蚁
5~6岁	学习观察事物的运动和变化	观察蚕宝宝的生长变化
	对事物进行长期系统的观察与记录	观察并记录小蝌蚪身体的变化
	探索观察对象的变化规律	在观察的基础上探寻植物的成长和阳光、水分、土壤之间的关系
	在观察中逐渐发现事物现象之间的内在联系	知道变色龙身体颜色的变化与外界环境有关，是一种保护色，目的是保护自己

4. 观察能力指导要点

（1）尽量观察真实的物体或真实的景象

真实的物体或真实的景象是保证幼儿观察活动成功的前提，可以使幼儿获得真实的体验与感受。幼儿年龄小，如若让幼儿观察图片或模型，幼儿得到的感性经验不真实、模糊，甚至可能得到错误的理解与判断。所以教师必须尽可能提供真实的物体或真实的观察景象让幼儿充分观察，特别是要经常带领幼儿到户外、到实地进行观察，丰富幼儿的感性经验，使幼儿的印象更加清晰、准确。例如，观察春季的自然景象，可以带幼儿到公园、花园、植物园等场所，引导幼儿观察春天的花草树木，以此获得对春天的真实印象。

（2）调动多感官通道参与观察

客观事物的特征是多维的，它们有着颜色、气味、味道、质地、大小、形状、冷热、软硬、手感等多方面的差异。同时，观察是多感官的协同活动，既包括用眼睛看，也包括用其他各种感官去感知事物。在观察过程中，只要条件许可，就应该让幼儿的各种感官都参与观察活动：用眼睛去看、用耳朵去听、用鼻子去闻、用手去摸，有些东西还可以用嘴去尝，使大脑接收的信息来自视觉、听觉、嗅觉、味觉、运动觉、触觉等各种途径，在大脑皮层建立多通道联系，从而使幼儿从物体的不同维度对其基本属性有一个比较全面的认识，既学习了观察的方法，同时也发展了幼儿的感知能力及观察力，通过视、闻、听、味、触等感知觉来认识自然。例如，在观察橙子时，可以看一看橙子的颜色与形状、闻一闻橙子的味道、摸一摸橙子的大小与手感，尝一尝橙子的口感等。

像这样通过多种感官了解事物或自然现象是认知的起点。在自然界中，不同动物的形状、动作与叫声，滑溜溜、凉冰冰、毛茸茸、软绵绵等触觉，酸、甜、苦、辣、咸等味道，洋葱、大蒜、生姜、生鱼、榴莲等气味，这些都要靠幼儿自己去体验与感受。丰富的感觉经验是需要与自然事物或现象做多方面的接触才能获得的。尽管目前有一些适合幼儿使用的观察仪器，如放大镜等，但这些仪器的使用离不开感官的参与，因此感官仍是人们最重要的观察工具。同时，要有针对性地引导幼儿多感官地进行观察，避免出现"视而不见，听而不闻"等现象。

（3）引导多角度地观察

要让幼儿全面地观察事物，除了调动多感官参与观察活动外，还要引导幼儿多角度地观察事物。幼儿在进行观察时，教师首先可引导幼儿先对事物或现象有一个整体的、大致的认识，了解观察对象的全貌；再着重观察它的主要方面乃至某些次要的，但是值得注意的细节；最后还要引导幼儿观察各个部分和各种现象之间的联系，使幼儿对所观察的事物有一个比较完整、清晰的认识。

客观事物各有各的姿态，各有各的色彩，"横看成岭侧成峰，远近高低各不同"。教师应引导幼儿从不同角度去观察，如正面、侧面、上面、下面、远距离、近距离等。有些事物适宜近距离观察，而有些事物远距离观察则更为全面，有时远距离观察又是近距离观察的补充。同时，教师还要提供条件帮助幼儿观察事物的静态和动态，感知事物与现象的变化。物体的静态比较容易观察，能观察得比较细致，而物体的动态，能使幼儿观察到物体的运动形式与运动轨迹。例如，在观察小动物时，教师可引导幼儿采用动态与静态相结合的方式进行观察，获得对动物的完整认识。

（4）指导幼儿学习基本的观察方法

幼儿观察事物不够精确，比较宽泛笼统，主要原因是他们还未掌握初步的观察方法。教师在指导幼儿观察事物时，应根据观察对象的特点，通过顺序观察法、比较观察法和典型特征观察法有目的、有计划地引导幼儿观察。

顺序观察法是根据观察对象外部结构的特点，有顺序地进行观察，如从上到下或从下到上、从左到右或从右到左、从整体到局部或从局部到整体、从明显特征到不明显特征、从外到里等有顺序、有层次地细心观察，帮助幼儿对观察对象形成整体的、较全面的认识。在观察过程中，受幼儿思维的限制，幼儿的观察经常会出现零散、遗漏、以偏概全、一叶障目的现象，而运用顺序观察法，能帮助幼儿全面、客观、细致、全方位、多角度地观察。长期有顺序地观察，能使幼儿形成一定的认知结构，可提高观察准确度、精确度与速度，也能使幼儿获得的印象有条理，便于储存识记。

比较观察法是同时观察两种或两种以上的事物，对相似事物中的不同元素，对不同事物中相同元素进行对照和辨识的一种方法。例如，为了说明鸡蛋的形状，提供乒乓球与鸡蛋给幼儿进行比较观察，幼儿通过看、摸、滚动等方式感知鸡蛋的圆和乒乓球的圆的差异，理解椭圆与圆的区别。通过比较观察提高幼儿对事物认识的准确性与敏锐感，发展幼儿的观察能力、比较能力和思维能力。在运用比较观察法时，一般是从物体的不同点开始比较，然后再观察其相同点；不仅要引导幼儿比较物体的个别部分，还要对物体的整体进行比较。同时，比较观察法还适用于对个别物体的观察和对动态变化的物体现象的长期系统性的观察。

典型特征观察法是从物体的明显特征开始观察，然后再引导幼儿对事物的其他特征进行观察的一种方法。在对事物与现象观察的时候，事物与现象的典型外部特征往往首先作用于幼儿的感官，如物体外部艳丽的色彩、不同寻常的气味、奇异的外形、不常见的声音等，这些都非常容易吸引幼儿的注意，激发幼儿积极主动的观察兴趣与探知欲。在观察过程中，首先引导幼儿从物体的典型特征着手观察，然后展开全面的细致观察，以提高辨认物体的能力。例如，在对"兔子"的观察中，先引导幼儿观察兔子的典型外部特征——长耳朵、红眼睛、三瓣嘴、短尾巴、双脚跳等，准确感知"兔子"有别于其他动物的明显特征。

（二）操作与实验能力

幼儿一旦对某个事物或某种现象感兴趣，他们就会通过自我的摆弄、操作、实验来进一步地认识这个物体或这种现象。因此，幼儿的科学探究离不开操作与实验。

1. 内涵

科学实验是指在人为控制条件下，利用一定的仪器与设备，通过操纵变量来感知和测量相应的现象和变化的方法。它是科学实践重要的形式，是获取信息与检验理论的基本手段。

幼儿的科学实验是幼儿在科学探究活动中，以动作、操作、实验或其他方式验证其发现、推论或预测是否正确的过程和方法。

2. 操作与实验在科学探究中的运用

幼儿的操作与实验虽然不如科学家那样严谨、准确，也可能不是建立在严密的逻辑推理基础之上，但他们的操作与实验也是幼儿通过控制一些变量来观测发生的现象与变化，从而揭示或验证某一科学结论的过程。例如，探索两个相同的物体在不同的斜坡上同时向下滚、两个不同重量的物体在相同的斜坡上同时向下滚、不同材质的物体在同一斜坡上同时向下滚动的情况与差异性。再如，探索一个物体在三种不同但等量的溶剂（盐、味精、糖）里的沉浮情况，一个物体在一个盛满水的罐头瓶里添加哪一种溶剂，添加多少量可以改变物体的沉浮状态,而添加哪一种溶剂是无法改变物体的沉浮状态?这就是幼儿的操作与实验,形式相对简单,只要是以行动或其他方式(如画图、口头表达等)发现、验证或推论其结论的过程都是实验。他们的实验不涉及假设、严密控制变量、结果分析等要素,重点在于通过尝试不同的操作方法,揭示操作与实验现象之间的关系。

幼儿的科技制作离不开动手操作,即幼儿运用某些工具或材料,对客观对象或材料进行操作加工,或制作某一新产品的过程。例如,用小棒把碎纸片吸附住,操作电池、灯泡与电线,使电灯泡发亮,制作小洒水壶、倒翁、造纸、榨果汁等。需要注意的是,幼儿的操作不同于平常随意的、无目的的摆弄,因为操作作为一种科学活动的技能,它是有目的的活动,是为了制作、加工或改造新产品;其次,操作是有程序的活动,先做什么,后做什么是有一定的程序的,不是想做什么就做什么的单个动作,因为程序会直接关系到操作活动的成败。所以操作就是不断地培养幼儿在科学活动中的规划能力、动脑与动手的能力,使幼儿在动脑的基础上动手、在动手操作中不断地动脑,进而学会不断思考与修正自己的操作过程与结果。

3. 不同年龄段操作与实验能力的关键经验(见表3-2)

表3-2 幼儿操作与实验能力的关键经验

年龄段	关键经验	案例
3~4岁	在动作的尝试中进行探究	尝试让一根管子发出声音
	关注动作产生的结果	意识到两只手相互摩擦会使手心变热 用不同的棍子敲打不同的物体发出的声音不一样
4~5岁	在实验的过程中发现物体的性质和用途	在常见图形的滚动实验中,发现圆形滚动最快、最安全,理解车轮都是圆形的原因
	在实验的过程中发现物体之间的联系	通过实验发现鸭、鹅的羽毛不吸水,鸡毛吸水,所以鸡不能生活在水里,鸭、鹅能浮于水面上
5~6岁	学习运用标准化的工具来收集信息	学习使用温度计与天平来收集信息
	在成人的帮助下,制订简单的调查计划,按程序操作执行	在教师的引导下,调查纸的制造过程,并能自己收集废纸,自制纸张

4. 操作与实验能力指导要点

(1)提供数量充足的操作与实验材料

首先,为幼儿提供常见的、熟悉的、易操作、实验流程简易的、功能多样、丰富的材料。其次,根据实验内容为幼儿准备充足数量的材料,保证人手一份或每组一份。例如,在"沉浮"实验中,教师为每一组幼儿(4~5人)准备一个盛水的容器,为每个幼儿准备一份材料包,里面可装有大小、形状、材质不同的生活中常见的物质,如树叶(颜色、大小、形状不同)、木块(大小、形状、厚薄不同)、纸(厚薄、软硬、颜色、形状、大小不同)、塑料(大小、形状不同)、铁(铁块、铁丝、铁片、铁盒、铁钉)、橡皮泥等。材料数量的多少因具体内容而异,但要保证材料能满足每个幼儿操作与实验的需求,激发幼儿发现事物之间的关系,促进他们深度学习。

（2）指导幼儿使用操作工具和实验材料并学习操作技能

幼儿的实验与操作离不开材料。虽然针对幼儿的实验一般简单且有趣，但有的实验环节、有些材料的使用，幼儿仍有一定的难度，会遇到各种不同的困难；同时，幼儿能力也存在个体差异性，即使简单的实验，有的幼儿也可能难以完成。因此，这些都需要教师根据幼儿的情况、操作材料的使用难度、实验内容的难度等，给予不同幼儿不同程度的示范、引导或启发。例如，引导幼儿轻拿轻放物品，控制手的力量和平衡地摆放物品，熟练地使用各种盛器等。另外，在实验过程中，教师还应引导幼儿通过观察，注意实验材料的使用、实验方法的运用、操作过程中的变化和实验结果，使幼儿不仅能了解实验结果，还能学习实验的方法。

（3）给予幼儿充分的操作与实验时间

充足的时间是幼儿充分探究事物，发现事物之间的秘密，建立事物与环境的关系，理解关键经验的保证。有了充足的时间，幼儿才能自主操作与探究、发现问题、提出问题、寻找答案，才能反复地操作与实验，理解常见事物与现象的特征，开展深度学习。因此，教师要根据幼儿实验操作的进展情况来把握时间，灵活调整，以满足幼儿充分探究。

（4）明确操作规则与实验规则，保证幼儿安全

操作规则与实验规则是幼儿操作与实验成功的前提条件。在操作与实验前，教师要提前做好预备性实验，以便把握实验过程中每个环节的时间、实验中可能出现的问题，检验实验仪器和材料的情况，避免不必要的意外而影响实验结果。活动前，教师需要先让幼儿明晰有关的操作规则，明晰实验的流程和实验的注意事项；在操作与实验的过程中，教师要引导幼儿按程序操作并遵守操作规则，以保证实验安全、效果明显。一旦幼儿掌握了操作程序与流程，教师应逐渐放手让幼儿自主操作与实验。

（5）引导幼儿记录和讲述操作与实验的过程

在操作与实验结束后，教师要积极引导幼儿讲述操作与实验的过程，实验前后的差异与变化，如材料前后发生的变化、某种材料在某种情况下有了某种变化等；分享操作中的难点，通过图像表征记录或边操作边演示的方式展示他们难点突破的方法；分享实验中的关键点、实验中遇到的问题与困难、实验中的困惑、实验的结果及对实验结果的解释等，引发同伴相互学习、积极思考、共同探究、解决问题。

（三）测量

1. 内涵

测量是帮助人们认识物体长度、重量、体积、冷热和时间等的科学方法。通过测量，人们可以发现物体和事件的量化信息，了解自己的行为结果，还可以对不同物体或事件进行比较。学前儿童的测量是通过观察或运用简单的测量工具对物体进行简单、初级的测定，感知物体的数量特征（长度、重量、体积、温度、时间等）的过程。在日常生活中，幼儿经常要解决物体多长（长度）、多大（体积）、多重（重量）、多少（数量）以及事件进行多久（时间）等问题，通过解决此类问题，不仅发展幼儿的测量技能和感知数量的关系，形成初步的数概念，而且帮助幼儿学会运用数量描述事物、认识事物量的特征。

2. 测量的类型

学前阶段幼儿的测量以观察测量、非正式量具测量、正式量具测量为主。观察测量主要

通过眼睛、手等感官的观察来测量物体。例如，目测两个幼儿的高矮、胖瘦，两种物体的大小、长短、厚薄等；用手触摸水的温度、掂量物体的轻重等。观察测量只适宜测量直接感知特征明显差异的认知对象。非正式量具测量即自然测量法，不采用通用的、标准的量具，而运用身边常见的自然物如自己的身体（手指、手臂、两手平举之间的距离、两腿分开之间的距离、步长等）、线、棍子、绳子等作为量具，对物体进行直接测量的方法。自然测量法在幼儿园阶段使用的频率是最高的，它帮助幼儿理解测量、掌握测量的操作方法，如测量长度时，起点要一样，测量物体要放对齐、放平，而且也为正式量具的测量夯实基础。正式量具测量主要是采用适合幼儿使用的测量工具（如天平、温度计、钟表、卷尺等），帮助幼儿了解这些量具的功能，初步了解时空等概念。

3. 测量的指导

学前儿童科学教育中的测量主要包括：测量物体的长度、高低、粗细、厚薄、宽窄、轻重、温度等。在进行测量活动时，要注意以下两个方面。

第一，重在培养幼儿的测量意识。大量的案例说明，幼儿已经有了通过测量来认识周围物体的需要。例如，两个幼儿比身高，但看起来两个幼儿高度差不多，到底谁长得更高一些呢？因为没有采用测量方法，谁也说不清。这些事例说明幼儿已开始构建测量概念。因此，需要让幼儿从小树立应有的测量意识，特别是培养幼儿用量具对物体进行测量的意识，帮助幼儿更精确细致地认识事物。

第二，重视幼儿自然测量法的学习与运用。皮亚杰认为，量和数具有同构性，但是幼儿对量的认识要晚于对数的认识，如测量的技能要到儿童8~11岁时才完全发展。5岁前幼儿的测量只能通过感知来比较量的差异。5岁后，儿童才有可能学习用工具测量（非正式量具）。一般来说，幼儿学习测量要建立在观察与分类的基础上，幼儿只有理解了"大一点与小一点""多一些与少一些"等顺序排列相关概念，才能更好地理解测量。因此，幼儿学习测量，要不断丰富幼儿的生活体验，通过生活，在生活中利用身边的自然物引导幼儿进行测量。

（四）科学思维能力

人们在工作、学习、生活中每逢遇到问题，总要"想一想"，这种"想"，就是思维。它是通过分析、综合、概括、抽象、比较、具体化和系统化等一系列过程，对感性材料进行加工并转化为理性认识来解决问题的。科学不仅仅要动手操作，更要动脑思考。在科学探究活动中，幼儿的思维能力一直伴随着整个科学学习的全过程。思维能力是幼儿学习能力的核心，主要包括观察力、注意力、记忆力、理解力、分析力、综合力、比较力、概括力、抽象力、预测力、推理力、论证力、判断力等能力。它是整个智慧的核心，参与、支配着一切认识活动。

1. 内涵

科学思维能力就是人们常说的思考能力，是幼儿动脑的过程，是幼儿获取科学知识所必需的思维加工能力。幼儿的思维是以具体形象思维为主，他们虽然不能进行完全的抽象逻辑思维，但能在具体形象和表象基础上思考事物和事物之间的关系，甚至进行某种程度的推理。科学思考能力的核心是实证思维，即基于事实证据形成合乎逻辑的结论。

2. 科学思维能力在科学探究中的价值

尽管学前儿童的思维还依赖于具体的动作和表象,不能进行抽象的逻辑思考,但是在幼儿早期就已经出现了对世界的好奇、探索和思考等探究性的活动。幼儿在思考并试图解释自然界中的现象时,会根据过去的生活经验和当前观察到的事实,对自然现象做出自己的判断。幼儿科学探究的实质就是通过他们的感官观察、动手操作和动脑思考,来寻求问题的答案。探究是幼儿科学学习的中心环节。在参与探究时,幼儿要能描述物体和事件、提出问题、做出解释,能根据现有科学认识对所做解释加以检验,并且能给同伴分享自己的看法和理解。同时,在探究过程中还需要提出自己的假设,进行简单的判断、合理的推理和逻辑思维,考虑可能的各种解释。这样,就能把科学学习与推理、思维结合起来,从而能动地获得对科学的理解。

思考在科学探究中的价值具体体现在以下方面:

第一,思考能够不断调整与改进幼儿的思维能力。幼儿在思考中能够逐渐学会比较、概括、推论和预测,锻炼思维能力,促进探究问题的解决。

第二,思考能够帮助幼儿将头脑中凌乱无序的经验、信息进一步加工、梳理,使之条理化、结构化,形成一定的认知结构,使幼儿获取更加全面的经验。

第三,思考能够保护幼儿的好奇心,养成幼儿善于动脑的学习习惯。好奇是幼儿的天性,科学思考能够激发幼儿的问题意识,促使幼儿将好奇心转化为探究活动。

第四,思考能够帮助幼儿更加深刻地认识世界。通过积极、主动地思考,幼儿能够将科学经验加以比较、概括,随着概括能力的增长,幼儿逐渐学会在各种关系之间建立新的关系,逐渐认识到这个世界的多样性和共同性。

3. 不同年龄段科学思维能力的关键经验(见表3-3)

表3-3 幼儿科学思维能力的关键经验

年龄段	关键经验	案例
3~4岁	对观察到的事物和现象积极思考	吃完草莓后,发现拿过草莓的手指染红了
	根据教师的引导,尝试对观察结果提出问题	观察小兔子吃萝卜,思考小兔子还喜欢吃什么
4~5岁	根据观察结果提出问题,并大胆猜测答案	能根据彩虹的颜色来推断阳光可能是由多种颜色组成的
	对事物和现象进行比较和概括,认识到事物或现象的不同和相同	让水或沙流过各种不同直径的管子,比较同量的沙或水流过每一个管子所花的时间
	根据已经获得的资料进行推断、得出结论	在磁铁实验中,总结出能被磁铁吸住的物体的共性
5~6岁	根据观察到的现象、结合已有的经验进行合理的推论	根据以往下雨前天空的变化来推断是否马上要下雨了
	根据过去的经验或逻辑推断,对现象进行解释和预测	能根据过去已有的经验来解释成千上万只蚂蚁在马路上排成一条路是表示快要下雨了,他们要搬家了
	用一定的方法验证自己的猜测	通过实验操作验证自己对水油不相融的猜想

4. 科学思维能力的指导要点

第一，鼓励并支持幼儿发现问题并提出问题，支持幼儿用自己的思维方式对问题进行独立的思考。不要急于告诉幼儿问题的答案，以避免变成超越幼儿理解能力的灌输或变相灌输。

第二，要给幼儿留足思考的时间，学会等待。幼儿在表达的过程中，往往是思考与表达同时进行。同时，教师还要给予幼儿充足的讨论、交流的时间，让幼儿相互交流、相互启发。

第三，对积极动脑思考的幼儿要及时鼓励和肯定。要充分肯定幼儿在活动中的主动思考、大胆表达、敢于创新的行为，及时让幼儿体验到科学思考所带来的愉悦性，而不是简单地以对错作为评价的标准。

第四，宽容对待幼儿错误的科学思考结果。受幼儿年龄特点的限制，他们的推理可能会不合逻辑，他们的解释可能会不符合事实。但是不管怎样，这些都是幼儿自己的探索、自己思考的结果，教师应该站在幼儿的立场上去看待，尽量采取一种宽容和理解的态度。

5. 科学思维能力在科学探究中的具体体现

（1）分类

分类是观察活动的延续，也是幼儿形成初级科学概念的途径。分类就是把一组物体按照特定的标准加以区分的过程。它能帮助幼儿把周围事物组织成一个部分或集合，有助于幼儿在认识事物多样性的同时发现他们的共性，有助于幼儿探究事物之间的关系，也有助于发展幼儿的初步概括能力。有研究表明，幼儿大约在5岁半左右已经开始有能力看出事物内在的一些相似之处。例如，把各种图画分给5岁半的幼儿看，然后让他们分类，幼儿已能把椅子、梯子、桌子和书架的图画归为一组，把汽车、卡车、火车、自行车归为交通工具一组。

分组是分类的一种简单形式。不同年龄阶段幼儿的分类标准与分类能力是不一样的（见表3-4）。

表3-4 幼儿分类能力的关键经验

年龄段	关键经验	案例
3~4岁	按照物体的一个特征分类（外形特征或量的差异来分类）	从三角形、圆形、正方形积木中找出圆形积木
4~5岁	按照物体的两个特征分类	在一堆积木中找出红色的圆形积木
5~6岁	按照物体的多个特征分类（事物的内在、物理特性）	将一堆管子根据粗细、长短、形状、曲直、功用、材质等进行分类

在指导幼儿进行分类时，要注意以下问题。

第一，引导幼儿充分感知一个物体的基本属性。充分感知物体是区分物体、发现物体间的相互关系，并是根据其共性与差异性进行分类的必要前提。首先，幼儿的年龄特点决定了幼儿不可能在抽象的概念水平上进行分类，而必须依赖于物体具体的形象和动手操作；其次，教师要提供充足的材料让幼儿充分地感知，感知物体属性的多样性；再次，教师要允许幼儿细致观察物体的属性（颜色、形状、重量、大小、用途、位置等）、反复操作物体，获知该物体的共性与差异，然后再进行分类。例如，给帽子分类，教师要提供（或与幼儿一起收集）大小、形状、颜色、材质、结构、功能等不同的帽子，供幼儿操作观察。在收集以及操作观察物体时，教师可启发幼儿边感知边讨论，如说出帽子的特点，把具有相同特点的归为一组；观察比较帽子，引导幼儿发现"共同"，这样幼儿才能正确分类。

第二，结合幼儿的一日生活进行分类。幼儿需要各种机会来练习描绘物体的特征、区分物体之间的异同以及将物体进行分类和分组。首先，幼儿教师要在幼儿园一日生活中渗透分类意识，创造多种机会让幼儿在生活中不经意地进行各种分类活动。例如，收放玩具时，幼儿需要先识别该玩具与其放置地点是否有共性或相似性，再把玩具送回家。把积木放在积木区，把小汽车放进汽车箱里，把娃娃家的衣服、鞋子、帽子、手套、围巾等分门别类地放进标识好的柜子里，把玩具动物、火车的各组成部分都放进对应的容器箱里。幼儿在记录天气图表日志时，也会根据晴天、多云、雨天、阴天、雪天或炎热、暖和、凉爽、寒冷进行分类标识；在排队时，会根据教师的指令站队，如男女生各一队；在自取午餐时，幼儿先取饭再取菜后取汤等。通过这些生活活动，幼儿的分类技能不知不觉地得到发展。其次，教师要提供不同种类的材料让幼儿开展分类游戏。例如，幼儿教师可布置一个"分类"角，每周更换材料（如纸币、贝壳、纽扣、羽毛、螺丝钉、垫圈、瓶子、夹子、积木、笔、线、纸、不同豆类、不同大小与形状的树叶等），让幼儿开展分类游戏；幼儿教师还可以提供不同的种子、各种混合在一起的坚果、各种混合在一起的粗粮或杂粮，在辨识不同粮食与种子的基础上开展分类活动。

第三，指导幼儿根据不同的标准进行分类。每一种分类，必须根据同一个标准，否则就会出现分类重叠和分类过程的逻辑错误。幼儿分类不同于成人，他们往往根据自己的想法进行，分类依据也在不断改变。只要各类别物体彼此不交叉和重复，该分类依据就可成立。为了丰富幼儿的分类标准，教师应密切联系幼儿的生活经验，拓展分类的标准。例如，帽子是生活中常见的物体，幼儿对帽子比较熟悉，教师可先让幼儿自行分类，说出理由，再引导幼儿根据帽子的不同特征进行分组：根据帽子的结构分为有无帽檐、有无系带；根据帽子的材质分为草帽、布帽、皮帽、钢盔、安全帽（塑料）、毡帽等；根据帽子的功能分为护士帽、厨师帽、安全帽等；按季节对帽子分为太阳帽、棉帽等。

案例 3-1

一名幼儿教师剪了同样大小的6片红色、6片黄色、6片绿色的叶子。在确保幼儿能识别与命名每种颜色之后，将18片叶子放入一个口袋中，摇动混合之后，将它们倒出来放在每个小组的幼儿的面前。请幼儿将它们分类。通过讨论，幼儿将叶子分成了红叶子、黄叶子和绿叶子三组。

接下来，这名教师剪了同样颜色的6片叶子、6个南瓜、6个帽子。在确保幼儿能识别与命名每样东西之后，将这18个物体放入一个口袋中摇动混合之后，将它们倒出来放在一组幼儿面前，请幼儿将它们分类。通过讨论与尝试错误，幼儿最后将它们分成了叶子、南瓜和帽子三组。

这名教师采用不同的颜色与形状重复这样的分类活动，每次变化其中一个维度（颜色或形状）而保持另一个维度不变。

> 在幼儿熟练掌握按单一特征对物体进行分类之后，教师将相同数量的红叶子、黄叶子、绿叶子、红南瓜、黄南瓜、绿南瓜、红帽子、黄帽子、绿帽子放入一个口袋中，摇动混合之后，将它们从口袋中倒出来放在一组幼儿面前。请幼儿将它们分类。通过更多的讨论，这组幼儿将它们分成了红色物体、黄色物体、绿色物体三组。但当教师将同样的材料放在另一组幼儿面前并请他们分类时，他们却分成了叶子、南瓜与帽子三组。有趣的是，每组幼儿都认为自己的分类是正确的，而别人的分类是错误的。

幼儿能根据一个以上的特征对上述剪纸物品进行分类，首先必须能认识到每样东西都有两个特征——形状与颜色。处于前运算阶段的学前儿童只能认识到其中的一种特征。有的幼儿根据颜色分类，有的幼儿则根据形状分类。皮亚杰的一个实验证明了这一点。在处于前运算阶段的幼儿面前放20颗木珠子，17颗灰色的，3颗白色的，然后向幼儿提问："用灰珠子做的项链长还是用木珠子做的项链长？"他们的典型答案是"灰珠子"，因为他们还不能认识到每颗珠子其实都有两个属性：颜色与材料。处于前运算阶段的儿童往往一次只能意识到物体的其中一个特征。

分类是贯穿整个科学活动过程的一种能力。儿童根据观察某一事件的多个样例得出结论，需要分类能力；儿童在形成假设和设计实验的过程中要识别变量，也离不开这一能力……随着科学探究活动的不断深入，分类能力在科学探究过程中的作用会越来越突显。

（2）预测与推理

预测与推理是科学思维的开始，就是针对观察和探索时发现的问题、产生的疑问，用观察到的结果和相关现象，结合个人已有经验进行推理，做出猜想和预测。预测是"做科学"的关键，是预先猜想可能会发生的情况，推理是人们根据个人经验对观察结果的理解与解释。预测与推理有所不同，一个是基于目前现象预测未来发展状况，一个是对现有现象根据自己的经验（一个或几个未知的判断）提出形成原因，幼儿常用"因为……所以……""因此""之所以……是因为……"等作为推理的语言表达。例如，幼儿早晨醒来，发现室内依然十分黑暗，推测可能是起床起得早或今天是阴天，太阳被云遮住了。再如，教师给幼儿提供弹力球、纸片、弹簧、松紧带、皮筋、毛线、鞋带、橡皮泥等材料，让幼儿先猜测这些材料中哪些物品有弹性，哪些没有弹性，这就属于预测；紧接着，幼儿逐个尝试操作每种材料，验证这些材料中哪些物体有弹性，哪些没有弹性；最后，幼儿相互分享与讨论，形成对"弹性"的基本认识：弹性就是给物体本身一个外力，物体会变形；当这个力没有时，物体会恢复原样。如此思考分析得出结论的过程就属于推理。幼儿的猜测和预想，有助于幼儿探究的有意性，有助于幼儿将预想与探究结果做比较，发展幼儿的认识结构。一般来说，在4~5岁期间，幼儿已经开始能猜测可能发生的情况。到了8岁左右，儿童已经能做出有想法的预言与猜测。他们往往在探究活动的开始就能做出预言（如果……会……），然后根据他们收集的一些数据和信息之后再次预言。

帮助与引导幼儿正确地掌握预测与推理的技能是幼儿科学教育的根本任务之一。教师在引导幼儿开展预测与推理时，要注意以下问题。

第一，引导幼儿在一定事实依据上进行预测与推理。虽然预测、推理是幼儿主观思维活动的结果，但这并不是说幼儿可以漫无边际地胡猜乱想。要养成幼儿根据一定的事实（自己观察到的结果）或经验（日常生活中积累的经验或所见现象）进行合理预测与推理的习惯。

第二，引导幼儿在日常生活中积累经验。预测与推理一般以人们已有的生活经验及知识为出发点，对观察结果及一些科学现象做出解释与理解。对于低龄幼儿来说，由于其经验的不足，或所依据的经验错误，经常会出现不合理或错误的推断，这除了要注意训练幼儿的思维能力外，更为重要的就是帮助幼儿积累丰富的日常生活经验，避免由于经验的缺乏出现"想当然"推理的现象。

第三，预测与推理是一种学习过程。由于预测、推理不仅取决于幼儿的观察结果，而且也取决于幼儿已有的经验，因此从某种程度上说，预测与推理就是一种"学习"过程。在幼儿园科学教育中，教师要有意识地通过提问引发幼儿积极唤起已有经验，将已有经验与当前经验密切联系，发生碰撞，尤其要注意启发与解决幼儿的认知症结，从而引导幼儿学会思考，对事物、现象做出合理和逻辑的解释，最终学会推理。

（五）表达与交流

1. 内涵

表达与交流能力是在科学探究活动后，幼儿通过多种方式，将形成的认识或想法和探究的结果进行表征、论述，将探究过程和结论进行总结、传达、分享的过程。表达是为了交流，交流不仅要展示科学探究的过程和结果，更要对结果进行解释、论证和阐释。因此，表达与交流是科学探究过程中的一项重要能力。

幼儿的表达与交流的方式非常丰富，瑞吉欧教育者认为儿童有一百种语言，幼儿可以通过口头语言、肢体动作、图画、泥塑、搭建、表情等进行自由表达与相互交流。对于幼儿来说，图像表现是一种比文字简单且清楚的沟通工具，通过图画可以使他们产生多样化的想法、意念形象化。除了图像表现之外，记录也是一种表达的方式，幼儿还可以通过表格记录、数字记录等方式把探究过程与结果以一种别人能理解的方式进行准确而完整的记录，不仅方便自己充分地交流，同时有利于幼儿梳理自己的探究过程，帮助别人理解探究的来龙去脉，相对客观地看待探究者的想法。

2. 表达与交流在科学探究中的重要性

（1）表达和交流能够强化幼儿的科学经验

幼儿在动手操作和实验过程中，每个人都有自己的独特体验、感受和发现，头脑中会有很多刺激点、动觉经验和一些含糊不清或者处于半意识状态的东西。幼儿需要通过积极的思考形成自己的初步想法，然后通过与别人的对话与交流，厘清刺激点之间的关系，把头脑里的模糊想法加工成有意义的解释。因此，表达与交流不仅能促使幼儿主动思考，厘清所发现的事物的特征和相互关系，明确自己的探究过程，对探究的过程和结果进行解释、论证，对自己的发现进行总结，还有利于幼儿自身科学经验的概括和提升。

（2）表达和交流能够促进幼儿的思维发展

语言是思维的外衣，幼儿通过表达可以对自己的探究过程进行思考，可以在交流中尝试整理和概括自己探究的结果，可以一起讨论和分享自己的问题和发现，这有助于幼儿之间相互启发，通过经验的分享与交流，拓宽幼儿之间的思考维度，激发幼儿深入探究的欲望，增强探究的兴趣，同时也可以促进幼儿的语言发展。

3. 各年龄段的表达与交流关键经验（见表3-5）

表3-5 幼儿表达与交流的关键经验

年龄段	关键经验	案例
3～4岁	描述物体的外部特征	描述桃花的颜色、花瓣、枝条等外部特征
	用描述性的词汇对其观察经验进行讨论和分享	用大的、红的、硬的、圆圆的来描述苹果
	提取已有经验来进行描述和比较并表达其观察经验	表达、交流"找春天"的所见所闻
	运用语言大胆讲述自己在观察中的发现	愿意对常见水果的特征进行讲述
4～5岁	客观描述所发现的事实或事物特征	能描述不同物体在水中的沉浮现象
	概括性地描述一类事物的特征	能根据一段时间的天气变化概括出晴天、阴天、雨天的特征
	对现象进行直观、简单的解释	纸船在水里会慢慢地下沉，因为纸吸了水
	运用完整的语言讲述并交流自己在观察中的发现	能根据"颜色变变变"的实验说出两种基本色碰触后的颜色变化现象
	用图画或其他符号进行记录	将球在不同斜面上的滚动情况用符号记录
5～6岁	描述事物前后的变化	描述青蛙的生长过程
	用叙述性语言来传达信息、提出问题和提供解释	叙述自制降落伞从不同高度降落的轨迹及遇到的问题
	对事物和现象进行更多的概括	知道自行车、汽车、飞机等都是交通工具
	用准确、有效的语言表达和交流自己在科学活动中的做法、想法和发现	大胆表达观察鸡毛、鸭毛、鹅毛等禽类毛发的共性与差异性，及其在水中的发现
	用数字、图画、图表或其他符号记录	学习用图画表现种植园地中的南瓜的生长变化
	在探究中学习与他人合作与交流	在自制洒水壶的探究活动中与同伴合作，共同讨论制作方法
	倾听、理解和评价他人的观点	从别人的讲述中积累有关海洋贝壳的经验

4. 表达与交流的指导要点

第一，表达交流需建立在幼儿获得大量感性经验的基础上，及时组织幼儿对观察到的现象和探究的结果展开讨论、交流，引导幼儿分析探究中观察到的现象，鼓励幼儿结合已有的经验解释探究的结果。当幼儿的解释出现错误时，不要急于纠正，而要引导幼儿积极讨论。

第二，给每个幼儿充分表达自己的想法、观点和描述客观事实的机会，帮助幼儿分清主观和客观，把所获得的具体丰富而又孤立零散的科学经验归纳总结、概括出来，提升其对事物的接近本质的认识。例如，鼓励幼儿说出事物的外部特征，引导幼儿进行总结，概括其特征，建立事物间的联系，从而丰富幼儿积累事物和现象的感性认识和直接经验。

第三，鼓励幼儿倾听他人对科学探究的发现和分享，并引导幼儿将他人的分享与自身的发现进行比较。教师认真倾听幼儿的观点并及时肯定和鼓励，对幼儿的关键陈述要进行强调与重复。

第四，鼓励幼儿用多种方式表达交流，丰富幼儿的表征形式，帮助幼儿逐渐摆脱以具体事物为对象思考问题，而进入较为抽象的符号思考，发展幼儿的思维能力。

（六）设计与制作

1. 内涵

设计是一种有计划的、创造性的心智活动，是把自己的设想通过合理的规划，采用适当的方式表达出来的过程。制作是指人们运用相关的知识，选择适当的工具，将材料加工为作品的过程。严格来说，设计和制作属于工程与技术范畴，是一种技术能力，而不是科学探究能力，但在设计与制作过程中存在探究的成分，能引发幼儿积极思考，主动去解决问题。

2. 设计与制作在科学探究中的意义

幼儿是天生的设计师，常常提出一些"我怎么能够让纸飞机飞得更高""我怎样才能让风车转起来"之类的问题，他们的生活充满了创造、设计与制作。

第一，设计与制作能够提升幼儿的探究能力。在进行设计与制作时，幼儿需要运用已有的经验积极思考、不断尝试，统整各项能力，发挥自身的想象力与创造力，这个过程就是对幼儿科学探究能力的培养和训练，能够有效地激发和增强幼儿的科学探究欲。

第二，设计与制作能够加深和丰富幼儿对有关科学现象的理解。例如，幼儿自己做"不倒翁"，在制作的过程中思考"不倒翁怎样才不会倒"的问题，比起在单纯的科学探索活动中玩不倒翁所获得的经验显然要丰富得多。

第三，设计与制作能够养成幼儿动脑思考的习惯和动手操作的技能。幼儿在设计制作物品时需要积极动脑思考，在制作过程中需要动手操作，这个过程能够培养幼儿的科学思考能力，帮助其获得一些具体的制作和操作技巧，使幼儿心灵手巧。

3. 各年龄段设计与制作的关键经验（见表3-6）

表3-6 幼儿设计与制作的关键经验

年龄段	关键经验	案例
3～4岁	探索结构性材料	探索雪花片、积木、扭扭棒的玩法
	尝试使用简单的工具	学习用推、按、拧等不同方法开手电筒
	根据自己的目的选择使用不同的工具和材料表	选择用不同的材料装饰小花瓶
4～5岁	利用各种材料，有目的地建构	能够运用积木、瓶子、罐子、纸盒子、扑克牌等材料进行建构
	安全地使用简单工具	安全地使用剪刀制作小物品
	学习制作简单的物品	学习选择合适的材料制作简易的降落伞

续表

年龄段	关键经验	案例
5~6岁	按照程序进行制作	根据豆浆制作的程序尝试制作豆浆
	正确、适当地使用简单的工具和技术	使用螺丝刀组装玩具小汽车
	选择合适的工具和材料，运用多种物体进行建造和建构	运用废纸箱，通过剪、拼、钉、粘贴等方式组合，制作房子
	选择所需要的工具对已有的材料进行设计和操作	使用工具刀切割泡沫板
	为制作的物品设计简单的外观造型	设计万花筒的外观

4. 设计与制作的指导要点

第一，提供丰富的原材料和操作工具，支持幼儿的想法。为满足幼儿制作的需要，教师提供的材料既要丰富、多层次、低结构，还要适合幼儿的年龄特点和操作水平。

第二，引导幼儿认识和使用简单的工具。工具是人手的延伸，是技术的物化形式。设计与制作能力的发展需要让幼儿学习使用生活中常用的工具，了解工具的用处。因此，在幼儿园的一日生活中，教师可以让幼儿尝试使用小剪刀、小锤子、小螺丝刀、小扳手等小工具。这不仅发展幼儿的操作技能，更使其获得技术实践的机会，辅助幼儿的设计与制作能力的发展。

第三，鼓励幼儿自主探索制作的方法和技巧。教师要提供幼儿主动探索的空间，让幼儿有独立试误的场所，通过个人的经验（即使是失败的经验）来学习，而不是向幼儿灌输设计制作的技能技巧。

第四，引导幼儿积极构想，肯定幼儿的想法。教师要不断丰富幼儿的已有经验，鼓励幼儿按自己的想法大胆设计与制作。

第二节　学前儿童科学教育的内容选择

21世纪是全球化、信息化、网络化的时代，科学内容充斥于人类生活的方方面面。幼儿的生活中也处处渗透着形式各样的科学内容。幼儿天生的好奇、好问激发他们自主自发地去探索和学习周围生活中的科学内容，这成为他们源源不断学习的动力。科学内容作为探究的对象是科学教育的根本，是最终组织和选择确定幼儿科学活动的支配原则。但面对广博的科学内容，幼儿教育工作者需要认真思考，选择适合幼儿发展的教育内容。

一、科学教育内容选择的指导思想

1996年美国《国家科学教育标准》指出，满足以下要求的科学教育内容则属于基本内容：
①表现了自然界的一个核心事件或现象；
②表现了一个核心科学概念和有组织梳理之效的原理；

③具有丰富的解释能力；
④可以指导富有成果的调查研究；
⑤适用于日常生活中常见的情况和环境；
⑥可以与有意义的学习经验联系在一起；
⑦适合于各年龄段学生的发育阶段。

他们认为影响科学内容选择的尺度有三个。第一个是对科学领域的责任，物质科学、生命科学和地球与空间科学等内容对于科学教育至关重要，必须准确无误。第二个是开发能够准确代表儿童发展能力和学习能力的内容。所选用的组织原理应能揭示有意义的联系，从而指导儿童对自然界的观察。内容与儿童的年龄与发育阶段保持一致。第三个是需要有足够的内容广度来界定一个科学领域，而且需要有足够的内容深度来指导科学课程的设计。

在参考以上观点后，我们认为科学教育的内容选择需要考虑以下几个方面：

第一，科学教育必须选择具有普遍适用性的内容。科学教育内容的普遍适用性指的是所选的内容能够解释在自然与社会中较大范围内的物体、现象和事件。这些物体、现象和事件在学习者的人生旅途中可能会遇见或经常出现，甚至可能会贯穿于人的一生。科学教育内容可以涉及不同的科学领域，展现出不同维度的侧重，并根据与物体、现象和事件的关联程度进行内容组织，帮助学习者理解生活中遇到的各种现象与问题，为学习者科学认识和欣赏自然奠定基础。总之，普遍适用的科学教育内容，能够帮助学习者理解与认识这个广阔而复杂的世界，树立正确的世界观，也为幼儿的科学素养养成奠定基础。

第二，科学教育必须选择具有文化意义的内容。科学是人类文化的重要体现，因此，科学教育内容要选择具有一定文化意义的内容，如人类与环境的关系，帮助幼儿了解人类在利用自然、改造自然过程中对环境的影响，以揭示背后所蕴含的文化内涵，培养幼儿爱自然，形成初步保护自然环境的意识。

第三，科学教育必须选择有助于幼儿积极情感态度养成的内容。积极情感态度包括幼儿愿意探究、主动探究，在探究的过程中敢于提问、主动思考、认真专注、不怕困难、乐观向上、充满自信、意志坚定、勇于挑战的积极心态等。

第四，科学教育内容需要密切联系幼儿的生活，与幼儿的生活体验与兴趣有关，能为幼儿解决有关自身、自然与生活方面的问题提供帮助，幼儿通过经历这些问题的探索与思考过程，逐渐增强自信，收获问题解决所带来的满足感和成就感，同时也能进一步激发幼儿热爱科学、喜欢探究的积极情感态度的形成。

第五，科学教育内容要有一定的广度与深度来满足科学活动的探究与活动的设计。为了有效地培养幼儿的探究能力，科学教育的内容选择需要考虑内容的广度、深度与综合程度。选择的内容涉及领域要广，解释的范围要够大（但并不意味着内容要多），能够有效地诠释许多现象；要有一定的深度，应围绕核心的科学概念来组织学习，让幼儿进行有深度地学习，能深入地阐释科学事实及形成科学概念。

二、科学教育的核心概念

所谓学科核心概念就是学科领域中的关键概念，它具有更重要的课程、教学和评价的功能，在学科中占有重要的位置。美国数学教师协会在2000年颁布的《数学课程中的原则和标准》将核心概念界定为"能将众多的科学知识联为一个整体的科学学习的核心"，实际指的就是在各个学科内部或者学科之间最基本的、最具有普遍解释意义的内容的组织，是科学领域最基本的组织者。

学科核心概念体现为学习进阶的方式，这种方式贯穿于幼儿园到中小学，并以螺旋递进的方式反复出现在各学习阶段中。幼儿对于科学知识内容的掌握是一个不断深入和复杂的思维过程。这种基于学习进阶的概念的设计，将许多相关的知识（如事实、概念、理论、技能等）统整起来，随着学习阶段的推进，学科核心概念的发展经历了4个水平：从简单到综合，从生活化到学科化，从朴素到科学，从宏观到微观。逐步建构学生的科学观，进而循序渐进地促进学生从宏观、表面现象转变到微观、本质的角度去理解和分析身边的科学现象与问题，这有助于学习者科学知识整体框架的搭建以及思维逻辑性的提升。

有用的知识不同于仅仅罗列出的无联系的事实，一个人思考和解决问题的能力所需要的知识应该是围绕重要概念而联系并组织起来的知识，这样的知识才能够有条件地指向知识可以使用的场合，它支持理解和迁移，而不仅仅是记忆能力。

科学教育不应该传授给儿童支离破碎、脱离生活的抽象理论和事实，而应当慎重选择幼儿在自然科学领域内能懂得的、能理解的、能够自己做的重要科学概念，用恰当、生动的方法帮助幼儿建立一个完整的对世界的理解。因此，指向核心概念的幼儿科学教育内容才符合幼儿的年龄特点和学习规律，是支持科学探究和促进理解性学习的基础。

结合幼儿科学学习的特点及《纲要》《指南》的精神，我们从生命科学、物质科学、地球与空间科学、科学与技术应用四个部分梳理学前儿童科学教育的内容。

（一）生命科学

学前儿童从一出生就对周围神奇的生命世界怀有极大的兴趣。大自然中的草、木、虫、鱼、鸟、兽一直伴随着孩子们的童年生活。生命世界的多样性、复杂性、神秘性牢牢地吸引着幼儿不断深入地探究。幼儿园科学教育就是要使幼儿对生命世界的兴趣进一步增强，从对花草虫鱼的认识过渡到对动植物及整个生命世界的兴趣，从对生命现象和事物的表面认识逐渐发展到对生命与人类的关系，生命与自然的关系，生命与生存环境的关系的粗浅认识和感受，进而关注生命、关注环境、关注人类生存的重大问题；并在此过程中，培养幼儿热爱生命的情感，帮助幼儿建立起保护环境和生态的意识，形成良好的生活习惯与健康生活的意识。

下面将根据生命科学的核心概念，从六个维度具体说明适合各个年龄段幼儿的关键经验。

1. 生物的身体特征

幼儿对身边的人与动植物的最初认识建立在对其外部特征观察的基础上。在观察真实生物时，幼儿首先会集中在其一两个明显的、典型的外部特征上；随着认识的深入，幼儿从观察典型特征发展到描述更为丰富的细节特征，幼儿在不同年龄阶段探究生物的身体特征的关键经验见表3-7。

表 3-7 关于"生物的身体特征"的关键经验

核心概念	年龄段	关键经验
生物的身体特征	3～4岁	辨识各种动物和植物的基本外部特征（如颜色、大小和形状）
		知道生物是由不同部分组成的（如动物有头、四肢、躯干、尾巴等）
		认识人体的外部特征及各部位的功能（如眼睛看、耳朵听、嘴巴吃等）
	4～5岁	辨别和比较动物和植物的特征（除了颜色、大小和形状之外的特征）
		辨别和比较不同皮肤、年龄、地域的人的差别
		知道生物的不同组成部分对生物有不同的功能（如袋鼠的长腿有助于其跳跃）
		开始理解植物也是生物，而一些会动的东西不一定是生物（如玩具小汽车、机器人是没有生命的）
	5～6岁	能理解生物的结构和功能之间的关系（如植物的根的作用）
		开始感知与理解人体内部结构（如跑动的时候心脏跳动得更快）
		比较两种或者更多种生物的相似性与不同点
		能区分生物和非生物

2. 生物的基本需求

生物在生长过程中有各种各样的需求，如人类与动物的生长都需要空气、水、食物及安全的住所，植物的生长离不开阳光、空气和水分。生物的需求有些是共性的，有些是有差异的，如动物与植物、不同种类的动物与植物的生存环境是不同的，有的喜阴，有的喜阳，有的食草，有的食肉；它们对水分都有需求，但对水的量却具有差异性。幼儿园通过开展种植和饲养活动，引导幼儿观察和照料动植物，以此了解生物的基本需求，获取有关生物的基本需求的相关经验（见表3-8）。

表 3-8 关于"生物的基本需求"的关键经验

核心概念	年龄段	关键经验
生物的基本需求	3～4岁	知道生物有各种需要
	4～5岁	开始理解所有动物需要食物、水和居所
		知道植物需要水、光线和土壤
		了解动物和植物的需求需要得到满足，否则就会死去
	5～6岁	知道有些需求对所有的动植物都是基本的需要
		理解各种植物和动物满足其基本需要的不同方法
		初步了解人对环境的需要（如食物、空气和水）

3. 生物的生活行为

生物的行为是多种多样的，为了适应复杂多变的生存环境，不同的生物具有各自特定的行为方式来满足其基本的生长和发展的需求。如动物有觅食、防御、繁殖、群居、迁徙行为等，植物有向阳性等。在日常生活中，幼儿可以通过观察了解生物的多种行为。例如，在饲养角观察小鸡用爪子刨着找食物；发现小乌龟在被触碰时会把头和四肢缩进壳里。除了直接的观察，阅读和讨论也可以丰富幼儿对有关生物生活行为的相关经验（见表3-9）。教师应引导幼儿讨论交流，表达自己的想法，加深对生物的生活行为的理解。

表3-9 关于"生物的生活行为"的关键经验

核心概念	年龄段	关键经验
生物的生活行为	3～4岁	知道生物有各种各样的行为（如觅食行为、自我保护行为等）
	4～5岁	知道生物的行为具有差异性
		知道生物依赖自己的行为去获取基本的需求
		了解植物适应环境的能力（如植物生长的向阳性）
	5～6岁	知道动物的运动与其所处的环境和自身的特征相关（如鱼在水里游戏）
		初步了解生命体个体的行为会受到内部提示（如饥饿）和外部提示（如环境的变化）的影响

4. 生物的生命周期

生物的生长要经历出生、生长发育、繁殖、死亡等阶段，这就是生物的生命周期。生命在这种周而复始的周期中发展与延续。在漫长的生物进化过程中，不同生物生长变化的速率不一，生命周期长短也各不相同。例如，有些昆虫（蜉蝣）的寿命不超过一天，而海龟则可以生存上百年；不同生物的生命周期的变化方式也不同，植物和动物的生命周期有明显差异，比如，作为被子植物的水稻，其生命周期包括种子的萌发、植株的生长发育、开花、结果、衰老和死亡；哺乳类动物一般经历胚胎期、哺乳期、生长发育期等阶段。动物之间也存在较大的差异。两栖动物青蛙的生长经历从受精卵→蝌蚪→幼蛙→成蛙的完全变态发育过程；蚕与苍蝇经历卵→幼虫→蛹→成虫的完全变态发育过程，但蝗虫经历卵→若虫→成虫的不完全变态发育过程。

在日常生活中，教师可以选择一些生命周期相对较短的植物（动物）引导幼儿培育（饲养）与观察，让幼儿亲身感受到生命的历程以及不同生物生命周期的长短与细节的不同，进而丰富幼儿关于生命的理解与思考。例如，饲养蝌蚪与蚕，让幼儿在种植园种植季节性蔬菜亲自照顾、感知身边常见动植物的生长变化过程，也可以让幼儿记录自己身体的变化等。不同年龄阶段幼儿适宜的关键经验见表3-10。

表3-10 关于"生物的生命周期"的关键经验

核心概念	年龄段	关键经验
生物的生命周期	3~4岁	知道动物和植物都会不断生长变化（如小草发芽了，树开花了）
		能将生物的特征与年龄建立联系（如奶奶牙齿掉了好几颗）
	4~5岁	感知并描述部分生命周期
		发现动物和植物都经历了出生、生长和发育、繁殖、死亡的过程
		体会他们自己曾经是婴儿，将会长大
	5~6岁	感知不同生命体的周期长短和细节是不同的
		根据观察，感知和描述植物与动物的生命周期
		通过观察和比较，发现动植物和它们的亲代是非常相像的
		初步了解自己家庭成员涉及的关于人的生命周期的现象

5. 生物的多样性

生物的多样性指的是地球上生物圈中所有的生物，即动物、植物、微生物，以及它们所拥有的基因和生存环境。它包含三个层次：遗传多样性，物种多样性，生态系统多样性。基因的多样性是生命进化和物种分化的基础。物种多样性是指地球上动物、植物、微生物等生物种类的丰富程度。生态系统的多样性主要包括生态环境的多样性、生物群落和生态过程的多样化等方面。简单来说，生物多样性表现的是千千万万的生物种类。自然界的生物种类繁多，千差万别，可以根据生物的自然特性、基本需求、行为方式及生命周期的相似性和差异性进行辨别和分类。

不同年龄的幼儿对生物关注点不同，其关键经验也不同（见表3-11）。小班幼儿可以观察身边常见的、熟悉的、典型的动植物；中班幼儿可以观察、比较生物，发现不同与相似之处；大班幼儿则可通过外出观察实物或利用图片、影像资料初步了解生物的多样性。

表3-11 关于"生物的多样性"的关键经验

核心概念	年龄段	关键经验
生物的多样性	3~4岁	感知周围的动植物是多种多样的
		开始理解在相似的环境中，可以找到相似的生物（如根据已有的经验或观察，期望在池塘里找到青蛙、鱼或者水草）
		对生物进行基本的比较（如哪个更高、更快等）
	4~5岁	感知和体会自然界中的生物是多种多样、千差万别的
		观察生物之间的相同点、不同点
		尝试对不同物种或同一物种进行概括（如大多数植物有绿叶；燕子、海鸥和鹦鹉都是鸟类）

续表

核心概念	年龄段	关键经验
生物的多样性	5~6岁	根据生物的相似性和差异性将其分类
		感受不同植物和动物的多样性和变化（如不同植物的叶子有不同的形状）
		观察和了解同一种生物也具有细微的差别（如同一棵树的两片叶子不是完全相同的）

6. 生物与环境的相互作用

地球是一个生态圈，生物和环境是相互依存和相互影响的。环境通过非生物因素与生物因素影响着生物，为生物的生存提供物质和能量，以及栖息场所。

非生物因素主要指空气、水、光、温度等。生物的生长离不开空气；水是一切生物体的构成成分，是生物体一切代谢活动的中介，生物体内营养物质的运输、代谢废物的排出都离不开水，没有水就没有生命。同时，水也影响着生物的生活和分布情况；光影响着植物的生理变化和分布情况，没有光绿色植物就无法进行光合作用。温度也影响着生物分布，在寒冷的南北两极生物种类极少，而温带、热带地区生物种类多、数量多；温度的变化会导致部分动物迁徙或者冬眠。

生物因素是指影响某种生物生活的其他生物。动物、植物、人类的活动都是生物因素。如动植物之间的共生关系，人类对动植物资源的利用和保护；生物为了自身的生存和发展，也在不断地适应和影响环境，如北极熊有厚厚的脂肪来抵御极地的严寒。生物对环境的影响是把双刃剑，既可以促进环境向良性发展，如植物的蒸腾作用调节空气湿度、植物的枯叶枯枝腐烂后可调节土壤肥力、蚯蚓松土、人类植树造林改善环境；也会因破坏环境使其恶化，如污水及废气的排放等。

教师要引导幼儿关注生活中常见生物及其现象，思考生物与生物之间、生物与环境之间的关系，逐渐理解人类生活离不开自然环境，人与自然环境是好朋友，我们要学会爱护动植物、关心周围环境，亲近大自然，珍惜自然资源，形成初步的环保意识。不同年龄阶段幼儿适宜的关键经验见表3-12。

表3-12 关于"生物与环境的相互作用"的关键经验

核心概念	年龄段	关键经验
生物与环境的相互作用	3~4岁	发现动植物、人类的生长都需要水、空气和阳光
		感受动植物与人们的生活是相关的
	4~5岁	体会生物要依赖其他生物和非生物来满足自身的需求
		开始思考生物、生物的需要及其生活环境之间的关系
	5~6岁	感知和体会生物会引起它们生存环境的变化（如植树改善沙尘环境）
		体会环境的性质对生物行为模式的影响（如环境污染导致动物迁徙）

续表

核心概念	年龄段	关键经验
生物与环境的相互作用	5～6岁	初步感知动物的生存离不开植物（如森林是动物的家）
		运用个人对生命需要的理解，为动植物设计生存环境（如种树）
		初步感知和理解动植物的外形特征、习性与生存环境是相互适应的
		感知和体验人类的生存依赖于自然环境和人为环境

（二）物质科学

物质科学致力于研究自然界物质的微观结构、运动及其相互作用的一般规律，是自然科学的一个重要部分，它蕴含着丰富的基本原理和物理定律。幼儿对物质的探究始于对物体及其属性的检验和定性描述。在童年阶段，幼儿的好奇心促使他们通过观察和摆弄周围环境中的常见物体和材料来探究世界。物质科学的探究并不是要让幼儿了解其中的科学原理，而是通过探究活动，帮助幼儿积累关于物质科学的丰富经验，为其日后的学习打下基础。

1. 物体与材料的性质

了解物体和材料的基本性质是幼儿对于事物性质和变化进一步学习的重要基础。幼儿在感知、观察、操作、摆弄周围环境的物体和材料的过程中，能够不断认识物体和材料的基本特征，了解物体和材料的形成与变化，他们在与物体和材料相互作用中积累丰富的经验，形成科学探究的能力，从而建构起自己关于物质世界的理论。教师提供幼儿感知物体和材料性质的机会，从而获取物质与材料的关键经验（见表3-13），为他们今后的学习奠定丰富的感性基础。

首先，物体与材料有许多可观察的性质，包括尺寸、重量、形状、颜色、温度和与其他物质进行反应的能力。这些性质可以利用尺子、天平和温度计等工具进行测量。其次，物体是由一种或多种材料构成的，如纸、木头和金属等。物体可以根据构成它的材料的性质来描述，可以根据这些性质来区分一组物体或材料。最后，材料可以有不同的存在状态，即固态、液态和气态。通过加热或冷却，可以使某些常见物质（如水）从一种状态变为另一种状态。

表3-13 关于"物质与材料的性质"的关键经验

核心概念	年龄段	关键经验
物体与材料的性质	3～4岁	感知物体和材料具有软硬、光滑和粗糙等特性
		在操作中发现液体会流动
		感知液体的颜色、味道不同；尝试将不同的液体进行混合
	4～5岁	根据物体的特性区分物体
		发现物体的性质会影响其运动（例如，圆的球会滚动）
		发现材料的性质会发生改变（例如，将红色和黄色颜料混合变成了橘黄色）

续表

核心概念	年龄段	关键经验
物体与材料的性质	4~5岁	了解物体的特性是可以测量的
		认识到液体总是向下流淌
		感知和体验材料具有溶解、传热等性质或用途
	5~6岁	感知物体的结构与功能之间存在的关系
		发现材料的特性可以通过某种途径进行改变（如加热、冷冻、混合、折弯）
		发现不同材料的特性通过不同的方式可以进行改变
		发现材料有不同的存在状态：固态、液态和气态（如水的三态变化）
		使用简单的工具对物体的性质（如大小、重量、温度等）进行测量和比较

2. 物体的位置和运动

运动是物质存在的基本形式。幼儿通过推、拉、扔、抛、拍和踢等动作操作物体时，他们注意到物体的位置会发生变化；随着探究的深入，他们发现物体的运动与控制运动所需要的力相关，物体的运动与能量有关，力气越大，物体运动速度越快。力是物体间的相互作用，力可以改变物体的位置和运动状况。力有不同的类型，生活中常见的力有重力、浮力、弹力、摩擦力。力虽然看不见摸不着，但在生活中幼儿却处处和力打交道。例如，玩具小鸭子能够浮在水面上，皮球能够从地上弹起来再落下去，在结了冰的地面上走很容易滑倒等。教师还可以为幼儿提供具有斜面、轮轴、滑轮等简单机械的操作材料，引导幼儿进一步了解和认识机械的作用。我们让幼儿探索力，不是让他们学习各种力的概念，而是启发幼儿探索和思考日常生活中的这些经验，从平常的事情中发现其规律性。

物体的位置与运动的内涵包括以下几个部分，涉及的具体关键经验见表3-14。

①物体的位置可以通过它相对于另外一个物体或背景的位置来描述。
②一个物体的运动可以通过跟踪或测定其位置随着时间的变化来描述。
③推或拉可以改变物体的位置和运动状况。变化的大小与推力或拉力的大小有关。
④声音是振动的物体产生的。改变振动的频率就可以改变声音的高低。

表3-14　关于"物体的位置和运动"的关键经验

核心概念	年龄段	关键经验
物体的位置与运动	3~4岁	感知没有生命的物体自己不会动，需要被推、拉、扔或其他作用于它的动作才会动
		初步感知和体会推或者拉可以改变物体的位置和运动状况
		感知不同的物体放在水里会产生不同的结果
	4~5岁	发现物体的形态或位置会发生变化

续表

核心概念	年龄段	关键经验
物体的位置与运动	4～5岁	尝试采用不同的方式让物体运动
		感知和体会物体的运动可以被阻止
		发现物体在不同光滑程度的平面上,运动的快慢会不同
	5～6岁	感知物体有多种运动方式(如直线运动、圆周运动)
		发现物体的运动方式是可以被改变的
		发现影响物体运动的因素有多种
		感知物体的运动状态会随着外界条件的改变而发生变化(如改变斜坡的坡度,让球能滚动得更远)
		探索各种机械,发现机械的作用
		进一步探索各种力的现象(如浮力、摩擦力、弹力等)

3. 声、光、热、电和磁等物理现象

声、光、热、电、磁在生活中随处可见,这些都是能量的表现形式。

声音是伴随物体的振动而产生的,声音有音调(高低)、音响(大小强弱)与音色的区别。不同物体发出的声音也不一样。幼儿自出生起就对外界的声音特别敏感,声音是幼儿最初了解世界的重要信息来源。学前阶段可积极引导幼儿探索声音,如注意并辨别各种声音,包括自然的声音、人的声音、机器的声音等;探索各种能产生声音的物体和能产生声音的方法;通过游戏、实验等探索声音的传播;观察生活中常见的能传播声音的现代科技产品,探索它们是如何将声音传得更远的。

光是由一种被称为光子的基本粒子组成的,也是一种波。光可以在真空、空气、水等透明物质中传播。太阳光是幼儿接触最早也最喜欢探究的物理现象。幼儿园认识各种光源(自然的、人造的)以及它们的不同,了解阳光对于人们的重要性;通过玩各种光学仪器和日常的物品、玩具,如望远镜、万花筒等,探索光的反射和折射现象;通过实验探索光和影子的关系。这些探究活动能够为幼儿日后学习光的发生和传播原理奠定基础。

电是一种自然现象,是一种能量。自然界的闪电就是一种电现象。随着科技的发展,电在人们生活中的作用也越来越大。幼儿的生活也离不开各种与电有关的物品,如家用电器、电动玩具等,引导幼儿初步了解电在日常生活中的应用;玩各种电动玩具或进行简单的实验操作,发现电能够产生光、声、热和动力;向幼儿介绍安全用电的常识;通过游戏探索摩擦起电的现象;初步了解日常生活中电的来源,知道电是发电厂通过电线输送来的;初步了解干电池也能产生电;还应告诉幼儿,废旧的干电池是有毒的,不能随便丢弃。

磁性是物质响应磁场作用的属性。物质的磁性来自构成物质的原子,原子的磁性又主要来自原子中的电子。在原子中,核外电子带有负电荷,是一种带电粒子。电子的自转会使电子本身具有磁性,成为一个小小的磁体,具有N极和S极。若将磁铁置于纸板下,撒铁粉在纸板上,就会发现北极与南极间产生相连的几圈条纹,这就是磁场。静止的电荷会产生静电场；运动的电荷被称为电流，会产生电场和磁场。我们生活中常常会发现电场的存在，例如冬季脱毛衣发生的爆裂声、接触门把手的触电感，这些都是因摩擦而产生的静电现象。

磁现象的神奇魔力对幼儿有着极大的吸引力，幼儿在对磁铁等磁性材料的摆弄过程中能够激发和满足其科学探究的强烈欲望。教师可以引导幼儿探索各种大小和形状的磁铁，发现磁铁能吸铁的性质；对于稍大的幼儿，还可探索不同磁铁的磁力大小；探索磁铁之间的相互作用，发现吸引和排斥的现象；探索指南针或磁针，发现指南针指南的现象；探索磁铁在生活中的应用，寻找哪些物品里用到了磁铁等。

热是指由于温度差别而转移的能量，在温度不同的物体之间，热量总是由高温物体向低温物体传递。幼儿对于热的生活经验比较多，例如，热水放置一会儿会变冷；冬天天气冷要保暖等。虽然热的现象较难进行探究，但教师可以结合幼儿的生活经验，引导幼儿感受物体的冷热，讨论冷热转换的方法，温度是表示物体冷热程度的物理量，可以引导幼儿观察温度计来记录每天的温度或每日早晚的温差。

声、光、热、电和磁等物理现象的基本内涵如下，涉及的具体关键经验见表3-15。

①声音通过振动产生，声音有音调、响度、音色的差别；物体振动快慢，对应音调高低；物体振动大小，对应声音强弱；不同声音，声波不同，音色也不同；能区别乐音与噪音。知道声音能够传播，不同的媒介传播具有差异性。

②光在碰到物体之前沿直线传播。光可以被镜面反射，可以被透镜折射，可以被物体吸收。

③热可以通过许多方式产生，例如燃烧、摩擦或者把一种物质与另一种物质混合起来。热可以通过传导从一个物体传递到另一个物体。

④电路中的电可以产生光、热、声和磁效应。电路是一个电流可以通过的完整回路。

⑤磁体可以互相吸引或排斥，也可以吸引排斥某些其他材料。

表3-15 关于"声光热电磁"的关键经验

核心概念	年龄段	关键经验
声光热电磁	3～4岁	感知自然界各种不同的声音；体验不同的声音代表不同的意义；感知不同的物体会发出不同的声音
		感知光有明暗（亮度）；发现光有不同的来源；发现光能够产生影子
		感知磁铁能够吸引铁
		感知有的物体是热的，有的物体是凉的或冷的
	4～5岁	感知声音的不同特性，可以是高的或者轻柔的（音量），可以是先尖锐的或者低沉的（音调）；尝试改变声音的特征（如让儿童鼓更响）
		探索各种能让物体产生声音的方法；感知声音可以通过物体传播
		探索光和影子的关系；尝试改变影子的特征（如让影子更长）
		感知静电现象

续表

核心概念	年龄段	关键经验
声光热电磁	4～5岁	体验热的物体会变冷，冷的物体会变热；感知热可以通过多种方式产生（如燃烧、摩擦）
		感知磁铁之间具有相互作用
	5～6岁	发现声音的特征（如音量、音调）与声音的来源有关；感知噪声的产生及危害
		感知光的亮度取决于光源和光源的距离；体验光对生活的重要性；发现影子的大小和形状与物体和光源的位置有关
		感知简单的电路；感知电器在日常生活中的用途；尝试使用常见的电子产品
		感知磁铁可以互相吸引或者相互排斥，也可以吸引或排斥某些其他材料；体验磁铁在生活中的广泛应用
		知道热可以在物体之间相互传递

（三）地球与空间科学

幼儿对他们周围的一切事物都具有天然的兴趣，如土壤、岩石、小溪、雨、雪、云、彩虹、太阳、月亮和星星。教师应鼓励幼儿认真观察身边的物质和自然现象，关注其特征，找出它们的区别，解释它们的变化过程。在幼儿熟悉常见的自然现象后，教师可以引导他们观察自然现象的周期性变化（日夜和季节的变化），可预测的趋势变化（生长和凋谢）和一致性较弱的变化（天气和流星的出现）；有条件的还可以引导幼儿观察迅速的变化（小溪的流水）和渐进的变化（土壤的侵蚀和季节的变化）。

对于幼儿来说，探究地球和空间科学不是为了让他们知道各种深奥的学科知识，重点是培养幼儿对身边物质与现象的观察能力、描述能力以及根据观察结果进行简单的解释说明的能力，帮助幼儿在生活中积累关于地球和空间科学的关键经验（见表3-16）。教师应鼓励幼儿说出、画出、描述出他们的所见、所闻和所想，并养成用自己的语言符号或简单仪器记录他们的观察结果和测量结果的习惯。

1. 地球物质的性质

地球物质指岩石、土壤、沙、水和气体。这些物质为人类与生物的生存与发展提供了丰富的资源保证。对地球物质特性的探究离不开对生命科学、物质科学的学习。

操场、空地、草地、庄稼及公园都是幼儿观察各种地球物质的研究场所。幼儿在收集土壤样本和观察植物时，会逐渐发现不同地方的土壤颜色、质地和对水的反应都有所不同；把种子种植在不同土壤样品中，他们可以观察比较不同土壤对植物生长的影响；他们还可以用一小盘土和流水工作台来模拟某些变化，例如侵蚀，让幼儿观看真实的侵蚀视频或图片，通过前后的比对帮助幼儿理解侵蚀现象。

表 3-16　关于"地球物质的性质"的关键经验

核心概念	年龄段	关键经验
地球物质的性质	3～4岁	知道地球上有很多物质，包括岩石、土壤、沙、水分、大气等
		认识到人们周围有空气，空气是看不见、摸不着的
		了解沙、石、土、水的基本特征（如土壤的颜色、软硬等）
	4～5岁	能够描述沙、石、土、水、空气的类型和特点（如水是透明的，可以流动）
		知道地球物质具有不同的用途（例如，石头可以用来建造房子）
	5～6岁	理解沙、石、土、水具有不同的种类，不同种类的特性存在差异（如能理解岩石的形状、软硬、纹理不同）
		初步理解地球物质对于人和动物、植物生存的重要性（如没有水，生物难以生存）

2. 天气和气候的变化

天气和气候的变化是自然界的常见现象，但让人们直接说出云雨的形成过程、四季更替现象那是有一定的困难的，但教师可以引导幼儿观察、探索身边熟悉可见的现象，如春天，渐暖的空气、破冰的流水、渐绿的柳枝、吐芽的苞蕾、五颜六色的鲜花、鱼儿在溪水中跃起、燕子从南方飞回来等。通过直接观察这些现象引导幼儿讨论分析人类、动植物与天气的关系，为后期学习积累经验，养成幼儿对周围环境与现象关注与思考的习惯，学会主动适应环境，保护身体健康。

不同年龄阶段幼儿对天气的关键经验（见表3-17）是不同的。教师可以带领小班幼儿初步感知和体验天气对自己生活和活动的影响，鼓励中大班幼儿观察记录天气，在日历上画出每天天气的情况，也可以自制简单的图表收集气象数据制作天气周期变化图，养成幼儿系统记录的习惯；然后根据所记录的数据画出若干周天气变化的图式，对图式比较、分析和统计，帮助幼儿逐渐发现不同季节的典型特征，了解和思考天气与季节的变化规律；同时，教师还可以鼓励幼儿观察常见的天气、气温的变化引起人类生活及动植物的变化等。例如，春天草、树发芽，而秋天草、树叶会变黄，枯萎凋零；春夏虫鸟争鸣，而秋季候鸟南飞、冬季动物冬眠等。

表 3-17　关于"天气与气候的变化"的关键经验

核心概念	年龄段	关键经验
天气与气候的变化	3～4岁	感知各种天气现象（如阴天、雨天、晴天）；感受小雨与大雨的不同
		感知和体会天气是会变化的；体验常见的天气、气温的变化（如晴天温暖、下雪天寒冷）
		学习使用常见的表示天气的词汇（如雨、雪、晴）

续表

核心概念	年龄段	关键经验
天气与气候的变化	4~5岁	感知各种天气现象及其特点（如云的运动与变化，不同天气时云的形态，不同情形下风的不同）
		了解四季的名称；感知季节是不断变换的
		发现不同季节有各自的特点；感知各个季节的典型特征（如秋天叶子落了）
		体验和发现周围的环境在每个季节的变化
		感知和体验不同季节的有特色的天气状况（如春天的风、雨，夏天的雷、雨、彩虹，冬天的冰、雪、雾、霜等）
		发现季节对动物、植物和人的影响
	5~6岁	感知每天的天气都会变化；感知天气模式随着季节变化
		体验四季的变化顺序；体验季节变化的周期性
		知道天气可以通过相关测定的量来表示（如温度、风速、风向等）
		初步体会和了解不同季节与动物、植物的关系
		初步感知和理解季节变换与人类生活的关系

3. 太阳、月亮、星星的活动

幼儿从小就对神秘的天空有着强烈的好奇心。他们想知道太阳公公落山以后在哪里休息，月亮的形状为什么会变化，星星为什么会眨眼睛……但由于幼儿的思维水平有限，他们很难理解那些抽象的天文知识，在学前期，教师不必向幼儿解释各种抽象的天文知识，而要通过幼儿能够直接观察到的现象，使其获取相关的经验（见表3-18）。

为了帮助幼儿了解太阳与月亮，教师可以引导幼儿观察太阳、月亮的位置和形态变化，鼓励幼儿采用定期记录的方式记下每次的观察情况，让幼儿逐渐注意到太阳和月亮的运动规律。幼儿通过对天空日夜变化的定时观察与记录，自然而然就萌发了对自然现象的兴趣，并逐渐识别变化，发现这些变化的规律。他们在观察变化（例如，物体的影子在一天中的运动情况和太阳及月亮的位置）的过程中，会发现这些变化的模式。例如，为了帮助幼儿理解月亮的变化模式，首先引导幼儿观察月亮，在日历上画出每天晚上月亮的形状，一段时间后让幼儿描述月亮的变化，分析与发现月亮周期性的运动规律，揭示若干周内月亮形状变化的模式。若企图把这一理解扩大到利用模型进行解释是不现实的，因为幼儿还没有能力理解地球是个近似的圆球体。

表3-18 关于"太阳、月亮、星星的活动"的关键经验

核心概念	年龄段	关键经验
太阳、月亮、星星的活动	3~4岁	认识到太阳、月亮、星星存在于天空中
		知道太阳和月亮的位置是不断变化的
		知道和使用与天空特征有关的词汇（如太阳、月亮、星星、云）

续表

核心概念	年龄段	关键经验
太阳、月亮、星星的活动	4~5岁	知道太阳和月亮每天都在运动
		了解月相是不断变化的（如月亮有时是圆的、有时是弯的）
	5~6岁	通过观察知道太阳和月亮的基本运动模式
		知道太阳提供了保持地球温度所需的光和热

4. 地球与人类的活动

地球是人类的家园，自从人类诞生以来，地球就与人类的活动息息相关。在漫长的岁月里，地球本身经历了巨大的变化，缔造了巍峨的山川、肥沃的平原、深蓝的大海，并且这种变化还在继续。地球的变化深刻地影响着人类的文明进程。随着人类文明的发展，特别是近代工业的发展，人类对自然环境的污染与破坏也深刻地影响了地球的生态系统。如今人们已经认识到地球和人类的密切关系，担负起保护地球的重任。

借助书本和电子媒体，一方面，幼儿可以初步了解到地球表面在环境的作用下会发生不断的变化及这些变化会影响人类的生活。例如，岩石会受到侵蚀和风化，自然灾害会影响人类生活。另一方面，通过生活幼儿理解了人类的活动会影响地球。例如，人类污水的排放、垃圾乱扔，导致动植物的生存环境越来越糟糕。幼儿获得地球与人类的活动的关键经验（见表3-19）有利于激发幼儿探究地球的兴趣和好奇心，促使他们关心与保护地球，意识到保护地球的重要性，从小树立环保意识。

表3-19 关于"地球与人类的活动"的关键经验

核心概念	年龄段	关键经验
地球与人类的活动	3~4岁	知道人类生活在地球上
		感知和体验天气对自己生活和活动的影响（如"下雨了，我不能出去玩"）
	4~5岁	知道地球的物质提供了人类使用的多种资源
		知道人类的生活离不开空气
		体验季节对自己生活和活动的影响
	5~6岁	初步了解地球的表面在不断地变化（如风化和侵蚀的影响）
		知道地球的变化会影响人类的生活
		了解空气污染对人类有危害（如雾霾的危害）
		知道要节约用水、保护水源的清洁
		初步了解自然灾害对人类生活的影响（如泥石流、地震）

（四）科学与技术应用

科学是为了认识自然、社会及思维的规律，解决"是什么""为什么"的问题；技术则是利用与改造自然，通过设计和制造服务于社会生产与人类生活，解决"做什么""怎样做"的问题。科学是探究，技术是设计。科学的本质在于认识事物、探究规律，而技术的本质则是解决问题、设计产品。科学与技术是密不可分的，它们相互依赖、相互促进。

幼儿科技教育不是向幼儿灌输抽象的知识，而是让幼儿通过观察、调查、参观、影像资料、动手操作等方法，感知科学技术应用在生活中的具体体现，初步探索生活中常见的科技产品及其功能，让幼儿在已有经验的基础上体会科学技术与社会生活的关系，具备基本的区分自然物体和人造物体的能力，感受科学技术产品给生活带来的便利及一些负面的影响，进而萌发幼儿正确的科技观，培养幼儿热爱科技的情感；其次，为幼儿提供制造各种有用东西的模型的经验，使之通过对技术实物和技术系统工作方式的了解来认识技术工作原理，如在科技馆观摩与体验水力发电系统的运作机制。再次，引导幼儿理解设计过程并进行简单的设计活动。教师可以引导幼儿研究身边感兴趣、简易的产品，以确定它们的功能，试着说明该产品解决了什么问题，使用了什么材料以及这些产品是否实现了预期的目标，进而参与一些既具有挑战性又适合他们发展水平的活动项目。例如，幼儿理解简单的洒水壶的原理，能为自然角的植物设计一个小的洒水系统；通过观察桥的结构，能利用材料进行简易桥的搭建；比较两种不同的绳子看哪一种适合用来提起不同的重物，通过对系列技术产品的探究活动培养幼儿的问题意识、运用语言解释问题的能力、确定与此问题有关的具体任务和解决方案的能力以及针对问题设计和解决方案进行口头、绘图方式来说明设计过程和产品的能力。各年龄段幼儿关于"科学与技术的应用"的关键经验见表3-20。

表 3-20　关于"科学与技术的应用"的关键经验

核心概念	年龄段	关键经验
科学与技术的应用	3~4岁	熟悉与了解身边的常用电器与电子产品（如电灯、电话、电视机、空调、洗衣机）
		学习简单电器的使用方法，并体会它们在家庭生活中的作用
		能操作简单的玩具（如拖拉玩具、机械玩具、电动玩具）
	4~5岁	熟悉常见的交通工具，如摩托车、汽车、轮船、飞机等，比较它们的优缺点，并体会它们与人们生活的关系
		能使用生活中常见的工具并了解工具的用处（如小剪刀、小锤子）
		初步学习运用废旧物品设计、制作简单的玩具
		初步感知常用科技产品与自己生活的关系，知道科技产品有利也有弊
	5~6岁	初步了解几种农业科技产品，如温室种植的蔬菜、瓜果，人工饲养的水产、家禽，以及经过加工的食品等
		能运用工具和材料制作简单的科技玩具（如做风车、做不倒翁）
		知道熟悉的科学家的故事，并能简单地讲述

以上学前儿童科学教育内容主要提供了核心概念及各年龄段的关键经验。作为幼儿教师，在进行科学教育活动内容选择时，除了要考虑学前儿童的年龄特点及兴趣，还要考虑科

学学科的特点，关注科学教育内容的核心知识的学习及学习进阶，关注幼儿在技能、能力、情感等领域的发展阶段性，并且有效地整合幼儿科学素养发展的各方面要素。同时，科学教育必须全面融合科技与工程、数学、社会与人文等多学科要素，通过还原科学实践的本真面貌帮助幼儿认识和理解科学本质，逐渐获得运用科学知识去解决生产生活中的实际问题的能力，并培养其探究意识与动手操作的能力。

本章小结

本章主要围绕学前儿童科学教育的内容进行阐述，把学前儿童科学教育的内容分成科学探究与科学知识。首先，阐述了科学探究及幼儿科学探究的内涵并具体分析了幼儿科学探究中的各种能力的内涵、重要性、关键经验及指导要点；然后阐述了学前儿童科学教育的内容选择的指导思想与幼儿园科学教育的核心概念。通过本章的学习，使学生明晰学前儿童科学教育的内容的核心概念与各年龄阶段的关键经验，掌握学前儿童科学教育内容选择的指导思想，为后期的活动设计打下良好的基础。

关键术语

学前儿童科学教育内容　科学探究　幼儿科学探究　观察　操作与实验　测量　分类　预测与推理　表达与交流　设计与制作　生命科学　物质科学　地球与空间科学　科学与技术应用　关键经验

思考题

1. 阐述幼儿科学探究的主要能力，并分析某一具体能力的关键经验及指导要点。
2. 请结合某一具体活动说一说学前儿童科学教育的内容选择的指导思想。
3. 请以生命科学为例，说一说该领域在学前阶段的核心概念。
4. 以"光"为主题，设计小班、中班、大班三个不同年龄阶段的主题活动目标，根据目标选择具体活动内容，并进行说明。

建议的活动

1. 建议家庭与幼儿园能经常带领学前儿童亲近大自然，引导幼儿观察周围环境并说说其发现的变化，猜猜变化的原因。
2. 建议家庭与幼儿园定期组织学前儿童参观科技馆、博物馆、海洋馆、动物园、植物园等地，引导幼儿感知身边的科学内容。

第四章 学前儿童科学教育活动的设计与指导

学习目标

① 理解学前儿童科学教育活动准备的重要性,掌握不同主题幼儿探究活动前期的活动准备的侧重点。

② 理解与掌握学前儿童科学教育探究活动的基本框架。

③ 领会不同主题的学前儿童科学教育活动的设计思路并能初步展开相应的活动设计与组织。

导入案例

A老师带着幼儿在户外活动。一个小组发现了一条蚯蚓,他们非常兴奋,把它拿到老师面前,问老师是否可以把蚯蚓带回班里。老师同意了,她帮孩子们找来一个小纸盒,用铲子铲了一点土放进纸盒,让幼儿把蚯蚓放在纸盒里的土中。一回到班里,老师立刻就把蚯蚓放进科学桌的一个新"家"里,然后邀请"蚯蚓的发现者们"去观察它。到了集体活动时间,老师要求该小组的幼儿和大家一起分享他们发现蚯蚓的经过,然后告诉全班幼儿,这条蚯蚓在接下来的这段时间将成为班级宠物。第二天,老师给孩子们读了一本名为《好饿的毛毛虫》的书,然后让孩子们将蚯蚓和书中的毛毛虫进行比较。接着,老师又制定了一些新的规则,例如:如何拿起蚯蚓、开放的时间等。在接下来的几天里,不同的幼儿观察了蚯蚓,并和蚯蚓一起玩儿。孩子们的兴趣开始减退时,老师宣布第二天大家将一起把蚯蚓放回户外。然而,老师发现自己没有时间和幼儿一起做这件事,于是她自己一个人到操场上把蚯蚓放生了。

请问幼儿园的科学探究是如案例中这位教师这样组织与实施吗?教师应如何引导幼儿开展科学探究?本章将围绕幼儿园的科学活动的具体实施展开探讨。

幼儿园的教育活动,是教师以多种形式有目的、有计划地引导幼儿生动、活泼、主动活动的教育过程。幼儿的科学教育是密切联系幼儿的实际生活进行,利用身边的事物与现象,尽量创造条件让幼儿实际参加探究活动,使他们感受科学探究的过程和方法,体验发现的乐趣。幼儿科学学习的核心是激发探究兴趣,体验探究过程,发展初步的探究能力。因此,探究是幼儿园科学教育活动的核心。

第一节 主题科学探究活动的设计与指导

幼儿园主题科学探究活动是将科学内容综合到某一网络主题之中,围绕主题而展开的一系列教育活动,活动目标和内容可以由教师确定,也可以根据与主题相关的幼儿的学习经验发起。本节将从活动准备、活动的基本框架和教师的指导方面展示主题科学探究活动的设计与组织思路。

一、活动准备

（一）自我准备——提升教师的科学经验

教师对探究主题的科学核心概念的理解与认识间接地影响着幼儿探究的进程与深度。不同教师已有的知识、经验是不同的，为了能追随幼儿的兴趣与需要并积极引导幼儿进行探究，教师在开展主题探究前要充分地理解与把握主题中所蕴含的科学核心概念。科学核心概念一般隐藏在物体与环境中，教师要理解与把握该物体所具备的核心概念，就必须亲身接触、直接体验、实际操作才能理解并从中抽取出相应的核心概念，判断该内容是否适合幼儿探究。通过教师自身的探究，不仅能有效地挖掘蕴含在这些自然科学探究活动中的科学概念，同时也能了解到幼儿思考这些科学概念的方式、了解幼儿产生不同观点的原因等，这有利于教师确定应该给幼儿提供什么经验，让幼儿关注什么、提出可以挑战幼儿思维的问题并给予回应。同时，也有助于教师更好地准备物质环境，并思考支持幼儿进行调查的规范和计划。

（二）备组织原则——明晰主题科学探究活动的价值引领

幼儿园的主题科学探究活动不是让幼儿带着较少的直接经验去学习和背诵一些事实、信息与词汇，也不是以教师为主导开展科学学习活动，而是给幼儿提供从实践中学习的机会，引导他们在探究材料与现象的操作和游戏中进行科学探究。如幼儿会在积木区为小动物建一个家，他们会比赛谁能搭建出最高的塔，或谁能用最快的速度倒空水桶内的水。他们会在挑战自我的过程中进行科学探究。幼儿在共同探究和互动的过程中，他们会打破砂锅问到底，试图搞清楚所见和所做的事情。他们开始建构有关事物的初始概念，包括事物为什么是这样的，它们为什么以这样的方式运作，它们彼此之间有什么联系等。随着经验的丰富和思维能力的提升，他们的想法和观点逐渐趋于理性，越发接近于对科学的正确理解。幼儿园的科学探究活动就是要确保幼儿感兴趣的有关科学的游戏或想法可以受到关注、深化和挑战。因此，幼儿教师在引导幼儿进行主题科学探究活动时要清晰以下内容：

①相信3~5岁幼儿能够成功地进行丰富而深入的科学探究活动。

②科学学习的内容源于幼儿自身的经验，是在幼儿的最近发展区内，教师对幼儿的期望是适宜、合理的，符合个体幼儿的能力、兴趣和需求。这些内容同时也应有趣、富有吸引力，幼儿可以长时间直接而深入地进行探究。

③重视同伴之间的交流、分享、合作与相互学习；讨论、表达、表征和反思是幼儿从活动中建构理解和发展概念的重要途径。

④教师应运用相应的策略来积极地支持和引导幼儿进行科学探究。

（三）备活动目标——提升幼儿的科学素养

幼儿园的科学活动是通过发展幼儿的科学意识、科学精神、科学思维能力来促进幼儿的深度学习和全面可持续发展。科学精神是幼儿发展的核心素养。幼儿天生就对周围的世界有强烈的好奇心与求知欲，因此，教师要根据幼儿的年龄特点、认知结构并结合幼儿园科学教育总目标设计适宜的活动目标，激发幼儿主动探究身边的事物与现象，逐步养成幼儿良好的科学素养。

（四）备幼儿——了解并尊重幼儿

儿童的心理觉醒水平、兴趣中心和需要、活动的准备状态、习惯性行为、动机和情绪背景、学习和活动方式和特点等都是不一样的，幼儿会带着不同的经验、需求、技巧及想法进行探究。因此，教师在设计这些探究活动时，需要考虑相关因素，如幼儿喜欢以什么方式探究，不同幼儿的经验、需求、技巧以及想法及影响幼儿探究的因素。在探究相关主题前，教师要多和家长、幼儿沟通，了解幼儿的已有经验、兴趣、想法以及他们担心与恐惧的事物及其原因等，这样教师才能充分准备，创设环境，通过多元的方式引导幼儿逐步探究，丰富他们的体验，完善已有的想法，并促使幼儿建立新的观念，深化对事物的理解与认识。

（五）备环境——创设支持与鼓励幼儿主动探究的环境

努力在教室内、户外营造一种支持与鼓励性的环境与文化，激发幼儿的主动探究欲望与学习兴趣是教师支持幼儿探究的重要任务之一。一般来说，科学活动探究的环境主要包括场地的布置、物质材料的提供、档案与记录材料的提供、清洁整理材料、相应支持性的书籍、展板等。

1. 创设探究的环境

在探究过程中，教师要创设一个支持和鼓励幼儿提出问题并试图去寻求答案的敢问、敢想、能长时间仔细观察、能思考问题、能对话、能自由表达的宽松的探究环境。例如，教师为幼儿提供观察大自然的机会、操作与探究事物与现象的机会，在教室向阳区种植植物或将小动物放入生物养育箱中、在科学角提供各种探索所需要的工具；在阅读区同步提供与幼儿探究可能需要的田园指南、相关的图画书和参考书，丰富幼儿对事物与现象的认识，启发幼儿思考。

在教室中有秩序地摆放好观察工具（放大镜、压舌棒、小手电筒、小铲子、洒水壶和小容器等）、操作材料、记录材料（画笔、纸、记录手册、书写板夹、记录笔、相机和黏土等），不仅能激发幼儿主动探究，也方便幼儿取放自如；在幼儿视平线的高度展示探究中所得的图表、绘画作品、记录作品以及相关的张贴画及展板等，这有助于幼儿在前一次探究活动的成果上萌发新的探究问题；根据幼儿探究活动的进度，定期检查班级环境并思考：是否需要改变哪些材料？是否需要添加新的操作工具？是否需要取下哪个幼儿的作品而需要加入哪个幼儿的作品？哪本新书能反映出当前幼儿对自然界的兴趣并且能丰富幼儿的体验？探究的场地是否需要扩充、更新或转移？材料是否要重新调整其摆放的位置？幼儿每周应该有几次机会进行室内外的探究活动，时间是否合适？教师需要根据幼儿的探究需求，不断调整环境与材料以激发幼儿深度探究。

2. 创设一个能自由分享观察内容和想法的环境

在探究后，要及时组织幼儿通过集体或小组讨论来分享彼此的观察与想法，并引导幼儿学会倾听他人的谈话，尊重他人的观点，并积极与同伴交流互动。通过分享可以帮助幼儿意识到不管自己的观点是否正确，分享都是重要而有价值的；通过分享，幼儿了解到人们有很多不同的想法，不同的人对同一件事也有不同的看法；在倾听别人的分享时可以听到很多有趣的事情，了解到很多自己不懂的知识，知道别人是如何进行探究的，是如何思考问题的，是如何寻找答案的，这些都能开拓幼儿的思路，帮助幼儿慢慢懂得应该分享什么、分享的重点是什么，还可以从哪些维度进行观察、观察的重点是什么，如何分析自己的观察结果等，同时也能发展幼儿的语言表达与语言组织能力。

3. 提供档案与记录的材料

描述与记录观察到的内容是探究中的重要一环。教师要在幼儿细致观察后，留足充分的时间让幼儿记录他们看到的事情。由于不同幼儿的经验和发展水平不同，幼儿的观察、语言和表现技能水平也不同，有的幼儿通过语言表达他所看到的内容，有的幼儿通过身体动作来呈现他所观察的内容，有的则用身边的材料记录他们的发现，还有的幼儿通过绘画来表达，有的会画出很多细节，有的则只画出一个主要特征等，不同的幼儿采用不同的方式来反映自己的发现。因此，教师要允许幼儿以自己喜欢的方式，如儿童画、手工作品、语言表达（录音笔）、动作等进行表征，记录他们的体验与发现，并鼓励幼儿以自己独特的方式与同伴一起分享、交流、讨论与反思，发现规律，产生对主题的进一步调查与探究的新想法与求知欲。

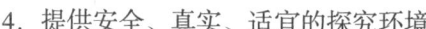
[拓展阅读]
支持探究的相关参考资料

4. 提供安全、真实、适宜的探究环境

对于科学探究来说，环境越丰富，刺激越多，幼儿在与环境互动的过程中所获得的经验也会越来越丰富。如果无论在何时何地，幼儿都可以获得所需要的工具与材料，那么他们的探究将会更加独立，持续时间也会更长。因此，在探究前，教师要充分考虑环境的适应性与发展性，如空间的布局，材料放置的位置（室内还是室外，方便幼儿接触户外环境或高度便于幼儿取放），材料的数量，材料的结构，材料的大小、长短、粗细、轻重是否适合幼儿的大肌肉与小肌肉发展，提供的工具是否适合幼儿的抓握（安装直而粗的把手），等等；考虑在观察、操作、实验过程中观察对象的安全性、材料本身与操作过程中的安全问题、实验操作中可能出现的安全隐患，与幼儿一起制定班级材料使用规则、实验操作注意事项等。

二、幼儿探究活动的基本框架和教师的指导

幼儿的科学探究也是有规律可循的，他们同样遵循研究者开展科学探究的一般流程，虽然幼儿在探究周围世界时会前后反复的变化，但探究框架（见图4-1）没有大的变化，仍然是发现问题、提出问题、探究问题、交流分享形成新想法的过程。

（一）幼儿探究活动的基本框架

探究是基于问题的，但幼儿对未接触过的事物、材料、现象是很难提出问题的，如蚂蚁搬家、蚕的生命周期、毛毛虫的变身、物体的沉浮等。因此，探究的第一步便是参与到大自然现象的观察中，关注身边的事物或现象，对其产生好奇并提出问题。这个阶段是幼儿自由探索的时间，是教师观察幼儿已知经验的时间，是幼儿在仅有少量指导的丰富环境中"尽情倒腾"的时间。在幼儿探究时，他们会通过言语和动作反映出自己的想法与困惑："这只虫子叫什么？""如果我把这个掉在树下的枇杷翻转过来，会发生什么事？"或者"为什么天空是蓝色的？"幼儿所提出的一些问题有的是无法被直接探究，有的是没有答案，有的不能引发探究兴趣，有的无法深入。但仍有一些问题，如"为什么蜗牛走过的路有一条痕迹？""我能用哪些办法使水从这边流到那边呢？"则是一些开启调查活动的好问题。

在这个阶段，幼儿通常需要成人的指导，以便有重点地观察和澄清问题。教师需要经常鼓励他们预测和猜想接下来会发生什么。即便是低龄幼儿，当教师给予他们适宜的材料和足

够的支持与指导时，他们也能够计划、预测、行动，能仔细观察，能收集、记录数据和他们的体验，能反思他们的经历，能探求现象的规律和关系，能建构合理的解释并提出新问题。

教师要知道，幼儿的调查过程是非线性的，框架图（见图4-1）中所描述的过程是会循环反复地运行。对一个问题，幼儿可能会探究很长时间，也可能在他们的探究活动中会引发新的问题和新的调查内容。当幼儿有了一定的体验并开始形成一些想法时，教师需要鼓励他们重温调查过程，让幼儿回顾和反思他们所做过的事情，与其他幼儿分享、讨论、反思并阐明他们的想法和理论。通过分享与碰撞，幼儿有机会将他们的体验和想法与其他幼儿进行比较并反思。不同的体验可能会使幼儿从头开始探究活动，碰撞中幼儿可能就会产生新的想法与新的问题。新的问题也可能会引发新的探究活动。

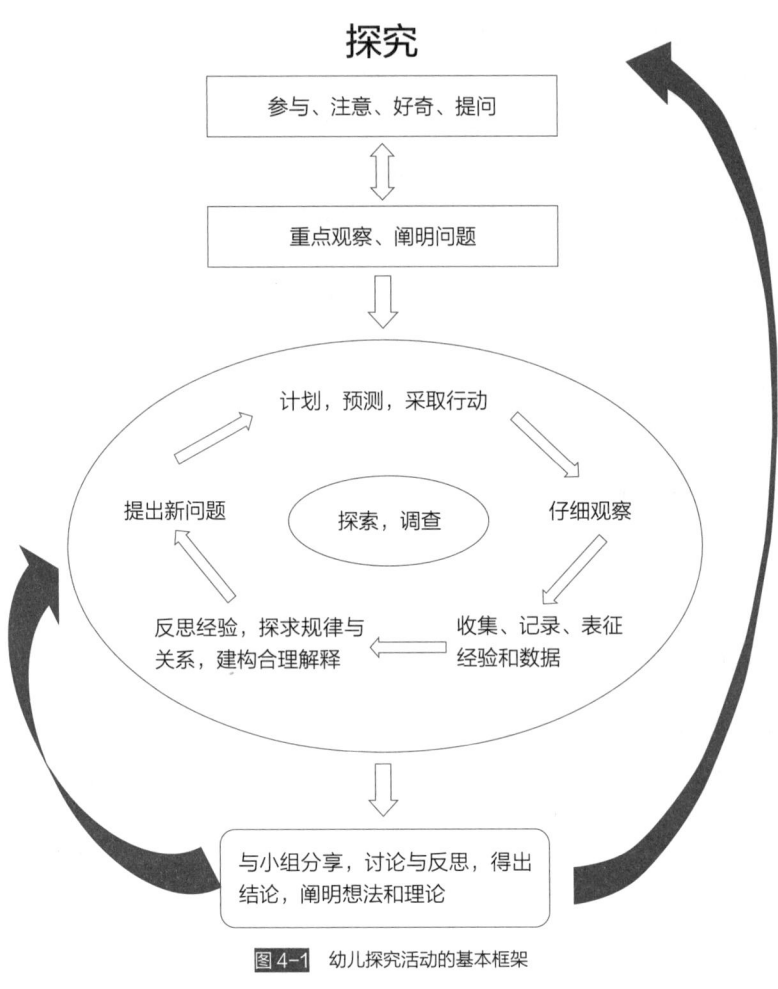

图 4-1　幼儿探究活动的基本框架

（二）教师在主题探究过程中的注意事项

1. 无论幼儿的想法是否行得通，都允许幼儿"试误"和执行他们的想法

例如，幼儿在探究茶叶的时候，用冷水泡茶，发现茶叶泡不开，他又换另一种茶叶，发现结果都一样，然后他决定换水，请老师帮忙倒了一杯热水，茶叶慢慢泡开了，幼儿见到后

开心地笑了。幼儿只有在不断"试误"的过程中，才能发现茶叶与不同温度的水的关系。教师要鼓励幼儿尝试自己的想法。

2. 不干涉幼儿的探究，观看和记录他们的做法以及反应

幼儿在探究时，应如上述教师一样，观察与记录他们的行为，让幼儿自我思考，尝试解决问题。实验结束后，教师再引导幼儿说出自己的问题、思考与发现。

3. 创造机会，让幼儿描述对他们而言具有意义的经验

例如，当豆豆带蝌蚪到幼儿园之后，一旦有幼儿问起蝌蚪是什么，或是它们从哪里来的，老师都会请豆豆来回答这些问题。当有幼儿问起"什么是池塘"，老师也会再次请豆豆发挥一下他的专长："豆豆，美美想知道什么是池塘，你能不能告诉她你看到的池塘是什么样子的呢？"通过鼓励幼儿用自己的话来描述他们在教室以外的经验（像抓这些蝌蚪一样），幼儿会了解到他们的想法和兴趣在教室里是受同伴欢迎的。

4. 教师要跟随并支持幼儿的兴趣

例如，当幼儿发现那些正在开花期的植物很开心时，教师也要跟着他们一起兴奋。同样，下雨天，幼儿想体验在雨中玩的感觉，雨后像小猪佩奇一样在雨坑里踩水的感觉时，教师应在确保幼儿安全的前提下支持他们的探究。

（三）幼儿主题探究活动案例

案例 4-1 造房子

"造房子"关键经验结构图：

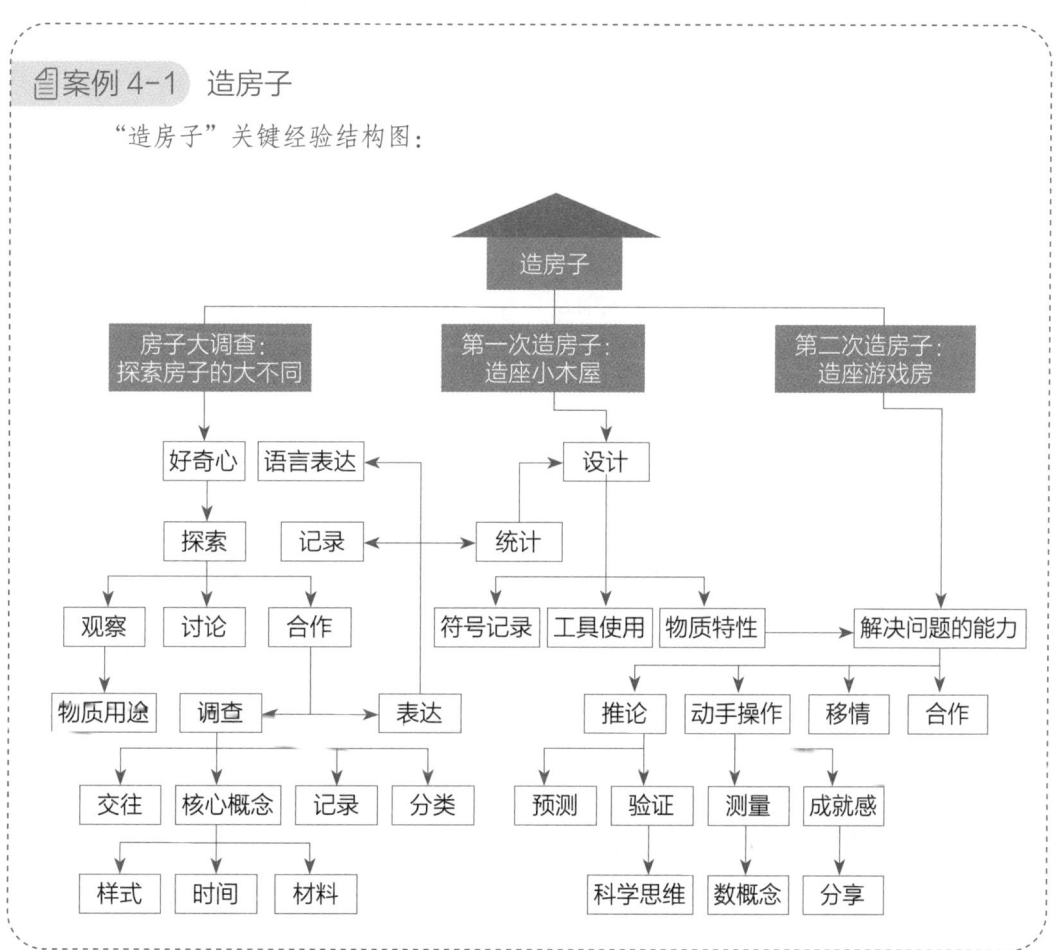

"造房子"活动脉络图：

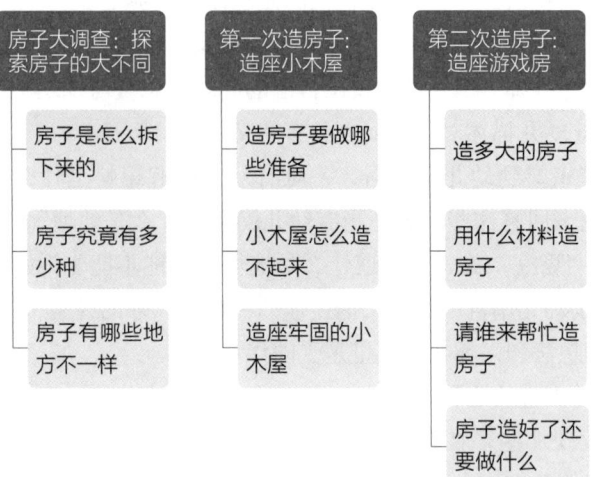

"造房子"活动过程：

活动源起：幼儿园旁边的一栋楼正在拆除，发出的嘈杂的响声吸引了自由活动的孩子们，孩子们纷纷讨论与观察，由此开始了此次探究之旅。

● 房子大调查：探索房子的大不同

一、房子是怎么拆下来的

1. 哪些人在拆房子

一大早，叮叮咚咚的敲打声又开始了，孩子们一窝蜂地冲向窗台，趴在栏杆上，饶有兴趣地观察着。

多多："老师，那里人真多，他们是在拆房子吗？"

教师："应该是的，我们一起来看看这些人都在做什么？"

孩子们趴在窗台上边看边讨论起来。

多多："这边有人拿着大榔头在砸墙。"

嘻嘻："有个人在开挖掘机，要开到房子中间去了。"

多多："你们看，我这个样子像不像挖掘机？"

多多让大家看他弯曲的手臂，一边说一边比画着。

宏远："那个阿姨一只手拿着砖头，另一只手拿着一个东西，在敲敲打打。这是什么东西呢？"

多多："好像是把刀！"

教师："这个叫抹泥刀，是泥瓦匠专门用的工具。"

嘻嘻："对的，上次我们在百草园看到泥瓦匠叔叔，也是用这个抹泥刀砌墙的。"

孩子们三五成群地讨论着这些拆房子的工人叔叔、阿姨，猜测他们手里拿着的工具，驾驶的各种机械。在教师的提议下，孩子们分组在记录本上记录下他们观察到的事物，包括拆房子过程中人们使用到的工具和机械。

2. 拆下来哪些东西

房子被拆了，拆下来哪些东西？这也是孩子们感兴趣的。

宏远："你们看，房子拆下来的砖头和我们看到的新砖头不一样，上面怎么会有东西，是什么呀？"

嘻嘻："快看，阿姨正在用泥工刀把那些东西敲下来呢。"

果果："宏远，地上细细长长的是什么东西？"

宏远："应该是钢筋。"

嘻嘻："快看，挖掘机来啦！"

伟豪："这跟我看到的挖掘机有点不一样，前面长长的鼻子是什么？有点奇怪。"

宏远："伟豪，这个不是鼻子啦，是用来弄碎砖头的。"

伟豪："哦，那是不是很厉害？"

宏远："动力很大呢！"

鹏鹏："那么多砖头，都是昨天大吊机拆下来的吗？"

多多："应该是的！"

午餐后，教师继续和孩子们讨论："你们刚才都在仔细观察，那么房子被拆下来的东西都有哪些呢？"

宏远："我和果果看到了钢筋。"

鹏鹏："有好多砖头。"

嘻嘻："我还看到了挖掘机。"

多多："挖掘机可不是拆下来的东西。"

源源："我们家刚刚拆掉房子，爸爸说有些拆下来的东西是可以再利用的。"

教师："你爸爸说得没错。那我们用画一画的方式做一个记录，把可以再利用的东西按属性分类吧！"

孩子们的笔下画出了更多有趣的东西：木板、石头、砖头、钢筋，还有各式各样的工具和机械。同时还把这些分成两类：有用的、没有用的。

3. 东西被运到哪里去了

隔了一天，围墙外面的工人们继续拆房子，孩子们来园后发现工地上的旧材料不见了。拆下来的东西会被运到哪里去了？还有用吗？是不是被当成垃圾扔掉了？孩子们去问老师，老师建议孩子们去问问门卫爷爷。

门卫爷爷知道事情的原委，推测说，应该是被拖拉机运走了，那些东西没用了，就被送到垃圾站去了。孩子们自己寻找到了答案，知道了不需要的材料会被运走，送去垃圾处理站。在走回班级的路上，孩子们发现工人叔叔又在开工，他们用泥工刀把这些砖头弄干净，原来拆下来的砖头、瓦片还可以被再利用。

4. 造新房子需要哪些材料

造新房需要哪些材料呢？孩子们决定把这个问题带回家向爸爸妈妈请教。

一天早上，孩子们又有了新的发现。

鹏鹏："大卡车运沙子来了。"

果果:"运沙子干什么?"

宏远:"沙子是造房子需要的一种材料。我在我家的《建筑工地》图画书里看到过,明天我带来,我们一起看吧!"

多多:"快看,工人叔叔把沙子撒到那个网上去干什么?"

嘻嘻:"那个是搅拌机吗?"

源源:"卡车又运了很多砖头来。"

第二天,宏远小朋友将《建筑工地》图画书带来和朋友们分享。孩子们一边翻看图书,一边讨论着。

多多:"哇!造房子原来需要这么多工人。"

嘻嘻:"工人叔叔们都戴上了安全帽。"

鹏鹏:"哇!长臂吊机。"

鑫鑫:"还有挖掘机。"

灿灿:"这个工人叔叔在铺瓦片。"

萱萱:"还有运木头的叔叔。"

宏远:"搅拌水泥的工人叔叔是这个。"

嘻嘻:"这个梯子运瓦片很方便。"

《建筑工地》这本书详细介绍了各种施工现场,不仅包括自建房屋的拆建,还涉及了桥梁、道路、隧道等大型工程的建设。孩子们饶有兴趣地阅读着,教师发现他们通过书本的阅读,对造房子的人、使用的材料、运用的工具和机械的兴趣更浓了。

探究后,孩子们把造房子可能需要的材料都画了出来,如沙子、砖头、木板、小石子、钢丝、钢筋、水等。

分析:

1. 幼儿的经验与学习

通过持续一段时间的观察、讨论和记录,幼儿亲眼看到一座房子被拆成各类材料,体会到一座房子从"整体"到"局部"的变化过程。亲眼所见的这一过程,完全颠覆幼儿对于"房子"这一概念的认识。现在幼儿眼里的房子不再局限于他们自己所居住的场所,而是他们所看到的、听到的、感受到的各种事物的总和。他们学习到房子也有新旧,新房子用久了就变成了老房子,老旧的房子是会被拆除的,拆下来的东西在造新房时有些还有用,有些被当成垃圾扔掉。在观察和阅读活动中,幼儿了解到建筑工地上人们的分工和合作,了解到建筑工地上工人们所使用的工具和机械,知道了沙子、砖头、钢筋等都是用来造房子的材料。这一系列新增长的经验,是幼儿主动探究得来的,大大满足了幼儿的好奇心和探究欲望。

2. 教师的思考与支持

面对幼儿提出的各种问题,教师懂得尊重幼儿,鼓励幼儿去探究他们想要知道的问题。当幼儿关注到拆房子的人们时,教师用"这些人在做什么?"的提问,引导幼儿关注每一个人所做的事;当幼儿关注拆房子所使用的工具以及拆下来的材料时,教师建议他们将看到的东西分门别类地记录下来,然后通过对比、记录、访问等方法来对观察到的事物进行整理和分类,从而帮助幼儿更进一步地探究事情的真相。科学探究技能的培养是幼儿科学教育的重要内容,在探究老房子所拆下来的材料时,教师给予了幼儿方法上的指导,鼓励幼儿记录下自己观察到的事物,再拿着记录下来的图画回家寻求父母的帮助,运用家庭资源开展探究活动,为幼儿的经验积累提供了多种途径和方法。

二、房子究竟有多少种

1. 猜猜要造什么样的新房子

在各种机械的帮助下,老房子所在的地方变成了一片平地。看着卡车运来一车一车的货物,孩子们开始了他们新的讨论。

孩子们热烈地讨论着新房子的样子,谈论起他们所知道的不同的房子。

2. 说说自己家的房子是什么样的

孩子们都能说出自己家房子的样子、楼层、内部结构,还能说出建造房子时所用的主要材料(木头、砖;厂房、停车房由彩钢板搭建)。孩子们对老房子明显更感兴趣,不常见的事物总能引起他们更多的关注。

3. 调查房子的种类。

孩子们对自己生活周边的房子有了一定的了解,但他们并不满足。他们想要了解更多的房子,到底有多少种房子呢?房子都长什么样子呢?是不是造房子都要用到砖头?孩子们的问题越来越多,怎样才能知道更多有关房子的信息呢?

为了满足孩子们的探究欲望,教师提议让孩子们自己制作调查表,采取分组讨论的方法先确定调查的内容。经过讨论,每组幼儿确定了自己调查表的内容。当一组幼儿之间的意见不统一时,教师协助他们用投票的方式把内容确定下来。第一组调查自己家的房子式样,第二组调查房顶的形状,第三组调查房子可以造的地方,第四组调查房子建造材料,第五组调查最有趣的房子,第六组调查以前的房子。

4. 怎样才能知道调查结果

面对回收来的许多调查问卷,幼儿们进行分类、排序、归纳与整理来进行调查结果的统计。

分析:

1. 幼儿的经验与学习

看到老房子拆下来的旧材料被运走后,工地上又运来一车一车的建筑材料,幼儿猜想着主人家要造的新房子的样子,这是幼儿根据观察到的现象,结合自己的已有经验进行推论的结果。确立调查主题,绘制表格,展开调查活动,记录调查结果,幼儿经历的这一系列活动学习到了科学的探究方法。在面对同伴意见不一致时,他们学会用投票的方式来达成共识,是合作能力提升的表现。在记录调查的结果活动中,幼儿会试着用数字、图画、图表和其他符号来进行记录,这是幼儿表达交流能力关键经验的获得。

2. 教师的思考与支持

调查活动是开展探究最为常见的方法,幼儿主动要求进行一次调查活动。教师非常珍惜,及时给予了支持,帮助幼儿将头脑中杂乱无章的问题进行梳理,从而帮助幼儿获得更加全面的经验。调查活动中如何运用幼儿掌握的表征能力来制作调查表是活动的关键。幼儿需要教师写文字，教师帮忙把文字写下来；幼儿需要调查哪些人员，教师帮助幼儿联系好。在幼儿进行调查结果记录遇到困难时，教师鼓励幼儿用自己记得住的方法先把调查结果记录下来，等调查结束后再来想办法，让记录结果变成大家都能看得懂的形式。

三、房子有哪些地方不一样

①我们身边的房子都是一样的吗？

②房顶都是尖尖的吗？

③造房子的材料都是一样的吗？

④房子都是造在泥土地上的吗？

通过对幼儿园教职工、家长、社会人士、网络的调查和访谈，幼儿获得了许多房屋的信息。幼儿对"房子"这一概念有了更深入的认识，接触到了各式各样的房子，有房顶形状不同的房子，有建在不同地方的房子，有用各种材料建造的房子，并且对同一个地方的房子往往很相像的现象有所感受。

● 第一次造房子：造座小木屋

一、造房子要做哪些准备

1. 造座什么样的房子

看着邻居家将老房子拆了以后，马上开始了新房子的建造，孩子们也萌发了自己要造一座房子的愿望。他们展开了造什么样的房子的讨论，并为造房子做设计的准备。多多小朋友还从家里带来了自己家买房子时的房型图。孩子们趴在桌子上像模像样地研究起来，哪里是做饭的地方，哪里是上厕所的地方，哪里是吃饭的地方，哪里是睡觉的房间。

教师告诉小朋友："房型图是一幢房子里每一户人家的简易设计图，小朋友要想设计房子，先要把房子的外形画出来，还要考虑用什么材料来造房子。有的小朋友说造石头房子，《三只小猪》故事里的石头房子最牢固"。有的说："石头房子很重的，我们小朋友搬不动石头，建议造一间在公园里看到的草房子。"孩子们通过举手表决的方式决定，最后大家决定造一座小木屋。

2. 将小木屋设计成什么样子

小木屋的建设计划定下来后，要造个什么样子的小木屋成了孩子们最为关心的问题。孩子们都有自己的想法，于是在教师的鼓励下，孩子们开始了设计小木屋的活动，设计图完成之后，他们信心满满地介绍起自己的设计图，希望最后把自己的设计变成一座真正的小木屋。

3. 需要哪些材料

幼儿园在每个楼层上都设有一个资源库，那里摆放着收集到的各种各样的材料。孩子们看到资源库的物品，联想到了造房子需要的材料，展开了造房子材料的搜寻。

孩子们发现资源库的材料太多了，在一个孩子的建议下，孩子们回到班级，开始做计划单，把需要的材料一一列出来，然后去资源库拿这些材料。他们还把这些找到的材料一一记录在造房子的计划单上。

4. 用到哪些工具

造小木屋的材料找好了，造房子的时候需要用到哪些工具呢？幼儿又开始到处寻找可以用来造房子的工具，有敲钉子的榔头，有锯木头的小锯子，他们还把找到的工具记录下来。

于是孩子们一边挑选工具，一边用纸笔把它们记录下来。有孩子看到木工区有几个工具箱，又将找来的工具都放到了一个工具箱里，说要把工具箱放到班级的科学区，要用的时候方便使用，也便于整理。

5. 房子造在哪儿

材料和工具都准备好了，孩子们迫不及待地要开始建造，可造在哪里呢？讨论后，在一个小朋友的提议下，孩子们把自己的想法画下来了，孩子们开始计划：有的画的是操场，有的画的是种植园地附近，很多孩子画的是百草园，因为那里是孩子们最喜欢的地方。经过商量，孩子们决定，暂时先把房子造在百草园进门的砖头小广场上。

分析：

1. 幼儿的经验与学习

从用什么材质来造房子的讨论中，发现幼儿对造房子的基础材料是了解的。他们知道造房子需要用到石头、砖头、木头，甚至是草。对于房子的设计，幼儿迁移了前面调查的经验，根据自己的爱好设计出了不同的房子。有的幼儿是完全凭自己的喜好来设计的；有的幼儿设计的时候，就开始考虑到造房子的需求、自己可以做哪些事情等因素。可以看出幼儿做事情时有了一定的计划性，行动力更强了。在设计小木屋的过程中，幼儿将头脑中的想法转化成为具体的形象，并用笔在画纸上表现出来。幼儿向同伴介绍自己的设计图时，将图画符号转化成口头语言，既是表征方式的一种转换，又锻炼了幼儿语言表达的能力，满足了幼儿在众人面前表达的愿望。在造房子的准备工作中，幼儿对材料和工具又进行了新一轮探索，从讨论需要什么样的材料，到自发进行材料和工具清单的绘制，幼儿做事越来越有计划性，并会借助图表等工具来梳理。

2. 教师的思考与支持

造房子要从哪一步开始？这是教师在进行活动前讨论的话题。大家一致认为，从幼儿讨论的中心话题出发，引导幼儿大胆设计出自己想要建造的房子是一个不错的开头。于是在教师的引导下，全班幼儿开始了设计活动。设计中教师还鼓励幼儿为设计好的房子取名字，这为后面展开"最喜欢的房子"的投票活动打下了基础。在选址中，教师没有提供相应的提示，任由幼儿自由选择，鼓励他们大胆尝试。虽然教师预估了幼儿在砖头小广场上造房子的后果，但还是决定先不干涉，希望幼儿在"试误"中获得经验，从而探索适宜造木房子的地点。

二、小木屋怎么造不起来

1. 木板不够长怎么办

孩子们找了四个大圆柱做房子的立柱，然后找木板把四个立柱连接起来，发现木板不够长，而木工区又没有更长的木板了，有个小朋友建议把两个小木板用钉子钉在一起。

2. 三角形的屋顶站不住怎么办

三角形的屋顶要怎么造呢？造屋顶时，孩子们又发现问题了，用木板在房子上面横来竖去，怎么也做不出三角形的屋顶。回到班级后，孩子们在建构区尝试用积木搭建三角形的屋顶，想要研究出搭屋顶的方法来。孩子们对于在建构区用积木造出的屋顶不满意，他们又来到美工区，找来了和木板相似的树枝做房子的造型。在用树枝做屋顶时，他们用线和皮筋固定树枝的交叉处，以便屋顶能移牢固。在木工区，孩子们用木板和钉子做了一个小屋顶。有了在建构区、美工区和木工区的建造尝试后，孩子们认为这个办法可以用到自己的小木屋上，试试用木板做三角形的屋顶。

3. 房子怎么倒了

孩子们拿着准备好的材料回到造房子处继续建造屋顶，可来到现场发现留在地上的小木房子居然倒塌了。孩子们看着倒塌了的房子都闷闷不乐。有的孩子拿着碰倒的木头想要重新组装起来，有的孩子想要去找那些碰倒房子的人，也有的孩子开始反思是不是自己造的房子不够牢固。

正在此时，一群小班的孩子在教师的带领下，叽叽喳喳地从这边走去饲养区，还有一个调皮的孩子从倒塌的房子边跑过，又踢翻了一根柱子。孩子们急忙喊住小班的弟弟。小班老师说："对不起，这是你们造的房子吗？但这个地方靠近大门口，小朋友游戏都要从这里进出，一不小心就会把房子碰倒的。你们还是另外找地方去造房子吧。"孩子们听了后开始还有些不服气，但后来想了想，觉得也对，他们造的房子太不牢固了，一碰就倒怎么能算是造房子呢？他们决定造一个谁碰也不会倒的房子。有个小朋友想到上次看到人家造房子要用挖土机，把土挖出来，房子是从土下面造起来的。大家都认同他们造的房子也要从土下面开始，这样就倒不了了，于是大家开始寻找有土的地方造房子。

分析：

1. 幼儿的经验与学习

开始造房子了，幼儿热情高涨，谁都想要去尝试，面对造房子过程中遇到的种种困难，有一部分幼儿放弃了，但更多的幼儿是在积极寻找解决问题的方法。为了解决房顶建造的问题，幼儿通过在各区域中的探索，寻找出解决问题的方法。还未建造完工的小木屋倒塌后，幼儿积极地从自身角度去思考问题，总结出造成这一结果的原因。这是幼儿科学思考能力关键经验的获得，他们在尝试造小木屋的活动中逐步学会了比较和概括，学习了推论和预测，锻炼了思维能力，培养了探究性问题的解决能力。

2. 教师的思考与支持

面对幼儿寻找材料、使用工具、研究三角形屋顶的建造方法等一系列探究活动，教师都是以观察者的身份在幼儿的身边给予鼓励，引导能力稍弱的幼儿向能力较强的幼儿学习，在同伴互助中提升工具的使用熟练度。当幼儿发现自己建造的木房子倒塌之后，教师引导幼儿回想之前观察到的造房子是怎样开始的、造房子先要做什么。教师不急于把答案告诉幼儿，而是给予幼儿充分的讨论、交流时间，让幼儿相互交流、相互启发，对幼儿在活动中积极思考、勇于尝试的行为给予充分的鼓励，让幼儿体验到思考的快乐。

三、造座牢固的小木屋

1. 要把柱子埋进土里

①挖个和木桩一样大的洞。大家从玩沙区拿来四把铁锹熟练地挖着洞。可是草地太硬了，孩子们挖得很吃力。但在挖的过程中，他们发现把草去除后挖起洞来就省力许多。大家互帮互助，不断地将洞与木桩比对，终于把四个和木桩一样大的洞挖好了。

②泥地、沙地、草地哪个更好挖洞？休息时，几个孩子还在讨论挖洞的事情。在讨论中，孩子们发现在沙地、泥地和草地上挖洞是很不一样的。在沙池挖洞省力，可是洞不成形；在草地上挖洞要先把草拔干净才好挖，但是草地、泥地下面都有草根，遇到长了粗草根的地方不仅难挖，而且会发出咯吱咯吱的声音。

③埋木桩。泥洞挖好后，孩子们两两合作把木桩放进洞里去。孩子们把木桩放进洞里，用挖出来的泥土填在洞和木桩的缝隙处，用双脚把木机的泥土踩结实，再去试试木桩是否松动。反复几次后终于把木桩都埋好了。

2. 找合适的钉子把木板钉牢

①寻找合适的钉子。

②钉钉子时出现两个声音。孩子们发现用铁锤子钉东西有铛铛铛、铛铛铛的声音，但是用橡胶锤子钉东西有铛铛铛的声音。

3. 运更多的木材

孩子们有的两两合作抬木头，有的用手、脚滚木头，有的拿推车来运木头，不一会儿，木头就到位了。

分析：

1. 幼儿的经验与学习

在挖洞活动中，幼儿学习了通过对比来感受在不同质地挖洞所运用的作用力的不同。这些体验帮助幼儿对不同性质的地面有了进一步的了解。这些体验比幼儿在沙池中体验沙子这一种材质的特性要丰富得多，感受也更深刻。在埋木桩的时候，幼儿用脚踩实地面，体验泥土的松软，同时泥土经过力的作用也可以变得更结实。

在寻找适宜的钉子时，幼儿观察到了钉子有长有短，有粗有细，还有的钉子身上有螺旋纹样，他们不仅找到了各类钉子，而且用图标的形式记录下来使用时的情况，用图示的方法告诉全班幼儿，什么样的钉子适合钉木板。在钉钉子的时候，幼儿意外地发现了回声这个有趣的现象。通过倾听、对比、触摸，他们了解了不同材质的锤子钉钉子会发出不同的声响。

在运木头活动中，幼儿采用小组合作、两两合作的方法把木头运到造房子的地方，还学会了使用不同的运送方式，如抬、搬、滚以及使用车辆来帮忙运送。造小木屋的活动中，通过选地址、挖土洞、埋木桩、钉钉子、运材料，幼儿经历了造一座房子的整个过程，体验到了活动带给他们运用工具、使用材料、解决问题等能力提升的快乐。

2. 教师的思考与支持

教师发现，在这次"造房子"的活动中，幼儿能充分运用幼儿园的各类资源，教师对于幼儿的各类要求和所提出的各种疑问，不是以一个权威者的角色来直接给予答复，而是以一种协商、引领的态度来鼓励幼儿自我解决问题，并给予恰当的回应，促使幼儿更加自信地投入到"造房子"的活动中去。

● 第二次造房子：造座游戏房

一、造多大的房子

1. 小木屋太小玩不了游戏怎么办

孩子们喜欢在自己造的小木屋里玩儿，可是小木屋里太拥挤，四周墙壁又不能碰到。因为一碰到，木板墙壁和房顶都会掉下来。孩子们很不满意这样的小木屋，他们决定要把这座小木屋改建成为一座大的游戏房，能让更多的小朋友进到房子里玩游戏。

2. 游戏房子要造多大呢

幼儿认定要造的房子应比原有的小木屋大，大多少呢？他们没有具体的大小概念，他们用手拉手围合的方法来进行测量，先测量草地上原有的小木屋，再到空地上用同样的8个人围成正方形，这就是幼儿确定下来的游戏房的大小。

3. 地基要打多深

再一次用铲子挖洞，幼儿的动作更加熟练，孩子们一边挖一边用小树枝做记号；还有的两两合作，一个测洞的大小和洞的深度，一个帮忙做记号。但这次难度加大了，他们用到的木桩要比上一次的高很多，要埋进土里的部分也要深一些，要挖的洞自然就要深很多。

4. 怎样使柱子更加牢固

如何让木桩固定呢？孩子们在寻求门卫爷爷的帮助下，找到很多小石头塞在木桩与洞的缝隙处，再用泥土把缝隙填平，踩踏实，才把木桩竖牢固了。

孩子们在挖洞、埋木桩的过程中，他们对铁铲、泥土、木材、小石头等物质之间的相互关系有了新的认识：铁铲比泥土坚固，所以能铲动整块的土；木材比松软的泥土坚固，所以在松软的泥土里木头会动，等等，经验在操作过程中不知不觉地理解得更加丰富与深入了。

二、用什么材料造房子

1. 墙面用什么做

大家意见不一，有说用砖头做的，有说用木头做的，有说用竹子做的，为了达成一致意见，各组纷纷进行辩论，但是结果仍有分歧，最后大家一致认为三面墙用砖头、木头、竹子各做一面，最后一面做门。

2. 买竹子

①竹子有多长？（数一数，量一量、画一画、记一记）

②买多少根？（用身体的比照告诉卖竹子的老伯伯一面墙有多宽，决定竹子的数量）

③如何运回去？（与卖竹子的老伯伯协商帮忙运送，幼儿告诉他幼儿园的具体位置与方向）

3. 找到制砖厂

①这些黑色的东西是什么？（了解制作砖头的原材料——砖粉）

②我也能制作砖头吗？（观看与实际体验制作砖头的过程）

③一块砖卖多少钱？

④买多少块砖？（讨论数量）

⑤讨论砖厂里为什么没有红色的砖头。

分析：

房子的框架搭好后，关于用什么材料来建造墙壁，孩子们又一次产生了分歧。这一次幼儿各自用图画和语言的方式来表达选择此种材料的理由。幼儿自发地从语言的表达发展到图画符号的表达，也表明他们的科学表达能力的进步，他们对成功造一所大房子的自信心也越来越强烈。

买竹子的活动中，他们看到了各种不同长短、粗细的竹子，体验到了竹子的多样性，开始测量竹子的粗细和长短。幼儿在比对竹子时，用了身高、脚步、手长等不同方式进行了测量。在这样的测量中，他们知道使用不同的测量方法得到的结果是不一样的，这为幼儿后期进行标准测量奠定了基础。

在制砖厂里，幼儿参观了水泥砖的制作全过程，还向工人师傅了解了这些用来制砖的机器和原材料，这个过程大大满足了他们探究砖头的兴趣。近距离观看砖头的制作流程，幼儿了解到沙、水泥等不同的材料通过某种途径进行了改变，从而转变成了造房子用的砖头。在确定购买砖头的数量时，他们在与老板的交流中，及时调整自己的购买计划，完成了购买任务。幼儿还运用对比的方法，提出"砖厂里为什么没有红色的砖头"的问题，并在教师的帮助下，通过网络资源找到问题的答案。

幼儿园内的"造房子"活动，延伸至与社会上各类工匠、买卖人的接触，极大地扩展了幼儿的各类经验，特别是在砖厂的参观和访问，让孩子们对砖头的制作有了深刻的印象。通过建筑材料的购买、对生产过程的参观，幼儿了解到了一些自然物加工成材料的过程，也对买卖活动有了基本的概念。

三、请谁来帮忙造房子

1. 请哪些大人来帮忙呢

在尝试用以上材料建房子时，孩子们发现他们自己无法完成这个任务，在教师的引导下，孩子们做了一个家长职业大调查活动，最后确定请哪些大人来帮忙。

2. 编竹墙

彤彤爷爷是编竹器的高手，大家来到彤彤家把建房子的想法告诉爷爷，请爷爷教大家编竹墙。在彤彤爷爷的建议下，大家先用绳子与竹子测量了墙的准确高度。

①一根竹子劈几片？爷爷帮忙劈竹子。劈好竹子后，爷爷又用钻孔器在竹片上钻了个洞，孩子们很好奇，也拿起了钻孔器模仿着钻孔；然后爷爷帮忙把竹片用铝丝固定好。

②一正一反插进去。那竹片如何插进去呢？爷爷告诉大家必须一正一反插进去，这样才能保证竹墙的牢固。孩子们在爷爷的带领下，两两合作，一正一反插进去，一会儿就编好了一块竹墙。

③一共用了多少片竹子？看着自己编的竹墙，大家都非常兴奋，"我们有了多少块竹片啊？"孩子们争先恐后地数了起来，有的数总数，有的数正向的，有的数反向的。数完竹片，又开始数用了几根竹子。

3. 怎么砌砖头墙

孩子们分工合作，两人一组合作把从砖厂买回来的砖头搬到指定位置；然后模仿泥瓦匠叔叔尝试拌水泥浆，孩子们发现水泥与水和在一起就好像胶水一样黏黏的。孩子一边和水泥一边讨论水泥与胶水之间的关系，为什么要和水泥，原来是用来砌墙。水泥拌好了，孩子们两个一组又把水泥浆用小桶搬运到建房子的地方。泥瓦匠叔叔先给孩子们示范怎样砌墙，在观察了解了砌墙的基本要求后，孩子们开始在泥瓦匠叔叔的帮助下自己尝试砌墙，先用泥工刀在砖头上抹上水泥浆，再把砖头放到砖墙上，还不忘用泥工刀敲平整，把多余的水泥浆刮去。

4. 怎么架房顶

在孩子们架屋顶的操作失败后，孩子们想到之前调查中有位小朋友的爸爸是做木工活的，就请这位小朋友的爸爸来帮忙，观察与学习他是如何架屋顶的。

5. 要做多大的门框

三面墙都建好后，最后一面墙孩子们准备做一个门，可门框要多大呢？孩子们讨论着门要放中间，门的两边要一样大，要能两个人通过，他们用绳子测量着门框的高度与宽度。

6. 怎么做竹门

门框做好了，那做什么门呢？孩子们讨论后决定编一个竹帘做门。于是开始测量门框的长度与宽度，然后在木工区把细竹片锯成同样的长度，大家一起编竹帘门，再把编好的竹帘挂到门上。

分析：

1. 幼儿的经验与学习

这次的造房子活动，幼儿主动争取到了更多成人的支持。例如，通过对家长职业的调查寻找可以帮助幼儿造房子的人，这是幼儿经过多次调查活动获得的有效解决问题的方法。在建造的过程中，幼儿一起编竹墙、砌砖墙、钉木墙，还参与架房顶、做门框、制帘门，终于完成了游戏房的建造。幼儿经历了造三种不同材质的墙面的活动，对这三种材料的特性有了更深刻的认识。他们认识到竹子、木头、砖头可以通过不同的加工形式做成墙。粗竹子可以被劈开，再一正一反有规律地编织成为一面墙，细竹子可以锯成小段编成竹帘制作成各种所需要的东西；木头可以锯断，也可以连接成为所需要长度的木板；砖头可以通过沙、水、水泥的混合浆砌成墙壁，等等。这些经验通常都不是日常生活所能带给孩子们的，需要在特有的课程中让孩子通过独特的经历来获得。

2. 教师的思考与支持

在这一环节中，教师给予了更多的活动支持策略，是课程资源的提供者或者是寻找这些资源的线索提供者。在人力资源方面，教师帮助幼儿一起分析造房子需要的专业人员，协助幼儿去邀请各类工匠参与"造房子"的活动。在物质资源方面，教师不仅发挥自己的力量，还积极争取幼儿园力量以及社会力量的参与，全力支持幼儿的活动。以确保幼儿在经历多次失败后，通过自己和教师的共同努力，获得来之不易的成功。

四、房子造好了还要做什么

1. "上梁"风俗大调查

幼儿展开了造房"上梁"活动民俗民风的调查活动，发现这些知识爷爷奶奶比爸爸妈妈知道得还多，了解到了当地"上梁"的风俗，知道了"上梁"仪式代表着人们对新房子完工的喜悦之情，是感谢造房子时付出辛劳的人们，也代表着人们对在新房子生活的美好向往。

2. 请邻居来帮忙

根据孩子们收集上来的调查表，要进行"上梁"活动，首先需要请娘舅家带上糖果和万年青等礼物。那我们请谁来当我们的娘舅呢？最后决定邀请大六班的孩子们来当娘舅。他们派代表去跟隔壁班老师、幼儿商量。孩子们在大六班介绍了"上梁"的风俗，交代做"娘舅"要准备糖果等礼物，在"上梁"的当天送到新房子，一起庆祝新房子的完工。

3. "上梁"啦

一切准备就绪后，游戏房要"上梁"啦。大六班的小朋友们送来了很多美味的糖果。幼儿在实际操作、亲身体验中进一步了解了"上梁"的习俗，感受到了生活的情趣。

分析：

1. 教师的思考与支持

对于幼儿来说，历经近一个学期的"造房子"活动在"上梁"仪式完美落幕时热热闹闹地结束了。"上梁"是当地的一种风俗，也是房子最后落成的仪式。"上梁"代表着新房子完工了，也是使用房子的一个起点。从"上梁"的这一天起，一幢新房子诞生了。"上梁"活动的开展也是经过教师深思熟虑的。活动要不要开展、如何开展、民间的风俗中有一些事情要不要避开不谈等。最后教师选择了"上梁"风俗中发糖的环节。让幼儿感受到民俗的有趣和热闹。"上梁"活动的开展，也代表着教师不仅能关注幼儿学科经验的发展，还要将本次造房子的风俗引入到活动中去，在课程生发中关注到幼儿人文素养的培育，是对幼儿发展全面性的一种实践。

2. "造房子"总结

"造房子"主题活动是由幼儿主动发起的生成性活动。幼儿从关注"拆房子"现象开始，经历了对各种房子的积极探索，再到亲身经历造房子的整个过程。这是一个完整的科学探索的过程，从问题入手，到提出设想，再到实践，遇到问题又提出设想，再次实践，几次往返探索，是幼儿经历的一次实实在在的探究活动。

在这一主题活动中，幼儿通过直接感知、实际操作和亲身体验，主动获得造房子的经验，工具的使用经验，材料的特性、物体与物体之间的关系等的新认识，这些经验的获得既是幼儿主动自发的获得，也是教师有意识、有目的的引导所致，旨在让幼儿获得连续的、有深度的经验。

教师通过前期对于幼儿深层兴趣的发现，提取了活动的关键经验，从而沿着关键经验的路径，横向、纵向都进行了拓展，完成了幼儿已有经验可能性的进展，从而为后来幼儿的新经验建构提供了适宜的支持。

在主题活动中，教师根据具体情况变换角色，在幼儿需要的地方随时待命，或以合作伙伴的身份出现，或以引导者的身份出现，隐性地引领着幼儿完成探究的任务，收获到更多的经验。在"造房子"主题活动过程中，我们发现，课程不是单纯意义上的说教，更不是一张图片、一段视频可以解决的问题，而是需要教师在发现幼儿的兴趣时有一双智慧的眼睛，及时地捕捉幼儿的闪光点，以关键经验为抓手，与幼儿积极互动，形成一种你呼我应的课程。同时教师也需要具备方方面面的知识才能引导幼儿获得更丰富的经验，教师知识的积累、经验的积累、资源的积累至关重要。

在造房子活动中，家长参与面之广，参与度之深，完全颠覆了家长们对于幼儿在幼儿园活动的理解。他们看到了幼儿在整个活动前后的变化，惊叹于孩子们的想法与动手操作能力，他们慢慢认识到真实的探究活动对于幼儿成长的重要性，这样的学习对幼儿非常有意义；他们逐渐理解幼儿在幼儿园的活动，理解教师的用心良苦，家长们真切期望幼儿在像"造房子"这样的活动中体验快乐、体验学习、体验成长。

（案例来源：苏州吴江区横扇幼儿园的"造房子"。）

第二节 生命科学探究活动的设计与指导

对于学前儿童来说，生命科学探究主要是引导幼儿感知生物的身体特征、基本需求、生活行为、生命周期、多样性及与环境的相互作用。

一、活动准备

（一）教师提升自身的科学经验

1. 养成主动探究环境的意识与习惯

教师平时散步的时候，可以养成随身携带放大镜、笔记本、笔和手机的习惯。当然，更需要探究的意愿和好奇心。教师可以挑选一小块有生物的地方，

[拓展知识]
教师的观察笔记

翻开一块石头、一块木头或一片树叶，仔细观察，看看能发现什么，然后借助手机上网查阅、辨识、了解平时所遇到的生物及不同生物的习性和需求。虽然生物的名字很重要，但更重要的是了解它的外表、需求、栖息环境及用途等。

2. 养成边观察边记录、自我提问、思考的习惯

在人们生活的周围，即使在一小片空地上也会生活着许多动植物，每种动植物都有自己的栖息环境。如果仔细观察一小块野草地，能发现很多不同种类的植物。翻开土壤，可能看见一些昆虫和其他不知名的小虫子。仔细观察一种生物，会发现同类动植物之间也存在差异，所有的蚂蚁、蟋蟀都不一样。因此，当教师开始探究周围环境时，首先，记录观察到的事物并进行列表和分类。比如：看到了什么？哪些是生物、哪些不是生物？哪些有生命、哪些曾经有生命、哪些从来没有生命？生物间存在共性与差异吗？生物生存需要什么条件？

> **教师笔记**
>
> 3~5岁的幼儿已经开始建构他们区别生物与非生物的标准。
>
> 幼儿总是会对他们周围世界中的事物进行分类：哪些是虫子，哪些是树，哪些是鸟。他们的分类建立在自己的标准上，即他们觉得哪一点最重要就按照哪一点来进行分类。当幼儿更仔细地关注某种生物时，他们会意识到生物的差异性；当幼儿知道的生物种类越来越多，获得的生物的判断标准也就越多，例如生长、发展、繁殖以及对食物和呼吸的需求等。

理解生物生存需要的基本条件，是生命科学领域的一个基本概念。教师可以选择一种生物，仔细观察并画出草图。通过观察和描绘它们，教师会增进对生物的了解。同时在观察时，教师也可以进行比较，当肉眼观察时，会注意生物的哪些特征（颜色、大小、结构）？使用放大镜观察时，又发现了什么？在观察完之后，教师再画一张草图记录自己的发现。

当然，了解生物并不仅仅是观察、做记录和画草图，还要思考该生物的结构、栖息环境以及行为之间是否存在一定关系，并试图回答一些问题。例如：观察一种生物后，再看一看它周围的环境，就能回答：该生物居住的环境（向阳或向阴处，潮湿或干旱处）？什么样的环境生物最多？生物依靠什么满足自身需求？它们从哪里得到生存所需的养料？为了生存、生长、发展和繁殖，动物需要食物、水、氧气、生活空间和阳光来满足其基本的需求，植物需要食物、氧气和生长空间，同时利用阳光、水、二氧化碳合成自己所需的能量来维持其生存。

其实，所有生物都居住在特定的环境中，每一种生物都有自己的栖息环境。生物栖息的环境是整体环境的一个部分，它可以满足某种生物所有的基本需求。蘑菇可能生活在潮湿的树丛中；蝉的栖息环境常常是杨树或柳树；鸽子的栖息环境也许还包括附近的一个小广场，这样它可以找到一些食物。人的栖息环境则非常广阔，先辈们选择有土、有水的地方种植粮

食；现代人则选择物品丰富、交通便利的地方居住，方便采购食物。分析发现，任何一种生物的栖息环境应该是能基本满足他（它）的需求。

> **教师笔记**
>
> 当幼儿探究周围生物时，幼儿喜欢把动物的需求、行为和自己进行比较，他们认为蜗牛正在找它的爸爸妈妈，蜜蜂、蝴蝶最喜欢色彩鲜艳的花。通过仔细观察和照顾生物，可以帮助幼儿扩大和加深对不同生物需求的差异性和相似性的理解，他们可能会发现一些在不同环境中发生的有趣故事，如干旱地带、雨林地带或寒冷地带中发生的事情。在他们逐渐熟悉了周围环境中的生物后，他们会更加理解其他环境中的生物，明白不同生物是如何满足自身需求的，理解栖息地和环境的概念。

理解生物世界的关键在于理解生物之间的相互依赖性，大多数生物是依赖于其他生物生存的。当教师看到某些生物时，可以思考：它们在某些方面是不是互相依赖呢？例如教师看见公园里树上的松鼠采集很多松果或其他种子作为食物，它们常常把这些食物藏在地洞里。偶尔它们会忘了吃掉这些食物，那些松果或其他一些种子就开始生根发芽，然后长成大树。教师发现泥土里的蚯蚓不停地在土里钻爬，让土地变得松软和肥沃，这样更利于植物生长，其他动物在打洞时也更容易一些。蜜蜂在花丛中飞来飞去，是不是正在把一朵花的花粉授给另一朵花。人类依靠大量的动植物来提供食物，在古代，还要依靠动植物提供衣服和住所。所有的生物需要植物产生的氧气，而植物也需要动物呼出的二氧化碳。

如果教师能长时间地仔细观察，会发现生物有很多不同的特点。将一株植物或一个动物当作一个临时"客人"带到室内，看看它们有哪些基本需求，思考怎样才能让它们在室内生存一段时间，以及能否为它们创设一个临时的栖息环境，照顾3~4天后再把它们放回发现地。通过在室内照顾这些生物，教师又有什么新的发现？

教师还可以进一步深入探究。所有生物都有一个生命周期，包括开始（动物的出生和植物的萌芽）、生长、发展和死亡。所有生物都会繁殖，产生一个新的生命周期，从而保证这一物种的存在。当教师观察某一种生物时，该生物可能处于生命周期的某个阶段，这取决于开始观察的时间。但如果教师选择一种户外的生物，并且经常去观察它，那么就可以看到它生命周期中的多个阶段。观察那些能在室内生活一段时间的动物，教师会看到它们的生长与发展，幸运的话，还可以看到它们的繁殖。例如教师可以在室内养蚕，观察蚕的整个生命周期；或者教师可以播一些种子，当环境满足一定条件时，还能观察到种子成长的整个生长周期。

> **教师笔记**
>
> 　　幼儿可以意识到自己身体各部位的变化，例如长高了、长大了。有些养了宠物或植物的幼儿知道它们也会生长、变老，知道动植物也会经历出生和死亡。但是由于幼儿的时间感较差，直观形象思维，他们可能并不理解生命周期，也不理解所有的生物都会经历相似的阶段，所有的生物都以死亡为终结。然而，幼儿可以谈论某些阶段，可以观察蜗牛的外形，观察蝌蚪如何变成了青蛙，或观察植物的生长、开花、结籽的过程。如果生物死了，可以抓住这个契机，和幼儿一起讨论死亡是生物生命周期中一个非常自然的部分。

（二）活动目标设计

幼儿探索生物科学，探究活动的重点不仅仅是知道各种生物的名字，更应放在加深幼儿对生物的理解，具体要求如下：

①尽量引导幼儿更加仔细地观察周围环境，观察生物及其原生态环境，引导幼儿在室内外积极探索生物。

②建构对生物和非生物的基本理解，例如生物的特征和需求，包括它们的生命周期、栖息环境、多样性、变异性以及相互依赖性。

③发展幼儿科学调查的技能，包括好奇、提问、探究、调查、讨论、分析、解释、提炼并总结形成自己的观点以及反思的能力等。

④培养幼儿的科学品质，包括好奇心、乐于探究的习性，开放的思维，尊重生命的态度以及成为一个小小自然学家的兴趣。

（三）了解幼儿

教师设计探究活动的目的在于给幼儿提供一段时间内的体验，充分了解这些生物及其特性。在探究过程上，幼儿会带着他们已有的想法、兴趣和信念来探究生物，而这些想法、兴趣和信念是建立在幼儿已有的经验和文化的基础上并受其发展水平的影响。有些幼儿可能已经接触了很多生物，包括自然环境状态下的生物、家庭饲养的宠物与种植的植物，而其他幼儿则可能很少接触生物。有些幼儿立刻就被探究活动所吸引，不断寻找小动物的家、它们吃东西的方式以及吃什么东西的线索；有的幼儿可能会害怕生物，不敢接近；有些幼儿则比较勉强，他们会避开虫子或其他会动的东西。有些幼儿会很快掌握生物与非生物的概念，而另一些幼儿掌握起来却很困难。因此，在开展主题探究时，研究和了解儿童已有的经验，对于实现课程具有实质性的价值。

（四）创设真实、尊重、鼓励幼儿主动探究的环境

为了支持幼儿的探究，教师要努力创设一种支持与鼓励性的环境与文化，激发幼儿的主动探究行为。

1. 创设尊重生命的氛围

对于生物探究，教师创设的环境，首先要传递出人们对生物及其栖息环境虔诚的尊重态度；其次，在户外探究中，教师要尽可能让幼儿能在自然环境中充分接近与观察动植物，了解生物的基本需求，并思考生物是如何满足自己的需求，减少对环境的干扰；在室内探究中，教师要尽可能创设一个接近自然的小生态环境，还原动植物的生存空间，扭转把动物当宠物养或传统的室内种植植物的态度和方法，养殖时间不宜太长，尽可能在幼儿充分了解后送回大自然，养成幼儿爱护动植物，关心周围环境，亲近大自然，珍惜自然资源，有初步的环保意识。

2. 提供真实、安全的生物观察环境

自然学家的探究非常依赖于观察和直接走近生物及其栖息环境。教师要努力寻找一个可以与幼儿一起探究自然的户外探究空间，可以考虑一下幼儿园内操场边、种植园区、沙水池区等其他地方、附近的公园或田野。该空间需要满足下列要求：

①有各种各样的植物，如花、野草、灌木丛和树。
②有小动物，如蜗牛、蚂蚁、球潮虫、蚯蚓、小蝌蚪、金鱼、小乌龟。
③有大的动物，如鸟、鸡、鸭、鹅、兔子。
④距离教室较近。
⑤注意环境安全：远离碎玻璃、有毒植物，来往的行人与车辆。

这样就能尽量保证每一个幼儿都能有机会在真实的环境中、在自然状态下去观察和探究这些动植物及其环境。在室内观察的生物，也尽量为幼儿创设真实的生物环境，所提供的动植物图片也必须是真实的；幼儿观察与描绘的生物是在真实状态下而非想象或虚幻状态下，这样才有利于幼儿关注生物生存的栖息环境并思考相互之间的关系，思考生物的需求和行为，合理地推测与解释相关的现象，而非杜撰和无根据地瞎想、瞎猜。

在观察生物的时候，有些幼儿可能还没有足够的内部控制力，难以保证能够安全地接触生物。因此，需要制定简单的观察规则，以保证幼儿及动植物的安全。无论何时何地，幼儿在接触动物时都应有成人在场，保证探究的安全性。

3. 提供观察与记录的材料

为幼儿准备观察过程中所有的记录表格及记录所需要的其他工具。

二、生命科学探究活动设计和指导

在幼儿园里，幼儿对动植物的探究活动主要集中在自然角、种植区角与动物饲养区这三个主要区域。自然角是在室内向阳处和室外靠窗处两地设置一角供幼儿观察、照料、记录各种自然事物与现象变化的场所，如鱼、龟、蛙、蚕等小动物，盆栽植物，实验装置（如土壤的毛细现象实验，水的蒸发实验）等；种植区角主要是提供幼儿体验种植、进行实验，观察植物生长、发现植物生长所需要的生存条件、感受植物生长全周期的探究场地；动物饲养区主要饲养生活中常见的、性情较温顺的小动物，幼儿通过照料这些小动物感知小动物的特征、生活习性、生存环境及与人类的关系等。除了以上三种场所有针对地引导幼儿探究动植物外，还包括在幼儿园任意一处环境中的幼儿随机探究。因此，幼儿的生命科学探究活动包括教师引导的聚集式探究与幼儿生活中自主进行的开放式探究。无论展开哪一类探究，幼儿的探索都是遵循发现问题、提出问题、探究问题、交流分享形成新想法的过程。

（一）生命科学探究的基本流程

生命科学探究活动与主题探究类活动的操作流程大致相同（见表4-1），虽然幼儿在探究过程中会有反复，但基本框架没有大的变化，都是围绕生物的关键科学概念进行探究（见表4-2）。

表 4-1 幼儿的生命科学探究过程

科学探究技能	幼儿的探究行为
参与、注意、好奇、提问：在不同的环境中开展开放式的探究活动，并提出问题指引行动	* 在自然环境中，寻找和发现各种不同的植物和小动物 * 观察各种动植物，观察它们外表和行为的相似性和差异性，并探究其中的原因 * 关注某一特征或行为，提出问题
开始探究、调查：参与简单的调查来拓展观察内容、验证假设以及探寻问题的答案	* 提出"如果……会……"的问题（如"如果我把毛毛虫放在叶子那里，会怎样呢？"）；为了仔细观察，回访植物或动物 * 关注某一特定的且有答案的问题（如"蜗牛没脚，它是怎么移动的？"）
收集数据：运用感官、各种工具和简单的测量工具来收集数据	* 参与设计简单的调查（如"让我们把生菜和卷心菜都放在生物养育箱内，看看蜗牛喜欢哪一种。"） * 运用视觉和触觉收集生物的基本信息 * 使用放大镜和小电筒，更好地观察动植物的细节 * 充分运用听觉和嗅觉 * 利用绳子、尺子和其他工具获得生物的定量数据（如长度、面积、重量和直径）
记录和表征经验：通过多种方式描述与记录经验和信息，包括绘画、捏泥塑、图表和动作	* 通过身体动作展示观察内容，画简单的图画表现动植物的某一特征 * 通过绘画和捏泥塑来体现动植物的某些特征 * 参与创设表格的活动，记录调查获得的比较性数据；记录细节、写实画
反思经验：探究各种经验的规律与关系；以已有的经验为基础，做合理的预测、解释和概括	* 在描述、比较和谈论经验时能够提取以前的经验 * 以前期的观察结果和经验数据为基础，进行预测和解释 * 将观察与从多种探究中获得的数据联系起来，发现规律、关系并尝试做出结论
用语言交流发现：发展幼儿的词汇以及交流观察结果与想法的能力	* 回答有关生物物理特征和近期经验的直接问题 * 促成更多关于生物细节的描述和观点的讨论（如"看！耳朵这么长。"） * 当描述某一植物或动物时，谈到各种特征（如形状、颜色、尺寸、身体各部分的名称）；分享问题，观点和推测结果
和小组分享、讨论和反思：分享材料、任务和观点，在共同调查中合作	* 独自工作或与其他人一起工作 * 参与小组活动（如研究一棵树） * 在小组中，计划、实施以及描述一个简单的实验（例如，考察毛毛虫吃什么）

表 4-2　生命科学探究中的关键科学概念

科学概念	幼儿的探究行为
生物的特征：逐渐认识到动植物的物理特征（如各部分、形状、颜色，纹理或大小），并能够描述基本的行为特点	* 辨认动植物的基本特征（如颜色、大小或形状） * 辨认较多细节性的物理特征和简单的动作（如移动和进食） * 开始思考不同部分的简单功能以及与结构之间的关系（如"蚯蚓黏黏的，这有利于它的移动。"）
生物与非生物：区分生物与非生物的能力逐渐增强	* 使用一到两个标准，例如运动和进食，来界定生物与非生物 * 开始辨别一些可以动但是没有生命的物体（如机器或小车）；把植物当成生物来谈论 * 能够区分生物与非生物，并且意识到生物并不总是能移动
生物的需求：认识到生物有一些基本的需求，包括水、食物、光、空气和空间	* 认识到生物是有需求的，并把自己的需求赋予其他动物，如游戏和盥洗的空间 * 开始理解所有的动物都需要食物、水和居住空间，植物需要水和阳光 * 理解动植物有一定的基本需求，但满足的方式不同
生命周期：逐渐意识到生物都有生命周期，包括出生或发芽、生长与发展、繁殖和死亡	* 常以自己为参照，谈论幼小的动植物及其父母和它们的成长 * 描述室内外动植物的生命周期的某些部分（例如，观察到毛毛虫变成了蝴蝶，但是不确定它们是同一生物体） * 描述某一动植物的生命周期，开始将繁殖和死亡两个阶段加入进去，看到同一生物体的变化
多样性与差异性：意识到生物的多样性以及同一物种的差异性	* 注意到存在不同的动植物，并进行基本的比较（例如，颜色/形状、昆虫/其他动物） * 能够比较生物的相似点和不同点（例如，所有植物的叶子都是绿色的，鱼和人一样都有眼睛，但普通的鱼没有眼皮） * 能将动植物分类并且描述同一种类的差异性（例如，不同植物叶子的形状是不一样的，粉蝶与赤蛱蝶的颜色相似但是图案不一样）
栖息环境：逐渐意识到动植物都有自己的特殊需求，并且只有在某种特定地点才能得到满足	* 返回到相似的环境中寻找某一动植物 * 讨论某一特定的动植物的需求时发表自己的观点（如"蚯蚓喜欢泥土。"） * 帮助计划布置某一生物的室内环境，对某一生物有具体的想法

（二）开放式探究

在这个阶段，幼儿会探究各种室内外环境中（包括操场、公园以及自然角、种植区、动物饲养区）的动植物。在探究初期，鼓励幼儿运用感官去观察生物，描述这些生物在自然环境中的物理特征、行为和生存需求；帮助幼儿学习使用一些基本的工具（如放大镜、小电筒、小铲子等）。这些工具会延伸他们的感官，帮助他们更好地观察周围的动植物。此时，教师不要将个人观点与幼儿分享，而是鼓励幼儿仔细观察各种不同的生物，关注幼儿观察了什么、激发他们主动探究的原因以及他们对这些生物的理解。

当进入开放式探究活动时，有些幼儿会立刻对周围的某些动植物感兴趣，表达关注、好奇或提出一些相关的问题，他们会用动作和语言来表达自己的问题；而有些幼儿则可能观察了某种植物或动物一小会儿就转移兴趣去参加其他活动，还有一些幼儿根本没兴趣直接玩其他的活动。教师不要强迫那些还没有进入状态的幼儿，只需要花时间与那些准备好寻找和观察生物的幼儿待在一起。当幼儿有新的发现时大声喊叫就有可能把同伴吸引过来加入探究活动中，当然也可以将感兴趣的幼儿与那些还没有进入状态的幼儿结成伙伴共同探究，如一起去寻找刚发现的植物的另一株等。

当幼儿探究动植物时，教师要与幼儿一起观察，随时描绘所观察到的动植物，并尽量记录细节：

①每个动植物的特点（形状、大小、颜色和纹理）。

②每个动植物的不同部分（植物的树叶、树枝、树干、树桩，动物的眼睛、耳朵、牙齿、尾巴、皮毛和身体）。

③动物的移动方式（爬行、蠕动、匍匐前行或飞行）。

④发现动植物的地方（地面、墙壁、草丛中、墙角、木头、砖头或石块下、天空中、池塘边、树枝上、阴暗处、阳光处、潮湿处、干旱处）。

⑤动物的食物来源（植物的叶子、种子、果实、叶片的汁液、真菌、小昆虫、杂草、小动物等）。

⑥植物间相同和不同的地方。

⑦动物间相同和不同的地方。

除了探究附近小区的动植物，教师还可以制订计划带幼儿到植物园、湿地公园、温室大棚、林场、池塘等地去探究。通过探究不同的场所，引导幼儿发现与比较不同环境中的动植物之间的相同点和不同点，并将他们每一次在哪个具体地方发现了什么记录在相应的表格上。

当幼儿探究不同动植物时，可以通过以下方式引发谈话：

①请幼儿讲一讲他观察到的动植物以及发现地点（讲一讲你发现的植物吧？）。

②帮助幼儿思考这些动植物的特点（这些动植物与你之前见过的一样吗？它是什么颜色的？它们有多大？是什么形状呢？摸它的时候有什么感觉？）。

③帮助幼儿思考这些动物的行为和需要（这只小虫是怎样移动的？它是怎样钻到地下去的？它需要什么才能活下去？为什么呢？）。

④与幼儿一起说出产生的疑问（如果将这些虫子放到桌子上，会发生什么现象？它会爬下来吗？如果将这些植物放到非常冷/非常热的室外，它们会怎么样？）。

在此过程中，教师随时为幼儿提供他所需要的帮助，并且分享他的想法：

①在幼儿对教师的问题和评论做出反应前给幼儿足够的思考时间，教师保持沉默。

②为幼儿寻找表达方式（比如，如何使用手来演示动物的移动过程）。

在幼儿活动过程中教师尽量不要限制幼儿思维的评论，避免以下问题：

①解释科学知识。

②纠正幼儿的想法（可以向幼儿提问更多的问题）。

③转移目标过快（允许幼儿自己决定什么时候转移目标）。

科学谈话活动是科学学习过程中的重要组成部分。在谈话过程中，幼儿会分享他们的体验和思考，倾听其他幼儿的想法，努力将自己和他人正在做的事情与已有经验联系起来。这是幼儿在面对新观念、思维方式发生改变的重要时刻。此时，幼儿旧有的思维观念正在面临新经验的挑战。教师要帮助幼儿相互沟通，帮助他们反思自己的经验和想法，并将他们的思维集中于科学概念和探索过程中。梳理出幼儿的思路和经验，并对幼儿的思维提出挑战。

在开放式探究活动结束时，教师可以进行三种不同类型的延伸活动，丰富幼儿的自然探究经验，具体包括计划一次郊游活动来探究不同环境下动植物的变化，邀请相关专家走进课堂以及利用书籍和录像来延伸探究活动。

户外探究

教师带幼儿到户外进行30分钟左右的探究活动，每周2~3次。

1. 鼓励幼儿在户外寻找动植物

通过提问，帮助幼儿开始自然探究：

*你将会去哪里寻找动物呢？

*观察你找到的落叶，你认为它是从哪棵树上掉下来的？

同时，教师可以通过下列方式给幼儿进行示范：

*翻开岩石或木头寻找动物。

*如果你在之前发现过虫子和蚯蚓的地方再次发现了它们，可以大声地表示惊奇。

*仔细观察植物，并对它们有趣的特征或者发生的变化进行评论。询问幼儿周围的植物还有什么其他的变化。

*将一株植物和另一株植物进行比较，或者将一只虫子和另一只虫子进行比较。请幼儿比较两种动物或植物。

2. 帮助幼儿描述他们注意到的东西

通过下列问题和评论来鼓励幼儿描述他们发现的东西：

*告诉我，你发现了什么？

*它是什么样子的？（如形状、颜色、大小等）

*它摸起来怎么样？（黏糊糊的、光滑的、不平的、粗糙的）

*你在哪里发现的？（上面、下面、旁边）

*它为什么会在这里呢？

给幼儿书写板夹和画笔，请幼儿画出他们感兴趣的动植物。

3. 观察和记录

在幼儿探究时，教师需记录他们观察到的内容和想法。教师可以这样做：

*画出幼儿注意和观察到的一些动植物或拍照。

*记录下幼儿的提问以及与他们有关的谈话。

*使用观察记录表记录幼儿的言行。

观察结束后，使用文档注解表给这些照片和谈话提供信息来评价幼儿的学习情况。

4. 分享、交流、讨论、总结

教师用5~10分钟的时间，将幼儿分成小组，讨论在户外观察到的内容。等所有的幼儿都进行过户外探究，同时也都参加过小组讨论后，再组织一次5~10分钟的全班讨论。

（1）组织小组进行有关科学的讨论

在每一次户外探究活动结束后，教师尽快让小组的幼儿坐在一起，请他们互相交流对动植物的观察发现。鼓励幼儿描述生物的大小、形状、颜色和各个部分，运用语言描述生物的位置和次序。教师可以这样和幼儿说：

*给我们讲一种你看到的动物或植物吧。
*关于树叶、花或其他东西，你注意到了什么？
*告诉大家你是在哪里发现它的？是在木头的旁边还是下面？

当教师倾听幼儿的发言时，也可以做下列事情：

*简单画出每个幼儿描述的内容，并用幼儿使用的描述性语言来给图片注明内容。
*开始填写表格"在户外，我们发现了什么"，并不断将幼儿发现的新内容添加进去。

（2）组织全班幼儿进行科学谈话活动

让全班幼儿围坐成圈。请幼儿谈论他们的早期经验。用如下的评论和问题开启话题：

*描述一种你见过的动物或植物。
*你是在哪里发现它的？
*还有谁在泥土里发现了生物？它们看起来是什么样的？它们之间有什么差异？它们有哪些相同之处？

通过图画和文字，在"在户外，我们发现了什么"的表格中记录幼儿的观察内容。

教师可以运用下列策略来推动科学谈话活动：

*分享幼儿在户外观察到的动植物的照片或草图。
*请幼儿与大家分享一幅图画，内容是有关他在户外观察到的植物或动物。
*请幼儿帮老师在清单上列出他们在石头或木头下面发现的所有东西。
*向幼儿提问，为什么他们会在石头或木头下发现这些虫子，而在人行道上却没有发现。
*请幼儿模仿他在户外发现的某种动物的动作。和幼儿一起谈论动物行动的相同和不同点。

讨论结束后，教师要对幼儿分享的内容进行总结。

（三）聚焦式探究

聚焦式探究包括两种不同的研究，植物研究与动物研究。"植物研究"主要关注植物的生长与发展、各部分之间的内在关系、它们的需求以及生命周期。这类研究依赖于有规律的室内外探究活动，包括每周定期对自然角、树木或灌木丛的观察活动。"动物研究"主要关注动物的生理特征、行为、需求以及生命周期。这类研究主要是对室内生物养育箱中的动物以及户外养殖区或自然环境中的动物进行有规律的探究活动。

在幼儿对周围自然环境中生物的特征、行为和需求进行了多次开放式探究活动后，他们就已经做好了聚焦式探究的准备。在这一阶段中，教师需要鼓励幼儿更仔细地观察生物，从对生物的外部特征的描述，转向对生物体各部分及其功能的更复杂的观察和描述。同时，引导幼儿关注动植物及其生长环境的关系。教师的角色是通过追问来鼓励幼儿表达他们的操作内容，并营造讨论和反思的机会以深化幼儿的理解。在聚焦式探究活动中，幼儿常常围绕他们感兴趣的某一问题做一个调查计划。他们开展新的观察，并且记录和表达自己的经验。他们反思自己的行为，寻找其中的规律和联系。通常这些反思会让幼儿提出新问题。这些经验会使幼儿在收集到的证据的基础上形成新的理解和观点。

1. 植物研究

（1）种植

种植植物这一环节，教师要聚集幼儿种植的经验，引导幼儿分享其种植的步骤、要点、注意事项等，是选择种子、球茎或块茎开始种植的，预测植物长大后会变成什么样子。

种植前，首先让幼儿先分享其所闻所见的种植经验；然后根据大家分析的经验，一起讨论植物种植的方法，选择什么样的种子，采用什么工具种植，如何使用这种工具，使用多大的花盆，种植完后是否要用洒水壶，为什么？对于有争议或分歧的方法，尊重幼儿的意见，多让他们进行尝试与试验。

把孩子带到自然角，提供种植所需要的材料（种子、插条、球茎、块茎）、洒水壶、花瓶、小水罐、花盆、小铲子等，让幼儿自我选择种子与种植所需要的工具。种植时，当老师发现幼儿种植的方法无法让植物生长时，就让幼儿在老师的指导下在原来种植的地方旁边再种一次。如果幼儿种的是种子，可以建议幼儿同一类种子多种几颗，以保证有一颗种子能长出健康的秧苗，这样等种子长出来就可以进行比较观察，实践检验并了解不同种子有不同的播种方式，播种的差异也会影响后续植物的生长。

种植完之后，可以让幼儿谈谈自己的种植体会；讨论植物生成的条件，如种子（插条、球茎、块茎）需要在什么条件才能生长？所有的植物的生长条件都一样吗？室内与户外植物生长的条件各是什么？通过这些提问，帮助幼儿制订照顾植物生长的计划，如怎么才能保证这些植物得到它生长所需要的养料？怎样判断它需要更多或更少的水？谁负责为植物浇水？有没有更好的办法为植物的种子浇水？植物长高了，又该如何浇水？等等。

（2）观察与记录植物生长与发展中的变化

播种后，让幼儿参与管理、定期观察他种的植物或感兴趣植物，记录下植物生长和发展的过程，尽量提供条件让幼儿有机会观察植物开花、结果和种子成熟的生命周期，因此，如果可能尽量选择一些生命周期相对较短的植物播种。

教师引导幼儿关注植物的高度、宽度、叶片大小、叶片数量、叶子颜色的变化，提醒幼儿关注植物长势特别快的部分，如新叶子的出现、植物开花、结果，数一数新长出的叶子或花的数目、花瓣的数量，看看叶子是否对称；鼓励幼儿运用自己的方式（绳子、棍棒或尺子）测量植物的高度、宽度、叶片的大小、茎的长度与周长；摸一摸不同植物的茎、杆的外表是粗糙的还是光滑的，它的手感是软的还是硬的，它是直的还是弯的，看一看它在风中是怎样摆动的，枝条是对称长出来的还是交叉的；植物的根是什么样的，不同的植物的根是否一样，根在土里是怎样分布的，量一量根的长度，根在土里有多深，为什么植物需要根，根有什么作用，植物没有根会怎么样，等等。

教师鼓励幼儿用自己的方式记录和表征所观察的物体，幼儿可以通过图片、照片或其他方式记录观察到的植物生长和变化的现象，如幼儿可以临摹或画出他们收集的叶子，用绳子和方格纸来比较和记录叶子的大小，用拼贴纸来表现树叶的颜色和结构，通过撕纸或剪纸来表现叶子的形状，可以用线条记录植物的高度、宽度和叶片大小，也可以将测量时剪下的绳子贴在记录表上；植物在不同的生长阶段颜色会发现变化，如植物成熟后，它们的颜色往往会变暗，幼儿可以使用彩色笔、蜡笔或颜料表现植物的颜色；用自己的身体表征植物的茎、干、枝的形状等。

（3）交流、讨论、反思、总结与预测

对植物生长与变化的原因和过程，幼儿往往有自己的想法，了解他们的这一想法非常重要。教师可以使用观察记录的形式简要记录：幼儿所注意到的东西，幼儿分享的有关植物为什么会发生变化的想法，幼儿帮助植物生长的方式。教师可以使用这些记录来评价幼儿的学习并指导幼儿开展反思性谈话。

反思是伴随着植物生长与发展的过程，每周开展一次小组或全班科学谈话活动，时间控制在10~15分钟。

①组织小组进行科学谈话活动。

小组讨论可以给每个幼儿提供发表观点以及与他人讨论的机会，这一点在集体活动中比较难实现。而且不同的小组因为其兴趣不一样，幼儿所关注的植物也不一样。因此，教师要定期与对某个植物生长与发展感兴趣的小组坐在一起谈话，请幼儿分享他们的观察与记录。教师可以这样开始谈话：

*给我们讲讲你的植物生长的故事吧！
*刚刚准备种植时，它是什么样子的？后来它又发生了怎样的变化？
*它以后可能会长成什么样子？

请幼儿比较一下自己的观察结果与其他幼儿的有何不同，可以这样提问：

*强强说他的植物叶子长长了，但没有长宽。明明，你在测量你的植物叶子时有什么发现呢？你觉得植物在生长过程中叶子会有什么变化呢？
*你们有谁的植物长出花了？你注意到了什么？你是在什么时候第一次注意到它的？它们看起来像什么？接下来会发生什么呢？

在幼儿交流分享时鼓励他们分享各自的图画、照片或者参考他们的测量示意图。同时，教师还可以引导幼儿预测植物将发生的变化。

*你觉得它会开花吗？为什么？
*植物可能会长多高，你为什么这么认为？
*开花了会不会马上结果，为什么？
*下一次长出的叶子还是这种颜色吗？叶子的颜色会不会有变化，为什么？如果有变化，会变成什么颜色，为什么？
*叶子的数量会不会增加或凋萎，为什么？
*植物的茎干可能会有什么变化，会变粗吗？
*植物的根会有什么新的变化，为什么？

②查阅相关植物的书。

提供相关的植物书籍，帮助幼儿反思他们对植物的观察。在任何时候都要鼓励幼儿将对植物的观察与书本上所介绍的情况进行比较。

*桃花与梨花、月季花与玫瑰看起来像吗？它们有什么差别呢？

*玫瑰生长需要什么条件？这与月季一样吗？

③组织全班幼儿进行科学谈话活动。

不同小组观察的植物是不一样的，通过教师组织的集体科学谈话活动，可以让幼儿有机会聆听各种不同的观点，这可以扩展他们的思维能力和理解能力。谈话活动中，首先倾听各个小组的幼儿分享他们观察到的某种植物生长与发展的发现与观点；其次，帮助幼儿比较不同植物间生长与发展的共性与差异性，分析出同一天播种的同一种植物却有不同结果的原因，梳理出植物生长与发展的共性规律，形成对植物生长与发展的新认识；同时，可以引导幼儿预测新的或同类植物可能的生长过程。

（4）布置展板，呈现幼儿的探究

展板创设指南

（一）怎么做一块展板

1. 收集文档

*收集相关的过程性作品——记录表、幼儿画的各种画、拼贴画以及幼儿组装、捏的、雕塑的作品的照片，把幼儿记录下的植物生长与发展的画编辑成册。

*收集对话。记录老师与幼儿或幼儿之间有关科学的对话。快速记录对话，然后打印出来，或直接让幼儿给老师讲讲他做的工作或对一张照片的看法，记录下来。

*汇集探究活动中收集的记录和数据：科学调查表、探究表、一系列的预测列表、描述性的观察记录和提出的新问题等。

*将幼儿进行与科学相关的观察、与生物互动时的情形、使用材料或工具制作的过程等拍摄下来。拍摄时将镜头拉近幼儿的手和脸。老师可以冲印出5寸或6寸的照片，或将数码照片打印成8寸大小（照片应该大到足以使一组幼儿同时观看）。

2. 确定展板的主题

*发现——幼儿在腐烂的木头、砖块、石头或树叶下发现了球潮虫。

*探究——幼儿在附近的公园探究生物。他们在哪些地方寻找？他们看见了什么？

*收集数据——幼儿测量各种枫树树干粗细的数据，或者把许多橡树叶子从大到小进行排序。

*比较——幼儿把在生物养育箱和温室中见过的蜗牛与鼻涕虫进行比较和对照。

*运用工具——幼儿使用手持透镜、笔形电筒和装虫子的盒子来仔细观察。

（二）怎么将展板放在一起

1. 按时间顺序将文档进行排序，沿着展板从左到右排成一条直线，用胶棒、胶水或双面胶将照片贴上去。

2. 在展板上贴一些文本或文字，建议如下：

*和有探究成果在展板上的幼儿进行交谈，把幼儿的一些话作为他们作品的标题；或用他们的话作为说明的文字，贴在他们活动作品的下面。

*增加一些能引导幼儿进行聚焦式探究的问题或挑战性事件。

*给幼儿正在使用的工具加上名称。

3. 给展板加上标题，这样读者能将注意力放在展板的关键信息上，例如：

*用放大镜仔细地观察。

*为蜗牛建一个生物养育箱。

（三）该如何展示这块展板并与家庭分享

*把展板布置到幼儿的视线高度。如果墙面上的空间已经使用完了，可以把一些目前不用的展板放在走廊或其他地方，这样的话家长和老师们也能观看到它们。

*让幼儿与家庭成员一起分享展板。在展板旁边贴上一些会引发对话的相应问题，激发讨论与思考，并且重点关注展板上以科学探究为特征的内容。

*在家长会上分享展板。利用展板来回顾幼儿的科学经验以及幼儿的成长与发展。

2. 动物研究

（1）寻找动物

在户外寻找小动物，首先要做好充分的准备，对幼儿将要探究的户外环境进行安全检查，查看是否有碎玻璃、有毒植物、带刺植物和其他幼儿可能遇到的危险；给幼儿展示一些他们在户外可能会发现的动物图片或书籍。

其次，带上探究的放大镜和铲子等工具鼓励幼儿去仔细寻找小动物。在寻找的过程中，帮助幼儿记录发现这些小动物（如小虫、蚯蚓、蜗牛等）的地点，吸引幼儿注意到特定的动物生长在特定的环境的现象。这样能够为幼儿日后理解动物的栖息环境奠定基础。

最后探究动物之后，鼓励幼儿相互介绍自己发现的动物及发现的地点。启发幼儿思考动物的需求及环境是如何满足动物的需求的。

（2）为小动物建一个家

幼儿应该很高兴把寻找到的小动物带进室内，作为教室中的"短期访客"。拿到教室中的动物应该触摸起来无危险、足够大、移动缓慢（便于幼儿观察）、生命力强（能够在良好的生物养育箱中生长），数量多且易于收集（方便幼儿收集到6~12个该品种的动物）。当幼儿把这些"小客人"带回家，自然而然会面临以下问题：应该把它们放置在哪儿？它们的家应该是什么样的？需要什么材料帮它们建一个它们喜欢的家？要给它们准备什么食物？等等。为了保证"小客人"的健康成长，在给小动物建造家园的过程中，幼儿会边做边思考动物的喜好、动物的栖息环境、动物的生活习性、动物的基本生存需求。这将为幼儿提供一个做中学的机会。

（3）观察、照顾、记录、讨论与思考

幼儿在为小动物们建好了一个能满足它们基本需求的家园后，就能进入仔细观察动物了。观察小动物并知道其身体的各个部位名称、功能及其行为只是第一步，探究动物最重要的目的在于帮助幼儿理解小动物适应环境的方式，理解小动物进食的方式及在进食的过程中身体部位与行为上的变化，理解小动物的繁殖、自我保护的方式、身体各部分在此过程中的功能及变化。

养在室内的小动物可能处于不同的生命周期。有的可能才刚刚出生，有的可能已在生长、发育、变形、繁殖，有的甚至已经死亡，这将为幼儿提供观察与讨论生命周期的机会。在小动物家的旁边准备好各种放大工具、纸、笔，引导幼儿观察并做相应的记录。

首先，幼儿仔细观察小动物身体的各个部位。在观察的同时，幼儿轮流照顾小动物，为小动物提供可以食用的食物，并且观察小动物各个部位在动物运动、进食、自我保护和繁殖等过程中的运动方式及变化；熟悉与探索不同小动物的进食方式、进食的喜好、进食的种类、进食速度的快慢、饱餐一顿进食的总时长、进食的间隔时长与进食过程中身体各部位的变化。观察同一种动物在不同的生命阶段进食的差异、运动方式的差异、身体对环境的需求的变化；不同小动物对水分、对阳光、对居住地环境的需求等。

其次，幼儿根据所观察的动物画出其身体结构图或制作出动物的某个特殊部位模型或用橡皮泥捏出小动物，鼓励幼儿运用绘画、语言、扮演、模型或身体动作等多种形式记录或表达动物身体的不同部位、移动的方式、动物的行为；如果有问题的还可以查看相应的书籍，帮助幼儿更充分地了解小动物的特殊部位及其功能。

再次，与幼儿讨论小动物的身体、行为及这些动物间的相同点和不同点，动物的各个身体部位、动物的行为对动物生存的作用等。比如，你觉得蜗牛的两个触角是用来干什么的？它们是一样的吗？它们有哪些不同？小动物的触角什么时候会伸出来，什么时候会缩回去？什么样的结构才能让触角伸缩自如？触角是软的吗？触角有骨头吗？为什么人类或有些小动物没有触角？触角的功能可能相当于人类的哪个部位及其功能？为什么不同动物的触角的长短不一样？螃蟹是怎样爬行的？它的大钳子是用来干什么的？它的大钳子上有什么特殊的形状、结构，这个是用来干什么的？当它受到攻击时，它是如何保护自己的，如何反击的？螃蟹吃什么？为什么喂养几天后，池子里的螃蟹变少了，它们去哪里了？为什么池子里有螃蟹壳，有断腿，可能发生了什么事情？等等。

最后，随着时间的推移，小动物也在生长与发育中，教师可引导幼儿观察一种或多种小动物的生命周期、观察不同生命周期中动物的身体变化，记录小动物的生命周期，比较各种动物的生命周期及同种动物的生命周期，并把观察到的现象如蝴蝶、蚕、青蛙的每个生长阶段进行表演、表现、排序与讨论，为幼儿理解生命周期现象奠定基础。

在聚焦性研究过程中，还可以邀请动植物达人（如自然学家、自然爱好者、自然协会会员、自然博物馆的工作人员、研究动植物的学者、园艺工作者、动物饲养者、鸟类观察者等）来幼儿园介绍或带幼儿参观他们是如何照顾不同植物、不同小动物的，分享他们在动植物生长过程中照养的技能、技巧、经验；幼儿也可以针对自己观察中出现的问题与动植物达人进行交流与讨论，使幼儿更进一步地了解所观察的对象。教师还可以收集大量已出版的有关自然主题的书籍和影像资料支持幼儿的探究。为幼儿探究自然提供的书籍和影像资料必须是科学准确、信息丰富、引人入胜、简单易懂且不含广告的，或能提供信息和知识的，或能给幼儿启发的，或能激发幼儿进一步探究的。教师可以事先选择与主题相关的视频让幼儿观看，通过提问帮助幼儿思考所看到的内容，鼓励幼儿将视频中的内容与自己的体验进行比较；多次播放同一个视频，引导幼儿观看不同的细节，激发幼儿发现新的问题，开启新的探究历程。

[案例]
蚯蚓

(四) 生命科学探究活动的案例

案例 4-2

棉花躲猫猫

"棉花躲猫猫"活动脉络图：

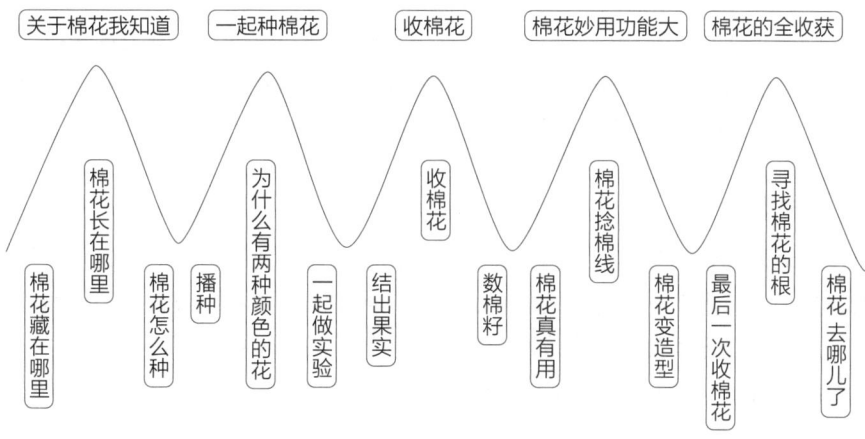

"棉花躲猫猫"关键经验结构图：

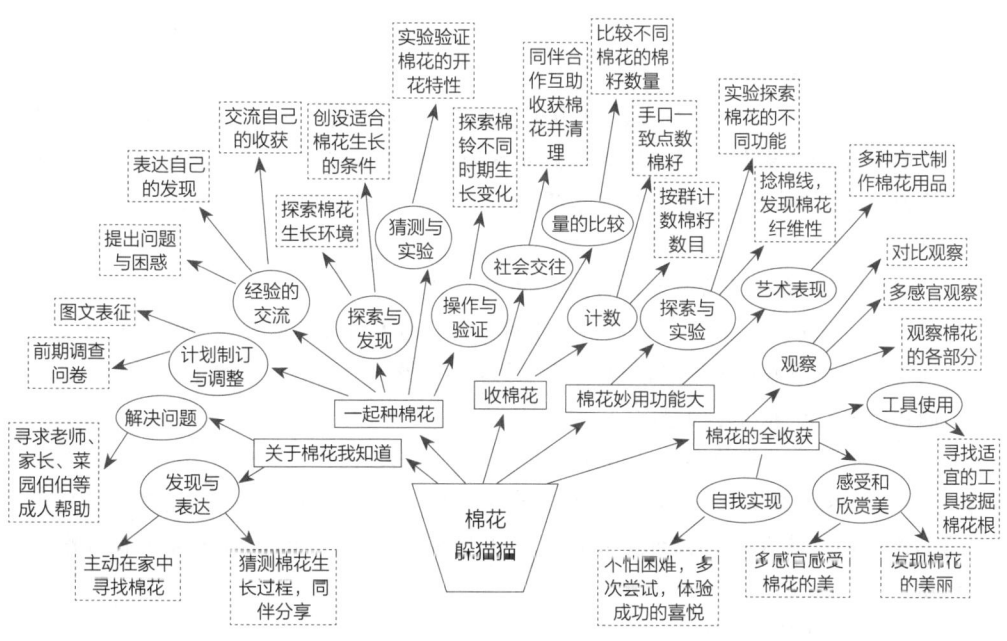

（案例来源：南京市香山路幼儿园陈贻莉，蔡婷婷，孔小凤，李芬设计的"棉花躲猫猫"。）

第三节 物质科学探究活动的设计与指导

物质科学主要是引导幼儿在探究材料与现象的操作和游戏中感知物体与材料的性质、物体的位置和运动、声光电磁热等物理现象。下面我们将主要从活动准备、活动设计与指导两个方面展示物质科学探究活动的组织思路。

一、活动准备

为了更好地推动幼儿的探究活动，教师首先需要做好知识储备，努力挖掘蕴含在物质或探究活动中的科学概念，有助于教师更好地准备物质环境，并思考支持幼儿进行物质探究的常规和计划。下面以探究"水"为例，开展活动准备。

（一）经验准备

由于大家每天都要接触到水，因此教师可以在水池边，使用不同的工具材料移动、控制水，仔细观察水滴黏附在不同物体的表面，关注气泡和水的关系，或者折一只船放在水中观察船的行进过程，充分体验水，形成对水的基本理解（具体见拓展阅读"水"的核心科学概念的相关参考资料），为幼儿探索水及水的许多有趣属性做准备。

> **拓展阅读**
>
> **"水"的核心科学概念的相关参考资料**
>
> ①水的属性：水的流动性。
>
> *水的运动一般称为流动，水由于重力作用向下流动。这可以通过生活中很多现象观察到，例如，河水从高处流向低处；雨滴从窗户玻璃上流下来；雨水从天空向下落，水流向排水沟和下水管道；倒水从上往下倒，水总流向处于低处的容器。
>
> *当施加的作用力大于水向下的重力时，水可以被迫向上流动。例如，当人通过推压可以使水从滴管或注射器中向上喷出来；当人挤压和松开玻璃喷管或滴管上方的空心球时或吮吸吸管时，空气压力也会推动水向上流动（被吸进管中）。水流动的快慢取决于作用力的强弱。
>
> ②水的属性：水的形状由其所在的容器形状决定。
>
> *无论水是在杯子里、罐子里、管子里、碗里，还是游泳池里或湖里，水的表面都是平的，除非被其他什么东西扰动（如风或摇动）。水可以充满容器的各个部分。
>
> ③水的属性：聚合性。
>
> *水分子会黏聚在一起。当水量很小时，水的这一属性促使它形成水滴。这也

是水"表面张力"的来源,让水表面如一层"皮肤"。这样,一些昆虫可以快速地在一个池塘或水坑的水面上穿行。如果已向玻璃杯里倒满了水,还可以继续在上面再加一点儿直到满溢的状态,这也是由于水的表面张力的缘故。

④水的属性:黏附性。

*水能黏附于其他物体上。水的黏附性强弱取决于黏附物。水不能很好地黏附在蜡纸上,因此蜡纸上的水滴会非常圆。但水可以很好地黏附于纸巾或报纸上,因此水滴会散开。水的这一属性会使物体变湿。

⑤水中物体的属性:物体会下沉,漂浮或悬浮在水中。

*一个实心物体放入水里是漂浮、悬浮还是下沉,这与物体密度和水密度的关系有关。密度是物体单位体积的质量,或是单位体积的重量。一些物体在某种形状时可能会在水中下沉,如果改变其形状,它又会漂浮起来。例如,陶泥球在水中会下沉,而如果把同样多的淘泥做成船的形状,它又会浮起来。陶泥球的密度比水的密度大,因此会下沉,但是制作船,虽然用了同样多的陶泥(重量一样),但它的形体变大了(体积增大)。这时它的密度小于水的密度,就会浮起来。因此,一艘远洋轮船即使是用铁做的,也能漂浮在水上。如果人们将这个远洋轮船含有的所有的铁取出,然后做成一个实心铁球,它肯定会下沉。除了形状还有其他因素可以决定物体在水中的沉浮。例如,一些材料像聚苯乙烯泡沫塑料或许多品种的木材,无论它们是怎样的形状,其密度都比水小。还有,当一些物体无法保持好平衡时也会下沉,因为它们倾斜时水灌进去了。

⑥空气在水中的表现:空气占用空间并且气泡会漂向水的表面。

*水和空气都会占用空间。水为了能进入"空"的杯子、漏斗、塑料软管或玻璃喷管,必须占用原来空气所占用的空间。当向一个杯子倒水时,空气很容易就被水取代了。但如果想要把杯子开口朝下放到水下面,必须倾斜杯子让空气跑出去,才能让水进来。人们可以看到有气泡跑出来。由于空气密度小于水,这些气泡将会很快浮向水的表面并破裂。有时,在试着向底部封闭的很细窄的管里装水时,如果管里的空气来不及从上面跑出来,水也就不能进入管里了。

(二)材料准备

材料准备主要包括探究物体现象所需要的工具及丰富幼儿对该物体认识的相关书籍。为了充分激发幼儿的探索欲和好奇心,尽可能多地收集幼儿探索该物体的材料,下面以"水"为例。

1. 工具材料

①一个方便幼儿自由玩水的水池或玩水工作台;

②不同大小、深度的透明塑料盆、水桶或其他容器;

③用来装水、倒水的透明塑料容器(每名幼儿至少2个);

④各种不同形状和大小的容器(高而窄、高而宽、短而窄、短而宽等),正方形、长方

形、圆形容器和一些有刻度的容器；

⑤大小不一样的玻璃胶头吸管或滴管、不同长短或粗细的透明塑料软管、透明塑料漏斗，漏斗的导管口应该可以套入至少一种尺寸的透明塑料软管内；

⑥塑料软管接头，T型和Y型接头；废旧透明塑料按压泵，如洗水液、淋浴露、化妆用品上使用的按压喷头；

⑦可以用来探究水滴的平面材料，如蜡纸、铝箔纸、糖纸、包装纸、其他纸张、布片类织物边角料等；

⑧可以用来探究水的沉浮不同材质的材料，如不同种类的纸、不同大小宽窄的木片、石头、不同形状的叶子、不同面积的塑料、泡沫、不同大小的瓶子、不同形状的超轻黏土、羽毛、海绵、报纸、小手帕、铁制材料、制作小船的材料等；

⑨长袖防水工作服、毛巾、拖把等清洁工具。

2. 书籍材料

①与水、管道、河流、海洋、瀑布及船有关的书籍；

②选择书中有呈现或对水的物理属性提出问题的书籍，如关于水的流动、水的形状随着容器而变化、物体在水中的沉与浮、水滴与气泡等话题；

③提供与幼儿生活中不常见的有关瀑布、船、急水险流或喷泉的大海报或旧日历等清晰的照片。

（三）环境准备

当有了一定的材料，教师还要与幼儿一起讨论有关该物质探究的基本操作规则或材料使用规则，特别是材料使用的安全注意事项；空间设置要合理，保证幼儿在操作过程中相互之间不受打扰，材料摆放高度合适，便于幼儿取放；同时，教师要努力营造一种自由轻松、幼儿敢于主动探究的心理氛围。

二、物质科学探究活动的设计及指导

在幼儿探究物质世界时，他们总会试图弄清楚所见和所做的事情。他们开始建构有关事物的原始概念，包括为什么事物是这样的，为什么它们会以这样的方式运作，它们彼此之间有什么联系等。随着经验的丰富和思维能力的增强，他们的观念和想法逐渐趋于理性，越发接近于对科学的正确理解。对幼儿来说，令人兴奋的科学经验并不是偶然发生的。在探究过程中，教师的一个重要任务就是确保幼儿有关科学的游戏和想法可以受到关注、深化和挑战。

（一）物质科学探究的设计的基本流程

下面仍以"水"为例，展示物质科学探究的基本流程（见表4-3）及探究的核心关键概念（见表4-4）。

表 4-3 "水"的科学探究过程

科学探究操作流程	幼儿探究"水"的行为
参与、注意、好奇、提问：使用不同材料进行开放式水探究；提出引导行动的问题	* 试图探索水，愿意去水池或其他水探索角 * 持续探索水，例如，用不同的方式使用不同材料试图更多地了解水 * 使用各种不同的材料尝试不同的水的游戏活动
开始探究、调查：参与简单的调查来拓展观察内容、验证假设以及探寻问题的答案	* 探索水和材料，好像在问"如果我试试这个，会发生什么呢？" * 试图找到一些回答具体问题的方法，如"我能像用喷管一样用滴管喷水吗？" * 设计简单的探索研究，如"我把软管套在喷管末端，能否做一个长喷管？"
收集数据：运用感官、各种工具和简单的测量工具来收集数据	* 使用视觉和触觉收集关于水的信息 * 尝试简单测量，例如，比较不同容器中的水量；用非标准测量，例如，这个里面的水比较高，所以水更多 * 用适合的方法使用材料和容器，例如，可以很舒适、适当地使用一个喷管或漏斗
记录和表征经验：通过多种方式描述与记录经验与信息，包括画画与捏塑或模型制作的方式、图表以及肢体动作	* 尝试使用简单的线条画出探究水的材料 * 通过多元的表征方式来表现探究水的材料的特征 * 在他们的表征中开始关注水的运动，用箭头来表示水流动的方向
反思经验：探究各种经验的规律与关系；根据经验做出合理的预测，解释和概括	* 当描述、比较和讨论水时会提取已有经验，如"我在浴盆里玩水。" * 基于观察和前期的经验数据进行预测和解释，如"如果你挤压它，水会喷出来。" * 将来自不同探究中的观察结果和数据联系起来，识别其中的规律和关系，给出结论，例如，每次水一进来，船就沉了
用语言交流发现：发展幼儿的词汇以及交流观察结果与想法的能力	* 回答有关水以及探究材料的直接问题 * 对他们有关水的经验进行较多的细节描述以及表达较多的想法 * 提到不同材料的不同特点并解释当时为什么使用它们
与小组分享、讨论和反思：分享材料、任务和观点，在共同调查中合作	* 独自探索水或和他人一起探索水 * 和小组一起探索水 * 在小组中进行计划、协商和有关水的讨论

表 4-4 围绕核心关键概念开展的"水"探究

水的核心关键概念	幼儿的探究行为
水以特定方式运动：表现出逐渐了解水如何移动或流动；表现出逐渐了解水通常向下流，但是在某种情况下，可以让水向上或向旁边流动（如使用喷管或水泵时）	* 预测水通常会向下流动，并且容易溅出来 * 了解水可以从许多材料内部流过，包括细的和粗的软管和漏斗 * 认识到当给水施加压力时（如挤压或使用水泵），水可以向上或向旁边流动 * 认识到水滴和较大量的水具有同样的一些特点（如除非用滴管喷，它们通常都向下移动）

续表

水的核心关键概念	幼儿的探究行为
水的形状由容器决定：逐渐了解水在不同的容器中呈现不同的形状	* 注意到水必须装在容器内（如幼儿反复从一个容器向另一容器倒水） * 开始注意到各种不同的容器都可以用来装水（如瓶子、瓶盖和管子） * 开始了解有孔的容器可以在短时间里装水，这取决孔的大小和位置
水的属性——黏附性和聚合性：逐渐了解很少的水也可以形成小水流和水滴（聚合性）以及水在不同的物体表面有不同的表现（黏附性）	* 开始了解水有许多不同的属性（如会从容器里溢出来、洒出来、滴出来或溅出来） * 开始注意到任何大小的水滴看起来都是圆形的，并且当人们推动或在某物体表面上拖动它们时，它们通常都会回到圆形的形状 * 当制作不同大小的水滴和观察水滴在不同情况下有怎样的形态时，变得更加仔细（如尽量做出非常小的水滴，关注水滴在不同物体表面上的不同形状）
物体在水中会下沉、漂浮或悬浮：逐渐了解，物体放入水中后，一些东西会一直待在水面上（漂浮），而有些会朝水下移动，沉入水底或保持悬浮。认识到漂浮和下沉的物体具有某些特征	* 注意到在水桌上玩的物体，有些漂浮在水面而有些物体会下沉 * 注意到那些下沉或漂浮的材料，即使让它们一直留在水里，通常仍会保持下沉或漂浮的状态 * 了解下沉或漂浮的物体每次放入水中时将总是会下沉或漂浮
空气占有空间并会漂向水面：表现出逐渐了解在某种情况下会看到气泡，气泡会在水里移动	* 注意到倒水、使用喷管或水泵时，水里会有气泡 * 注意到气泡似乎总是出现，可以经常被预料到 * 了解水通常可以充满"空"的空间，但是在一些情况下，它不能充满

（二）物质科学探究活动的案例

案例 4-3

水的探索

幼儿园的老师注意到，在每天的自由活动时间，班里的几名幼儿好像特别喜欢在玩水区玩耍。为了拓展他们有关水的经验，该老师积极回应了幼儿玩水的兴趣。她认为这个兴趣可以从长期探索水的一些直观属性开始，她先找出了幼儿可以掌握的几个概念，在接下来的两周里，除了投放各种用来倒水和装水的容器，她还在玩水区添加了一些针对水的属性而仔细挑选的新材料，如透明的塑料漏斗、用于探索水向下流动的透明塑料软管，以及可以挤出空气泡泡或推动水向不同方向流动的玻璃喷管。她准备了专门讲水的物理属性方面的书籍。书里含有大量有关水的图片和特写照片。当幼儿在玩水区探索时，她会给大家拍照片，并鼓励他们在第二天的小组活动中谈谈自己关于水的体验。老师会使用照片帮助幼儿回忆他们做过的事。随着幼儿对水的持续探索和讨论，她帮助幼儿在玩水区构建更复杂的活动体系。她在教室增设了一个水探索角，让更多的幼儿可以探索水是如何细细地流动的。她提供的眼药滴管可以让幼儿注意到水滴出来是有形状的。

在一个下雨天，老师带领全班幼儿到外面去寻找可以观察水的地点，看水是怎样从屋顶流下或从管子里流出来的，看水在哪里汇聚成水洼，还有在哪里会被吸入地下。在这个过程中她鼓励幼儿把在室外所观察到的现象与他们在教室里的经验联系起来。在整个探索过程中，老师鼓励幼儿谈论他们注意到了什么，想知道什么，并通过画简图和照片来记录幼儿的经验。

在该案例中，教师立足于幼儿的兴趣，教师将幼儿的注意力集中到水的物理属性上：
*除非有外力作用，否则水会向下流。
*水的形状由容器的形状决定。
*水总会和自身黏在一起。（聚合性）
*水会黏附于其他物体。（黏附性）
*空气会在水里形成气泡并会升到水的表面。

教师界定了一套清晰的科学概念来引导幼儿参与水的活动，鼓励他们自己观察和探索，亲身实践，而不干涉他们自我提问和探究的过程。同时，教师利用室内和户外的经验以及图书，促进幼儿创造性、深入地探索和发展了以下的科学探究技能：
*仔细地观察。
*描述所看到的东西。
*提出问题。
*调查。
*表现事物和想法。
*讨论。

（案例来源：英格里德·查鲁福，等，著，田丽丽，译. 与幼儿一起探索水。）

案例4-4

影子

1. 经验的回忆

请幼儿结合已有经验说一说、画一画影子，以及影子与自己的关系。教师了解幼儿对影子的已有认识。

2.自主探索,感知影子

幼儿通过观察、实验、操作及自主探索,丰富对影子的经验,发现影子与自己的关系、影子的特征及影子与光之间的关系,理解影子产生的条件,自我建构对影子的新认识。

(1)影子与画中的不一样,影子是躺在地上的。

(2)影子总是与脚连在一起。

(3)影子不与脚相连,就与手相连。

（4）我们跳起来试试，可一会儿就掉下来了。

（5）三个人的影子一个头六只手。

（6）躺下来，影子不见了；在太阳底下才有影子；灯光下也有影子。

（7）影子与我们捉迷藏，有的影子在前面，而有的影子在后面，有的在旁边。

（8）影子变变变，有的变大了，有的变长了。

（9）不仅人有影子，其他物体也有影子。

植物有影子　　　　　　攀登架有影子　　　　　　呼啦圈有影子

（10）画影子。

3. 玩影子

通过玩影子让幼儿直观地了解影子在人们生活中的运用，理解影子形成的基本原理。

4. 分享、交流、表征，形成对影子的科学认识

探究影子过后，请幼儿通过谈一谈、说一说、画一画等多元的方式进行表征，主动建构，形成幼儿对影子的新认识。

案例分析：

上述"水"与"影子"的两个案例基本能够让所有3~5岁幼儿都能够成功地进行丰富而深入的科学探究活动。这个科学学习的内容源于幼儿自身的经验，这些内容非常有趣，能吸引幼儿主动探究，幼儿也可以长时间直接而深入地进行探究。教师对幼儿的期望具有可行性，符合个体幼儿的能力、兴趣和需求，难度也适宜；为了促进幼儿对"水"与"影子"的关键核心概念的发展，教师通过讨论、表达、表征和反思，帮助幼儿从活动中建构理解和形成对"水"与"影子"的关键核心概念的新认识。

第四节　地球与空间科学探究活动的设计与指导

幼儿对地球的物质一直充满了好奇，地球与空间科学主要是引导幼儿通过操作和游戏中感知地球物质的性质、天气和气候、太阳、月亮与星星、地球与人类的活动。因此，对幼儿来说，探究地球和空间科学领域不在于懂得各种深奥的学科知识，而在于结合日常的生活经验，积累关于地球和空间科学的经验。下面将主要从活动准备、活动设计与指导两个方面展示地球与空间科学的活动组织思路。

一、活动准备

1. 教师的知识储备

地球和空间科学的知识涉及地质学、气象学、天文学等多重学科的内容，概念复杂。而

幼儿一线教师及学前教育专业的准教师们有很大一部分高中阶段的学习以文科学习内容为主，他们对地球和空间科学的知识掌握得相对薄弱，因此，幼儿教师们要支持幼儿对地球和空间科学的探究，首先要提升自己对地球和空间科学的兴趣，主动去了解地球和空间科学的相关常识，以满足幼儿简单的好奇好问。

2. 资源储备

幼儿对天气和气候的变化的好奇、对天空的向往不仅仅停留在表面，他们想进一步去感知，而地球和空间科学的知识深奥难懂，不是幼儿教师一朝一夕就能吸收转化的，因此，在引导幼儿探究地球和空间科学过程中，幼儿教师要充分收集与整合各种资源，通过直观、具体、形象的图片资源（绘本和图片）、视频等电子资源，由相关的领域专家采用浅显易懂的方式带领幼儿畅享地球和空间科学世界。

（1）相关绘本

教师可以根据幼儿的兴趣适时提供相关的地球与空间科学的科普绘本，满足幼儿的探究欲望。例如：北京大学地球与空间科学学院焦教授主编的《去太空》系列科普绘本，分别为《太阳与地球》《探索月球的故事》《类地行星大不同》的科普绘本；其他幼儿感兴趣的绘本，如《宇宙和地球》《天气有预报》《不一样的二十四节气》等。让幼儿感知天气变化、四季的轮回，感知地球的物质（如沙、石、土、水），感知太阳、月亮与星星的活动。

（2）电子资源

电子资源通过动态的画面可以更好地帮助幼儿理解深奥难懂的地球与空间科学现象，引导幼儿感知沙、石、土、水与人类的关系，太阳、月亮与星星的活动等。例如，针对太空，教师可以收集神舟十三号飞船航天员团队在"天宫课堂"开展的系列实验引领幼儿感知太空的奇妙。

（3）博物馆资源

博物馆，特别是天文馆为大众提供了多角度走近地球与空间科学的平台。馆中不仅有大量的直观图示、趣味的活动，而且可以通过实验操作帮助幼儿亲身体验与感悟，同时，又有专业人士用通俗易懂的语言来进行讲解。疫情期间，很多博物馆都开放了网上博物馆，博物馆以其直观性、参与性、趣味性、角色游戏化的活动吸引幼儿主动参与、体验与操作。这种场景式、体验式、沉浸式的学习方式缩短了幼儿和地球与空间科学的距离，教师有必要收集一批关于地球与空间科学的博物馆资源，并对其进行筛选，挑选出适合幼儿的参观与体验的活动，为幼儿积累关于地球和空间科学的经验。教师也可以把相应的博物馆资源推荐给家长，由家长带领幼儿周期性地深入博物馆，满足幼儿个性化及差异化的需求，助长其探究的欲望。

二、地球与空间科学探究活动的设计与指导

地球和空间科学的知识深奥难懂，幼儿园的任务重在养成幼儿对地球与空间科学中的现象的兴趣与求知欲，培养他们积极观察与描述的能力以及根据观察结果进行简单的解释说明的能力。教师的职责就是鼓励幼儿说出和画出他们的所见、所闻和所想，中大班幼儿应引导其学会简单地记录、使用简单仪器并记录他们的观察结果和测量结果的习惯。

（一）地球与空间科学探究的设计基本流程

下面以"天气"为例，展示地球与空间科学探究的基本流程（见表4-5）。

表4-5 "天气"的科学探究过程

科学探究操作流程	幼儿的探究"天气"的行为
参与、注意、好奇、提问：能积极关注天气，并能提出与天气有关的问题	* 注意到晴天、雨天的不同，能简单说出今天是晴天还是雨天 * 感知和体会天气是会变化的，能说出除晴天、雨天以外的常见天气 * 能就天气的变化提出自己的疑问并说出自己对天气的简单想法
开始探究、调查：参与简单的调查来拓展观察内容、验证假设以及探寻问题的答案	* 观察和感受不同情形下风的不同及小雨和大雨等的不同 * 观察空中的云及其运动和变化，特别是不同天气时云的变化 * 观察和探索冬天常见的天气现象——冰、雪、雾、霜等，夏天常见的天气现象——雷雨、彩虹等 * 认识四季的名称，观察其变化，感受并了解各个季节的典型特征，包括常见的天气、气温的变化，人类生活及动植物的变化等 * 设计简单的观察天气的活动
收集数据：运用感官、各种工具和简单的测量工具来收集数据	* 使用视觉收集不同天气的信息。能观察并记录晴天、阴天、雨天等不同的天气现象 * 尝试用简单工具记录不同季节的天气，通过采用温度计记录、感知一年四季的天气及温度的变化
记录和表征经验：通过多种方式描述与记录经验与信息，包括天气记录表、画画与图表以及肢体动作	* 尝试使用简单的线条画出基本的天气 * 通过多元的表征方式来表现天气的变化特征 * 开始关注天气的变化，用不同的符号或图像来表示不同的天气
反思经验：探究各种经验的规律与关系；根据经验做出合理的预测，解释和概括	* 能说出不同季节的天气情况，如春天的天气 * 基于观察和前期的经验数据进行预测和解释，如乌云密布，要下大雨了 * 将来自不同探究中的观察结果数据联系起来，识别其中的规律和关系，给出结论。例如，一年四季天气的变化及天气变化的原因，初步了解季节变换和人类、动植物的关系，人如何适应季节变化等
用语言交流发现：发展幼儿的关于天气变化的词汇以及交流观察结果与想法的能力	* 回答有关天气的直接问题，能使用常见的表示天气的词汇（如晴、雨、雪） * 对他们有关天气的经验进行较多的细节描述以及表达较多的想法 * 用不同的材料验证天气并解释当时为什么使用它们
和小组分享、讨论和反思：分享材料、任务和观点，在共同调查中合作	* 独自一人或与其他人一起观察记录每日天气 * 和小组一起探索天气、四季变换的规律 * 在小组中进行计划、协商和有关天气的讨论

（二）地球与空间科学探究活动的案例

案例 4-5

我居住的地球

1. 地球，我知道

（1）地球上有什么？

a. 请幼儿结合已有经验说一说地球上有什么，如山、江河湖海、动物、植物等。说一说这些物质与我们人类有什么关系？

b. 请幼儿在地球仪上再找一找，看他们还发现了什么？

（2）地球里面是什么样的？

a. 猜一猜。请幼儿结合已有的经验猜一猜地下可能是什么样的？

b. 探一探。有条件的可以到建筑工地去看已挖开的地方或泥土，实地看看、捏捏、翻翻地面的土与挖出来的土的差异，或观看挖井、采油的视频，思考地上与地下有什么不一样吗？

c. 看一看。教师提供有关地球内部结构的绘本或视频让幼儿阅读与观看，简单了解地球的内部结构。

d. 想一想。看完后与幼儿一起讨论地球的内部到底是什么样的；教师可以给每一个幼儿分发一个带壳的熟鸡蛋，让幼儿拨开后切开一小块来看看鸡蛋的内部结构，请幼儿把鸡蛋的内部结构与刚才看的地球结构之间建立联系，发现共性，形象地感知地球的内部结构。

e. 做一做。在对地球的内部结构有了初步的感知的基础上，提供材料让幼儿DIY地球模型。

材料： 超轻黏土（黄色、红色、绿色、蓝色、白色、棕色）、小刀。

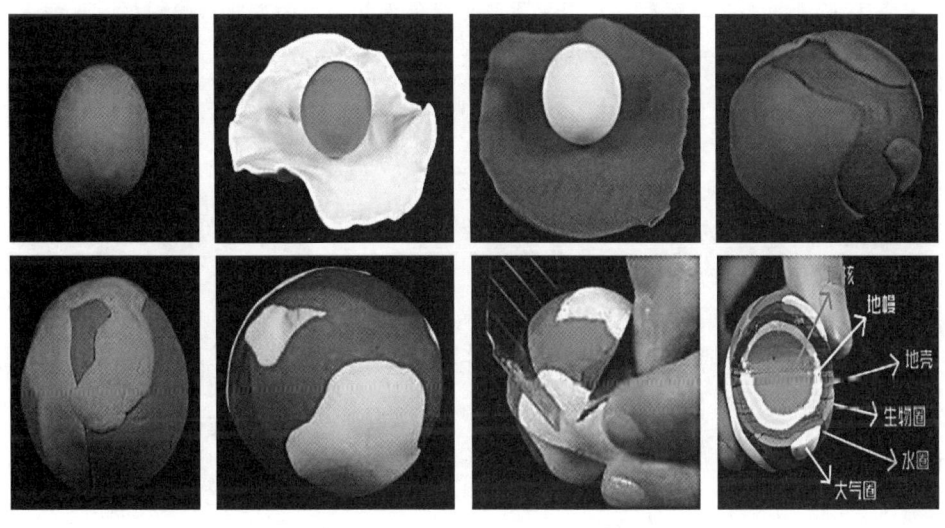

地球模型制作步骤：

第一步：用红色超轻黏土搓成一个圆球，这是地球的地核；

第二步：用黄色黏土搓成球后压扁捏成圆饼状，将地核放在中心，用黄色黏土包裹住搓成球状制成地幔；

第三步：取棕色黏土按照一样的步骤搓成球，制成地壳；

第四步：在地壳外用不规则的蓝色黏土包住，制成水圈；

第五步：用绿色黏土补充，制成生物圈；

第六步：贴上白色黏土，制成大气圈；

第七步：用小刀小心切开地球，观察地球的内部结构。

2. 地球，转转转

（1）地球的转动。看着地球仪的转动说一说地球的转动可能会带来地球什么样的变化？（太阳的东升西落、早晨与夜晚、四季的变换、气温的变化等。）

（2）模拟小实验：地球小转动。

a. 幼儿自我检测自己的推测：地球的转动，给我们的生活带来的变化。

材料：地球仪一个、手电筒一个。

步骤：首先，请幼儿在地球仪上找到各自所在地球仪上的大概位置并进行标注；其次，把房间光线调暗，请其中一名幼儿拿着手电筒对着地球仪照，让幼儿思考手电筒此时的作用，帮助幼儿理解太阳与地球的位置关系；然后，手持电筒的幼儿打开手电筒对着地球仪上所标注的位置进行照射，其他幼儿认真观察照射的区间的变化，再请另一名幼儿轻轻转动地球仪，地球转动后，标注点所处的位置又发生了怎么样的变化？最后，请幼儿说说自己的发现，讨论地球的转动与我们生活的关系，帮助幼儿具象地感知太阳的东升西落、早晨与夜晚、气温的变化等。

b. 开始两个游戏。

游戏一：早晚转转转。

目标：感知早晨与夜晚，认识白天与黑夜，感知一天的变化；能根据一日的变化调整自己的行为，做出恰当的反应（天亮了，起床了；天黑了，睡觉了等）。

步骤：第一，教师布置好场地。第二，一名幼儿站在圈中央扮演太阳，举着发光的手电筒，当手持手电筒的幼儿对准某个幼儿时，四个方向的幼儿要做出相应的行为：如站在A点的幼儿，太阳直照，可以做白天上午、中午相关的活动；站B点的幼儿，太阳斜照，可以做下午、傍晚相关的活动；站C/D点的幼儿，太阳没有照射到，可以做晚上相关的活动。第三，随着幼儿拿着的手电筒的光源的变化，其他幼儿做出相应的调整与恰当的回应。

游戏二：四季转转转。

目标：感知四季变换；能根据四季的变换调整自己的行为，做出恰当的回应。

步骤：第一，教师布置好场地。第二，一名幼儿扮演太阳，举着发光的手电筒，当太阳直对A点时，在这个方向的幼儿要以自己喜欢的方式表征出春天，可说、画、表演出春天的景象（如植物、动物、天气的变化等）或人类的活动；当太阳直对B/C/D点时，在这些方向的幼儿同样要表征出夏天/秋天/冬天的景象或人类的活动。

3. 地球，我爱你

①阅读与讨论：绘本《如果地球被我们吃掉了》。

②我是地球小卫士：说一说，我能为地球做什么？

a. 垃圾分类。我不乱扔垃圾，我会垃圾分类，我也会生活垃圾再利用。

b. 节约用水、用电，节约纸张、不浪费粮食。例如：用水开小水流、白天不开灯、用完电器拔插销、用洗澡水拖地、用洗菜水浇花；不剩饭、光盘行动，外出吃饭会打包；白纸会正反两面用，没用的纸会回收等。

c. 种花种树，爱护花草树木，保护小动物。

d. 水的净化。

实验一：

准备材料：两个杯子，土，水，木棍。

过程：一个杯子装土，装水，搅拌均匀，纸巾连接两个杯子，等待。

原理：毛细现象，水在接触纸后会在纸纤维间的小缝隙里活动，泥沙不能被吸附，所以滴到空杯子的水是干净的。

实验二：

准备材料：杯子、土、水、木棍、纸巾、纱布、棉花、毛巾、漏斗等。

过程：首先，一个杯子装土，装水，搅拌均匀；然后尝试利用收集的各种材料对水进行净化实验。

③我是地球宣传员。

a. 对家庭成员、幼儿园工作人员、社区人员进行宣传，保护周围环境。

b. 制作各种保护地球的标志，如爱护花、草、树的标志，不抽烟、不乱扔垃圾、不砍伐树木的标志等放置在幼儿园内或社区里。

📖 案例 4-6

天气

（一）"风"的探究

1. 说一说

请幼儿结合个人经验说一说他们所知道的风，风是什么样的，在哪里可以找到风？

2. 看一看

通过教师精心准备的生活照片，唤醒幼儿对风的已有认知，激发幼儿敢于说出自己的发现及指出或说出为什么会有这样的变化，进一步理解风就在人们的身边。风的出现形式是多种多样的。在绘本《你能看到风》里，教师使用引人注目的照片和简单的文字展示了人们能看到风的所有方式。奇妙的风向幼儿展示了风能做什么——从转动风车到风力发电；绘本《风到哪里去了》以写实的方式，呈现了孩子的一段"成长经验"。通过孩子和妈妈之间的一问一答，帮助孩子了解自然界永无休止的循环规律。

你看到风了吗？

谁让船帆扬起来了？

谁让丝带在空中飘舞？

谁把风车带动了？

谁把衣服吹干了？

谁让风铃奏起美妙的音乐？

谁卷起了尘土？

谁吹得我的鼻子痒痒的？

谁带动了风力发电机？

3. 找一找，说一说

导引幼儿向外面看看，"看看窗外，告诉老师是否有风？""你怎么知道的？"请幼儿说一说理由。

4. 演一演

请幼儿想一想风中的树是什么感觉。在平静的日子里，让每个幼儿都站起来，假装成一棵树，演一演树是什么样的？在刮大风的时候，树又是什么样的？当教师改变风的方向时，树又有什么变化？

5. 做一做

①准备材料。每一个幼儿都准备一张白色的卡纸、四段长度一样长的双面胶、两条彩带、一盒蜡笔、一根儿童扭扭棒毛根绒条。

②将每张贴纸从纸上剥下来，贴在桌子或桌子的边缘，如同下图；把贴纸的一端贴在桌子上，这样很容易再次拿起贴纸；把准备好的白色卡纸对折，小心地把角落排成一行，再用手指抚摸褶皱，确保确实折叠好了；最后展开它。

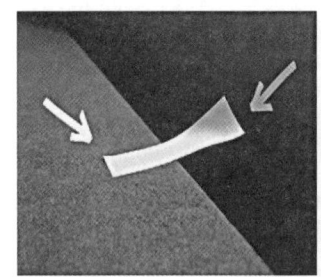  

③将彩带绕在手指上，找到末端并将其拉平；将彩带放在桌上，同样把另一条彩带放好；找到一条彩带折叠端，将折叠的一端放在卡纸的折叠处，用贴纸把它贴好，如同下图；另一条彩带同样用贴纸将其固定到位。

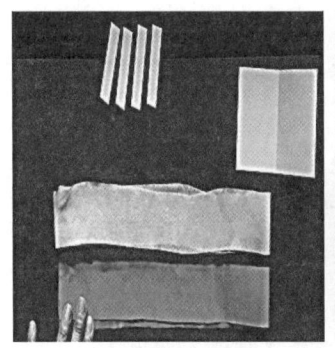 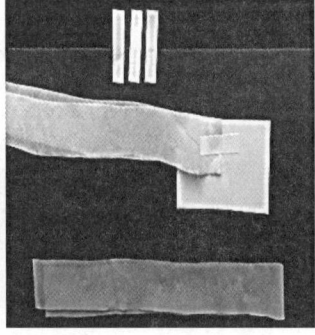 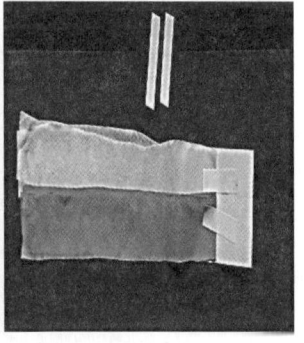

④让儿童扭扭棒毛根绒条端部不再锋利。在扭扭棒的两侧末端取一点，两侧都向里面折叠一小段，保证两侧端部不再锋利；把折好的扭扭棒放在卡片上，如下图

折叠卡片,将折好的扭扭棒放在卡纸的里面;单手紧握卡片,将贴纸的一端粘贴到卡片上;把卡片翻过来,像下图这样把贴纸折叠起来。对另一个贴纸重复上述操作。

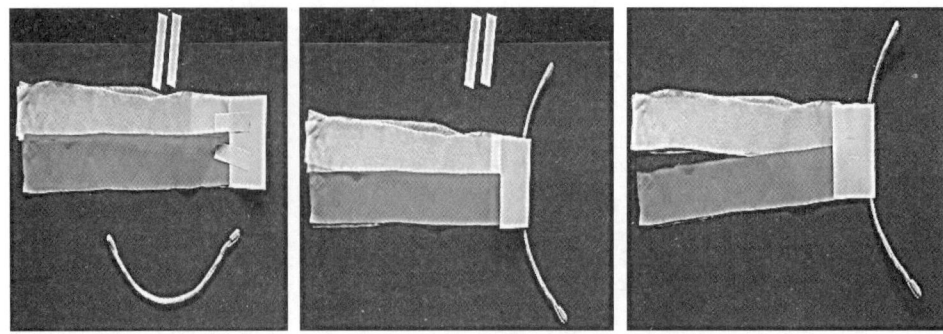

⑤使扭扭棒的两端部形成"X"。将"X"的一只手臂绕"X"的另一只手臂三次,如同下图。把老师的名字写在白卡纸的一边。在另一边,画上老师喜欢的任何物体。

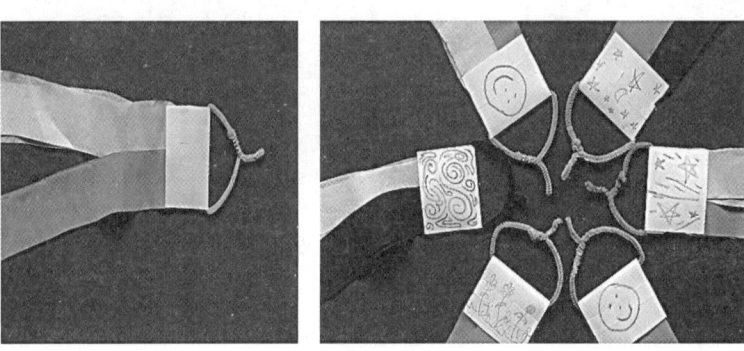

⑥拿起制作好的彩带条。首先,假装现在是微风,轻轻地吹向彩带条,观察微风下彩带条的运动轨迹;然后,再假装现在是大风,大口大口地吹向彩带条。观察大风下彩带条的运动轨迹。

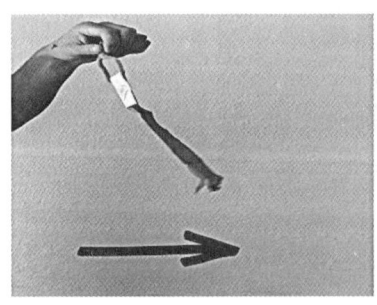
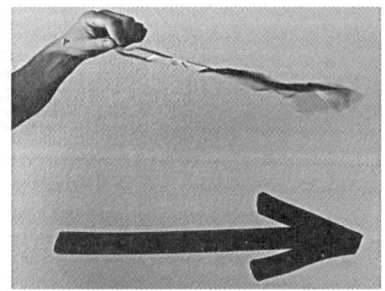

⑦请幼儿观察制作好的彩带条的运动,分辨不同风力吹出来的效果,让幼儿说出风力有多大?同时讨论:轻轻吹与重重吹之间的关系。

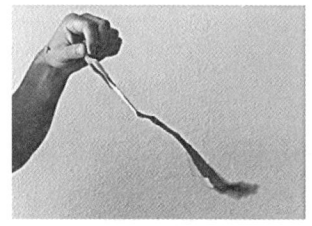 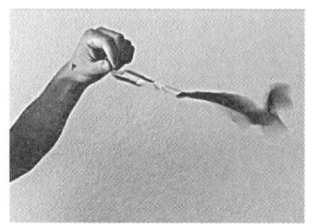

⑧把制作好的彩带条挂在幼儿园教室外面的树上(幼儿透过窗户就能看到的地方);然后让幼儿看看外面的风,推测风力有多大,并说出猜测的理由。

(二)"雨"的探究

1. 讨论

"小朋友们,这就是暴风雨来临时天空的样子。你注意到了什么?"

晴天变雨天的天空变化图

2. 多感官感知

"你怎么知道将要下雨了？下雨时周围环境有什么变化？"

3. 制作

雷雨之后，在水桌处增加各式的喷洒瓶，另外在户外也可增加一些水管、喷嘴和洒水器，让幼儿可以假装去制造他们自己的暴风雨。

4. 表演

教师在探索区增加一些制造声音的材料，让幼儿可以将最近发生的雷雨"原音重现"。在娃娃家放一些雨衣、雨靴、雨帽和雨伞；在音乐区放一些闪光灯、鼓和其他可制造噪声的乐器，让幼儿可以假装去制造他们自己的闪电和雷声；在图书区放一些相关的绘本，如《雨》《雷声轰隆隆》，幼儿可以读着相关的故事并欣赏雨和雷雨的图片。

例如，正在户外时间要开始时，一阵大雷雨开始了。关掉灯之后教室就突然变黑了。雷声隆隆，闪电不断，倾盆大雨打在玻璃门上。一些幼儿聚在图书角，另一些幼儿跟着老师站在窗口往外看。有些幼儿留在小组活动的桌子那儿继续他们的活动。

欢欢在娃娃家拿着玩具电话筒，拨了些号码然后说："妈妈，你最好赶快来接我。"她到门口等了几分钟之后又跑回来拨电话："119，快来接我，这里有暴风雨。"最后，她抱着娃娃坐在图书区的抱枕上小声地哭了起来。几分钟之后，林林用手搭着欢欢说："别担心，天使们在野餐，他们正在滚动啤酒木桶玩儿。"

（三）"天气"的探究

1. 关注天气并集体记录每天的天气

①让幼儿轮流担任"天气预报员"并要求气象小记者每天都能描述当天的天气，是下雨还是干燥？是温暖还是寒冷？是有风还是静止？

②创建公告板或记录本，幼儿以自己的方式（如图片等）记录每天的天气。

例如，有一天的户外时间里，迪迪躺在外面的地上看着天空。一位成人站在他附近，听到他说："这些云看起来像棉花糖，可是它们移动得好慢哦！"

2. 讨论

①你注意到的最有趣的天气是什么？

②你会怎么告诉别人天气怎么样？

3. 讨论与分析

（1）观察照片并判断天气

请幼儿观察下面这张照片，说出照片中的天气怎么样。请幼儿说出自己判断天气的依据。教师也可以引导幼儿根据照片的主要天气信息（太阳与小男孩穿的衣服进行判断）。

 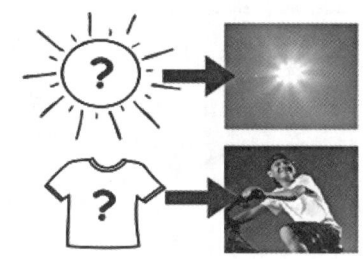

(2) 观察类似照片并判断天气

请幼儿观察下面这张照片，说出照片中的天气是暖和还是寒冷？请幼儿说出自己判断的依据。教师也可以引导幼儿根据照片中的太阳、成人穿的衣服厚与薄、对面的雪山、脚下的枯草等进行判断，帮助幼儿理解虽然都出太阳了，但是天气却不一样，有时是炎热的，而有时却仍然寒冷，让幼儿逐渐明白天气的判断不能仅仅关注有没有出太阳，还需要关注人穿着的衣服的厚与薄、周围的生态环境、植物的生长情况等。

(3) 观察不同天气的照片并判断天气

请幼儿观察下面三张照片，说出照片中的天气情况，并请幼儿说出自己判断的依据。教师也可以引导幼儿根据照片中的太阳、雨、雪、儿童穿的衣服厚与薄、风筝等进行判断，帮助幼儿理解除了有晴天，还有雨天、雪天、有风的天气，让幼儿逐渐明白天气的多元。

（4）记录与表达今天的天气

制定记录表格，让幼儿来到户外，根据上面分析出来的四个主要的特征认真观察今天户外的天气情况，并根据四个特征通过绘画的形式记录下当天的天气并说一说，要求说出每一个特征的具体情况。同时把当天的天气记录保存下来，隔一段时间遇到相似的天气再进行记录，比较天气的变化。

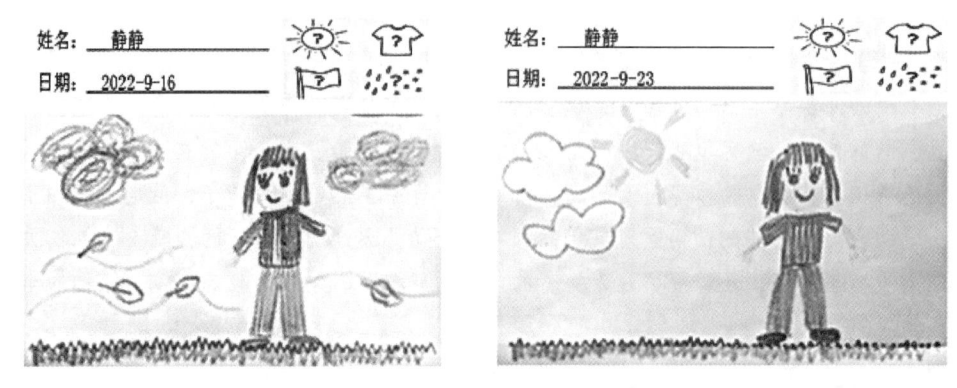

本章小结

本章首先围绕着主题科学探究活动从活动准备、活动设计框架，展示主题科学探究活动的设计与组织思路，并通过呈现相关的案例，帮助学生理解教师在主题科学探究活动中的角色及指导。其次，依次阐述了生命科学探究活动、物质科学探究活动、地球与空间科学探究活动的活动准备、活动设计框架及设计与指导；最后，通过大量的案例引导学生领会与掌握不同主题的学前儿童科学教育活动的设计思路，帮助学生掌握各类科学活动设计与组织的具体方法，形成初步设计与组织科学活动的意识。

关键术语

主题科学探究　生命科学探究　物质科学探究　地球与空间科学探究　活动准备　活动设计框架　关键核心概念

思考题

1. 主题科学探究活动的活动准备应准备什么？
2. 简单说说幼儿探究活动的基本框架。
3. 结合案例"造房子"谈谈主题科学探究活动设计与指导的体会。
4. 设计一个生命科学探究活动方案。
5. 设计一个物质科学探究活动方案。
6. 设计一个地球与空间科学探究活动方案。

☆ 建议的活动

1. 把自己设计的活动方案与幼儿园一线教师进行沟通，分析你的活动方案的可执行性，并抓住见习机会让幼儿开展相关的活动，以修改与调适自己的方案。
2. 观看天宫课堂。
（1）2021年12月9日15时40分"天宫课堂"第一课在中国空间站开讲，神舟十三号飞行乘组航天员翟志刚、王亚平、叶光富在中国空间站进行太空授课。
（2）2022年3月23日15时40分"天宫课堂"第二课在中国空间站开讲，神舟十三号飞行乘组再次进行太空授课。
（3）2022年10月12日15时45分"天宫课堂"第三课在中国空间站开讲，神舟十四号飞行乘组航天员陈冬、刘洋、蔡旭哲进行太空授课。

推荐阅读书目

1. 沈艳凤，沈珍珍，潘学琴. 造房子［M］. 南京：南京师范大学出版社，2019.
2. 甘彩娟. 石榴丰收了［M］. 南京：南京师范大学出版社，2019.
3. 陈贻莉，蔡婷婷，孔小凤，李芬. 棉花躲猫猫［M］. 南京：南京师范大学出版社，2020.

第五章 学前阶段 STEM 教育

学习目标

❶ 掌握 STEM 的内涵,了解 STEM 教育的重要性及在中国的发展历程。

❷ 了解我国学前阶段 STEM 教育的发展状况。

❸ 知道开展学前阶段 STEM 教育的必要性,理解与掌握幼儿园 STEM 教育的内涵、理论基础及对幼儿全面发展的价值。

❹ 在理解现有幼儿园 STEM 教育存在问题的基础上,明晰与掌握幼儿园 STEM 教育活动的设计与组织实施思路。

导入案例

一天，幼儿浩浩想制作一个陀螺玩具。他先在圆形底片上画出自己喜欢的图案，之后想用火柴棍当作陀螺的中心轴。可火柴棍的横切面是方形的，不容易在圆形卡片中心戳出洞。浩浩尝试将火柴棍穿过纸片，但并未成功。他看了看纸，使出更大的力气试了好几次，可依旧没有成功。他放下火柴棍，拿起画笔，用力向卡片中心戳去，尝试了好几次，终于戳出一个小洞。他把火柴棒穿进洞里，完成了陀螺的制作，玩起了陀螺。

"制作陀螺"是传统的科学小制作游戏，在制作过程中，幼儿浩浩遇到了问题，通过多次尝试、调整，最终制作成功。这样的过程就是STEM学习吗？

STEM活动不仅是程序性的操作活动，更是一种工程活动。在上述案例中，幼儿遇到了问题，并针对问题思考解决办法，发生了实质性的探究活动。不可否认，这样的科学小制作体现了STEM活动的部分特征——动手制作，但这看起来更像是一种程序性的操作活动，即按照固定的目标和步骤进行简单的操作，其结果是唯一的。而真正的STEM活动强调整个过程中的学习，幼儿面临的是一个完整的、复杂的、存在多种解决方式的工程问题。幼儿需要进行设计、评估方案，协调人员的分工合作，记录过程，站在整体的角度去思考和解决遇到的各种问题。

那STEM是什么？幼儿园应如何开展STEM教育活动？本章将围绕这几个问题进行阐述。

第一节　STEM 教育概述

近年来，工程师、科学家和技术人才成为21世纪处于主导地位的人力资源，STEM教育受到全球很多发达国家的高度重视。在国家战略层面上，各国都先后制定了促进STEM人才培养的政策措施，加大了对STEM教育领域的公共投入，试图通过STEM教育打造本国在全球范围内的核心竞争力。下面我们将重点了解STEM，明确STEM教育的"初心"和"使命"。

一、什么是STEM

STEM最早由美国国家科学基金会在2001年提出。STEM是科学（Science）、技术（Technology）、工程（Engineering）、数学（Mathematics）四门学科英文首字母的缩写。科学是人们对客观世界的一种正确的认识和知识体系，是人们探索世界、获取知识的过程，还是一种看待世界的态度和方法；技术是改造客观世界的手段或活动；工程是运用科学知识和技术手段进行分析、设计、解决问题、制作产品的一种规划与过程；数学则是关于数、量、形、时间与空间等关系的认识。由此可见，科学回答的是"是什么"与"为什么"的问题，技术回答的是"做什么"与"怎样做"的问题，科学提供物化的可能，技术提供物化的现实；科学是创造知识的研究，是一种发现，技术是综合利用知识于需要的研究，是一种发明。工程则是将"科学"提供的可能性与"技术"提供的现实性相结合，通过"设计—改进—再设计……"的过程最终解决生活中的实际问题的思维方式与实践模式。工程实践中既离不开科学知识与科学探究过程，也离不开必要的技术手段，同时也离不开对特定对象的数、量、形状、空间等特性的测量、核算与表征。

STEM教育是把原本独立、分散的不同领域的学科知识和技能以问题解决为基础，以多样的学习活动形式支持学生在解决问题的过程中实现不同学科知识与方法在不同情境中的整合、运用和迁移，并进一步生成新思路、新方法、新技术和新产品的过程。STEM教育中的四个领域是你中有我、我中有你，共同致力于解决周围物质世界中的实际问题。因此，STEM教育最大的特点是强调学科的整合，即主张充分挖掘传统科学、技术、工程、数学学科的内在联系，从而实现其在解决实际问题以及发明创造方面的高效性。STEM教育的起点或目标是解决生活中的问题或满足现实生活需求，STEM教育的核心历程是工程活动，探究是STEM教育的方法。它的具体的学习方式主要有三种：基于问题的学习、基于项目的学习、基于设计的学习，这些方式对于培养学生跨学科解决问题的能力、沟通交流能力、协作能力、批判性思维能力、创造创新能力等都发挥着重要作用。

目前STEM教育尚未有一个国际公认的完整定义，但近些年它的内涵却有不同的扩展，例如：STEAM，在STEM基础上加了"A"，代表艺术（Art）；STEMM，在STEM基础上加了"M"，代表医学（Medicine）；STEAMS，在STEAM基础上加了"S"代表社会（Society）。这些不同的扩展反映了不同国家、不同教育主体对STEM的不同理解与需求，因此在大框架之下STEM的内容和含义还可根据需要不断地调整。

二、STEM教育的重要性

如今飞速发展的科技成果正在重塑人类社会，各国均把技能人才竞争提升到国家战略的高度，这其中又以科学、技术、工程、数学（STEM）等领域人才的竞争最为关键。

21世纪的人才要在当今复杂世界中维持竞争力，需要具备从各种渠道获取、收集和评估信息的意识，并以此为基础，具备快速掌握新的知识技能，以解决复杂问题的能力。各国的教育实践表明，STEM教育有助于培养学生的科学探究与实践能力、创新意识、批判性思维、信息技术能力等未来社会所需的技能和能力，并有可能在学习者的未来生活和工作中持续发挥作用。

STEM专业人才对各国抢占第四次工业革命先机，促进制造业的智能升级具有关键作用。发展STEM教育能引导更多的学生投身STEM相关专业，进而提高国家的竞争力；有助于应对老龄化带来的劳动力人口减少问题，填补技能劳动力数量不足，促进经济良性发展；更能够助力新兴经济体发展，抓住信息技术和互联网革命带来的发展契机，在新兴产业领域抢占先机，实现经济上的飞跃和赶超。此外，STEM教育涉及基本的公民科学素养的培养，也关乎劳动者就业能力的提升，对于促进就业、维护社会稳定，提升公民素质均具有重要意义。

数字化时代的到来，进一步推动教学突破时空限制，促进教与学的双重革命，打造没有围墙的校园，汇聚海量的知识资源，为学习者提供更加优质、多样、个性化的学习支持，推进不同地区、不同群体之间教育的均衡发展，使得教育公平理念从理想走向现实。这一时代背景深刻地改变着教师的教学模式与学生的学习方式，也为发展STEM教育提供了良好的基础。

三、STEM在中国的发展

目前，我国社会经济发展正处于重要转型期，教育肩负着建设人力资源强国的重任，为适应社会经济发展的新变化、新要求和新挑战，提高教育服务经济增长的能力，加快教育教学内容的更新、教学方式的变革，提高学生的实践能力、创新能力，STEM教育成为我国科教兴国的新突破点。

2001年起，我国科技教育领域开始陆续从国外引入和介绍STEM教育。2016年，STEM和创客教育被写入教育部教育信息化文件。2017年中国教育科学研究院在北京成立STEM教育研究中心，并在第一届中国STEM教育发展大会上发布《中国STEM教育白皮书》，旨在为我国STEM教育的健康持续发展提供重要支撑。2018年中国科学院向全社会提出了行动倡议——《中国STEM教育2029行动计划》。中国STEM教育创新中心主任王素提出：我国要建成世界创新型国家，为实现这一目标，人才的培养要有提前度。希望通过该行动，在2029年能够培养出一批创新型人才。该计划强调参与机构的普及性，呼吁吸纳更多的社会力量协同开展STEM教育创新；提倡STEM教育能够惠及全体学生，尤其是特殊群体学生；希望能够培养学生的创新思维和科学探究的能力，创新培养模式和注重学习过程的评价方式。该行动计划对我国的STEM教育发展规划和研究定位具有非常深远的影响和意义。

1. 在教育实践层面，STEM教育快速发展

第一，STEM教育进入部分省市教育发展规划。例如，江苏省2016年发布《关于开展科学、技术、工程、数学教育项目试点工作的通知》，要求在全省开展试点学校申报和STEM教师培训工作，并于2017年发布《江苏省STEM教育项目学校建设指导意见（试行）》，2018年9月27日召开的江苏省第二届STEM教育大会上，正式发布了《江苏省基础教育STEM课程指导纲要（试行）》，并预计在今后3~5年内，江苏省内中小学、幼儿园将普遍开展STEM教育实践，形成包括幼儿园在内的全学段的课程体系。陕西省2019年公布了《陕西STEM教育2029行动计划》，制定了具体工作目标。

第二，部分学校将STEM教育作为办学特色且深入推进实施。STEM教育契合深化课程改革理念，符合时代发展需求。上海作为较早开始STEM教育实践的城市之一，于2014年启动了第一批STEM+教师专业发展培训，推进了STEM+教育本土化的探索与实践。到2015年上半年为止，已有包括该市徐汇区、闵行区、浦东新区的10所小学共计1360余名学生实施了第一轮课堂实践，徐汇区和闵行区的6所幼儿园也相继着手学前阶段的探索。2015年下半年开始，则将试验工作拓展到初中和高中阶段。江苏省从2016年到2018年，每年约有包括南京、

徐州、苏州等地在内的三十几所幼儿园成为省STEM教育试点学校，约占全省所有试点学校的10%以上。2018年，全国范围内有79所学校成为STEM教育首批领航学校，228所学校成为首批种子学校。各学校在引进STEM教育的过程中，与学校课程融合的方式、程度也各不相同。有的学校在实施国家课程的过程中渗透STEM教育，有的学校引进或自主开发STEM校本课程，有的学校形成了STEM课程群等。

2. 教育信息化政策明确了STEM教育的发展任务

STEM教育是教育信息化内涵式发展的重要方式。2015年，教育部在《关于"十三五"期间全面深入推进教育信息化工作的指导意见（征求意见稿）》中首次提出要"探索STEAM教育、创客教育等新教育模式"。2016年，教育部在《教育信息化"十三五"规划》中进一步要求："有条件的地区要积极探索信息技术在'众创空间'、跨学科学习（STEAM教育）、创客教育等新的教育模式中的应用，着力提升学生的信息素养，创新意识和创新能力，养成数字化学习习惯，促进学生的全面发展，发挥信息化面向未来培养高素质人才的支撑引领作用。"这反映出目前我国STEM教育政策是与信息技术密切联系在一起的，利用信息技术手段推进STEM教育是我国的一个重要政策主张。

3. 国家课程标准中明确写入STEM教育

2017年，教育部颁布《义务教育小学科学课程标准》，倡导STEM教育和跨学科学习方式。STEM是一种以项目学习、问题解决为导向的课程组织方式，它将科学、技术、工程、数学有机地融为一体，有利于学生创新能力的培养。科学教师可以尝试运用于自己的教学实践中。STEM教育理念正以其独特的教学组织方式吸引着教育工作者，并在我国学校教育的人才培养过程中孕育与发展。

第二节　我国学前阶段 STEM 教育的发展

当前，STEM教育已成为国际公认的科学教育改革的重要内容。学前STEM教育也逐渐成为国际学前教育改革的重要趋势。越来越多的国家系统地将STEM的启蒙纳入学前教育阶段儿童的日常教育之中，引导儿童有针对性地观察和认识自然现象，获得自然科学、数学和技术的基本经验并促进他们手工技能的发展，为其进入学校后的STEM学习奠定兴趣和认知基础。2018年1月14日在南京由中国学前教育研究会幼儿园课程与教学专业委员会主办召开的"第四届全国幼儿科学与数学教育学术研讨会"上，"早期STEM教育"成为热点话题，引起了来自全国各地的幼儿教师的广泛关注，由此引发了我国学前教育领域探讨STEM教育的热潮。

一、STEM教育理念走入幼儿园的必要性

STEM教育理念是指将科学、技术、工程、数学跨学科整合的教育理念，旨在通过科学、技术、工程、数学四门学科知识间的联系与整合培养幼儿的综合素养和解决实际问题的

能力。它强调在真实的问题情境中引导幼儿相互合作，促进其深层次的学习和高阶思维能力的发展。STEM教育对于一个国家的人才战略布局具有重要的意义，对于一个国家来说，STEM已经成为发展全球核心竞争力的关键。

（一）顺应时代的需求

伴随着信息技术的发展，和人们日常生活息息相关的高科技产品如雨后春笋一般快速地生长，出现在家庭生活和工作的各个角落。幼儿的生活与科技产品的联系越来越紧密了，他们在日常生活中通过动手、动脑的探究，直观地体验到科技产品给生活带来的便利，也享受到科技带给生活的快乐。STEM教育融合了当代社会新兴的科技元素和内容，其体验性、情境性、协作性等特征以及基于问题式教学方式，都能够更好地契合未来学习者的学习行为和学习需求。STEM教育是为之后的创新型人才教育乃至终身教育做好准备。美国学者彻斯罗浮（JD Chesloff）在《为什么STEM教育必须始于儿童早期》一文中提出，STEM教育的特征与幼儿的身心发展特点及学习方式有着极大的相似之处。他们对于事物有着强烈的好奇心、求知欲，他们拥有惊人的创新创造能力，这是幼儿的天赋。在学前教育阶段开展STEM教育，在STEM理念下开展游戏活动，鼓励幼儿在具体问题中运用STEM中的四门学科知识进行实践探索，能够激发幼儿在相关领域深入学习的兴趣和动力，能够促进幼儿的创新思维和实践能力的发展，能够铸就幼儿面向未来的问题解决能力，有利于幼儿获得面向未来发展的核心竞争力。因此，在学前阶段儿童开展STEM教育，培养学前儿童的STEM素养更易于其全面发展，对于国家创新型人才的培养与国家竞争力的提升，这具有必要性和前瞻性。

（二）幼儿全面发展的需求

学前阶段是儿童学习与发展的重要启蒙时期，幼儿的认知方式和成长特点具有独特性，提供与幼儿身心发展水平相适应的学习活动，能使幼儿更好地适应当代社会的快速变化，形成完整的人格。跨学科的STEM教育模式，注重保护儿童的主动性，鼓励儿童在活动过程中充分地调动自己的生活经验，综合运用STEM知识与技能，独立或合作计划、探究、解决实际问题。这与幼儿时期所强调的启蒙性、全面性等教育特点刚好契合。幼儿阶段的教育又是以一日生活为主的，而STEM教育理念倡导的是从生活中发现问题、探索问题、解决问题，引导幼儿通过动手操作的方式获取直接的经验，感受与同伴间的交流、合作带来的乐趣，从而增强对学习、探索的兴趣。这种理念帮助儿童积极地整合多领域的经验，建立起知识经验与真实生活之间的联系，丰富他们的认知、情感、社会性以及人格的发展需要，推动儿童的全面发展。

（三）契合《指南》的理念

每个孩子都对周围世界充满着天生的好奇心和探索欲。他们是天生的科学家、工程师、创造者，时刻准备好探索新世界。教育的目的应该是让他们终身保持这样的探索热情。《指南》中明确指出，幼儿教育需注重领域之间和目标之间的相互渗透与整合；幼儿是在探究具体事物和解决实际问题的过程中，尝试发现事物间的异同和联系进行科学学习。幼儿科学学习的核心是激发探究兴趣，体验探究过程，发展初步的探究能力，应注重通过直接感知、亲身体验和实际操作引导幼儿进行科学学习。大自然与生活是幼儿科学探究和数学认知的内容。而STEM教育恰好是作为一种打破学科之间的界限存在，它整合了科学、技术、工程、数学这四门学科，强调学科与领域之间的融合发展，通过学生在真实问题情景中发现问题、解决问题来培养具有整合型、创新型、应用型的人才为目标。同时它又是一种以探索为主的活动，强调在活动中教师要充分尊重学生的主体性地位，让学生在真实的问题情境去体验探究与合作交流所带来的乐趣。由此可见，STEM教育理念与《指南》的指导理念有着内在的联系和内在的一致性，这也是STEM教育理念融入幼儿园科学活动的基础。

（四）幼儿科学素养发展的需要

《纲要》中指出，幼儿的科学教育是科学启蒙教育，重在激发幼儿的认识兴趣和探究欲望。科学教育应密切联系幼儿的实际生活进行，利用身边的事物与现象作为科学探索的对象。要尽量创造条件让幼儿实际参加探究活动，使他们感受科学探究的过程和方法，体验发现的乐趣。目前幼儿园的科学教育虽然已注重幼儿的科学兴趣及探究能力的养成，但仍存在重结果轻过程的现象，基于真实生活问题出发的科学探究占比较低，对幼儿高阶思维能力的培养还不够。而STEM教育这种基于真实情境下的问题意识的养成，问题解决能力的培养及鼓励学习者主动、协作探究的教育理念，对于幼儿科学素养的培育以及更好地实施我国学前领域科学教育活动有着极为重要的借鉴意义。

二、对学前阶段的STEM教育的认识

国内最早的幼儿STEM教育的相关文献始于2017年，有关幼儿STEM教育的期刊研究大多集中在幼儿STEM教育的发展、STEM教育实施的可行性和必要性、STEM教育的重要性以及对幼儿发展的作用、幼儿STEM教育与科学教育、STEM教育在幼儿园的实践等方面。

（一）幼儿园STEM教育的理论基础

1. 情境认知理论

我国学者李吉林老师通过50多年的不懈追求和努力，建立了情境教育理论，初步构建了以儿童为主体、自成体系的情境教育理论框架。她认为，知识产生于特定的情境中，离开了特定的情境，知识就成了文字符号，没有存在的意义。学习者的学习要发生于真实情境中，真实性、情境性是其理论的核心，只有贴近学生的实际生活进行学习，才能够激发学生的探究积极性，使其努力构建自己的知识网络。儿童、知识、社会是既独立又相互关联的，通过"情境"有机统一起来。幼儿在情境中构建知识，在情境中实现自我，在情境中显现生活的意义。教师为学生提供丰富的环境与充足的资源，引导学生深入情境中去实践，发现问题、分析问题、解决问题。真实问题情境具有一定的复杂与烦琐性，在解决问题的过程中需要团队协作，共同达成目标任务。幼儿园的STEM教育活动是基于幼儿的年龄特点、知识储备、实际生活经验及生活中感兴趣的话题，在真实的生活情境中让幼儿进行实践与探究，与团队合作，共同商议，找寻解决问题的思路和方法。由此可见，幼儿的STEM活动是情境认知理

论的具体实践。

2. 建构主义学习理论

建构主义学习理论在学习观上认为：学生作为学习活动中的主体，其对于知识的理解与接纳并不是被动灌输的过程，而是学习者在已有知识经验的基础上，对新信息进行加工、处理、吸收、整改形成新的认知体系的主动构建来获取发展的过程；在知识观上它主张：知识并不是一成不变的，它会随着真实情境的变化而有所改变甚至再创造，它认为知识与具体情境之间是相互联系与作用的；在学生观上它强调：学习者是具有一定的知识储备与生活经验的，并且其对问题有着一定的思考、判断与理解，因此，应重视学生的已有经验，促进其进行知识的自主建构。而幼儿园STEM教育活动就是以幼儿为中心，根据幼儿的兴趣、需要作为活动的起点，在整个研究中教师根据幼儿的实际情况进行反思，并做出具体、有针对性的改变，教师与幼儿共同进行经验的建构。在整个探究过程中，幼儿需要以小组为单位、协同完成任务：从方案设计，到具体实施过程中出现问题，再到不断完善、改进、优化，整个过程也是在完成STEM教育中的工程环节。由此可见，幼儿的STEM活动能较好地诠释建构主义学习理论。

3. 杜威的"做中学"理论

美国实用主义教育家杜威提出的"做中学"理论充分肯定了"做"与"活动"的重要性，即重视实践与经验的作用，该理论认为学习者应充分运用多种感官进行认知和了解世界，通过实践来习得经验，通过实践来自我发展，这与STEM教育理念所要求的行动方式相吻合，在STEM教育活动中，幼儿通过工程设计和实施的具体实践，发展自身的直接经验，幼儿的动手探究是STEM教育开展的必要条件。基于此，幼儿的STEM活动是对杜威"做中学"理论的具体实践。

4. 深度学习的理论

深度学习是一种整合性的学习概念，贯穿于学习的全过程且指向具体、可评价的学习结果；它关注学习者与学习对象的深度互动，强调在对知识经验的"深加工"的基础之上完成学习者个体的意义建构；它强调学习过程的"整体性"和"主动性"，整个过程不仅有复杂的认知活动，还有态度、情感、动机的积极参与和学习行为的高度投入。我国学者冯晓霞认为幼儿的深度学习是一种"长效有意义的学习"。而STEM理论强调的是幼儿在探究中获得直接经验的意义建构，在问题解决的过程中促进幼儿情感的交流及高阶思维能力的发展，在学习过程中激发幼儿对学习行为的反思和调整。因此，幼儿的STEM活动是对深度学习理论的具体实践。

（二）幼儿STEM教育的内涵

与STEM教育相比，幼儿STEM教育有其自身的特点。幼儿STEM教育主要是以数学和科学两大领域为依托来展开，然后用基础的数学工具和科学经验支持幼儿完成技术操作和工程活动；学前阶段的STEM教育并不强调幼儿对复杂知识和技能的获得，也不要求幼儿完成一个完整的工程项目。幼儿STEM教育更加强调的是过程性体验，它强调以幼儿为主的探索与体验，期望幼儿能够感受STEM学科知识与自己生活的联系，以运用综合的知识经验解决生活中遇到的实际问题。幼儿在活动中尝试用工程设计思维进行项目流程的设计，运用科学方法进行调查探究解决问题,让幼儿在体会到STEM活动的乐趣的同时,又可以在同伴互助交流过程中获得成功感。

与中小学相比,幼儿STEM活动不以发明创造为目的,而是遵循幼儿园教育活动的综合性、整体性与关联性,注重激发幼儿的兴趣,满足幼儿的未知和好奇,教师在此基础上进行价值判断,把握活动的内容、方式,在具体的情境中,通过问题解决的过程帮助幼儿将已有的经验活化,将多方面的经验整合,并将多种经验进行归纳、整理与延伸。在"做"中学习,在"过程"中体验,这是一种有意义的跨学科学习。以幼儿为中心,在团队合作中,从失败中学习并进行反复设计,发展幼儿问题解决能力、知识迁移能力、合作能力等,以更好地培养"完整儿童",适应未来社会的需求。

从这个角度来看,幼儿STEM教育不仅是综合各学科的整合式教育,更是一种跨学科的思维方式。幼儿STEM教育融合科学、技术、工程和数学四门学科,以幼儿自主探索为核心,以工程设计与制造为主线,解决基于生活的有意义的综合性问题,在培养幼儿的STEM中的不同学科思维的基础上,发展幼儿综合性的跨学科思维。

STEM课程的内容主要包括以下四个方面:

①幼儿的科学课程,重点是探究"是什么、为什么",即提供观察、探索、提问和寻求答案,做出预测并分享所发现内容的机会;

②幼儿的技术课程,重点是"做什么、怎么做",强调幼儿探索的手段、方法,它也涉及使用简单的工具和创造力;

③幼儿的工程学涉及建造东西、规划项目和解决问题,强调幼儿设计、制作、调整、改进的活动过程;

④幼儿的数学课程,就是研究数量及空间技术的基础工具,幼儿通过日常生活,探知事物的数、量、形、时间与空间关系。

基于以上学者的观点,幼儿STEM教育即体现为一种教育理念,也是一种教育的教学模式。它强调多学科的融合,强调运用整合的教学方式,注重幼儿在真实的情境中发现问题,注重合作交流与探讨,注重幼儿运用综合性知识和跨学科思维方式寻求解决问题的方法并动手操作与探究,以培养幼儿关注生活、创造性解决问题及学会迁移的能力。

(三)STEM教育对幼儿身心发展的价值

开展幼儿园STEM教育,不仅拓宽了幼儿园科学教育的新途径,而且有利于培养幼儿主动学习的能力和品质,对推动我国学前教育发展具有重要意义。

首先,STEM教育强调在真实情境中解决现实问题,这不仅能使幼儿掌握一定的知识和技能,让他们对各类与STEM教育相关的活动更加感兴趣,还能培养幼儿独立完成任务的信心,以及与同伴友好协作、积极分享喜悦和成果的能力。

其次,STEM项目活动中问题的解决可能需要幼儿多次的尝试与探索,失败是不可避免的。这就能培养幼儿不怕困难、耐心坚持、反复尝试的学习品质;同时,让幼儿敢于面对失败,在失败的体验中学习,发展幼儿良好的个性品质。

最后,STEM项目活动围绕生活问题探究学习,这可以帮助幼儿在整个探索、创造和分享的过程中体验现实生活的趣味、获得自我成就感和满足感以及社会性成长。

三、幼儿园开展STEM教育的实践探索

为促进教师专业成长和幼儿园STEM教育的有效实施，幼儿园开始对STEM教育进行实践尝试，其中涉及如何整合的问题，选择什么样的经验和内容进行整合，以什么原则与路径进行开展，又如何着手STEM教育课程模式的建构等维度。

（一）STEM教育的教学组织形式

学前阶段幼儿STEM课程的主要教学方法为"项目式"和"问题式"。我国学者陈洁丽提出以项目的形式开展STEM教学，强调幼儿的实践、探索。华东师范大学教授朱家雄等人经过数年实践探索，倡导以生活的问题为主线，通过亲身操作解决问题。

项目教学法也称探究式学习。它是对复杂、真实问题的探究过程；学习者对现实生活感兴趣的主题经过长时间的问题观察、探索、反思等获得认识，自主地进行意义的构建，形成新的知识体系的过程；在这个过程中，学习者在相关情境中进行思维的不断锻炼，不断与周围人进行交流、沟通，在满足不同学习风格和技能水平的学生的学习需求的同时，也让幼儿在整合课程中感受到知识的系统性与技能的可迁移性。项目式组织的STEM活动的开展流程通常为：选定项目主体——明确项目任务——拟迁定项目计划（自主分工）——实施项目计划——项目成果展示——交流与评价。

问题导向法强调以幼儿的主动学习为主，将学习与任务或问题挂钩，使学习者投入于问题中；它以问题为学习的起点，整个学习内容是以问题为主轴所架构的，它设计真实性任务，把学习设置到复杂的、有意义的问题情景中，引导幼儿在真实的问题情境中，通过自主探究和合作来解决问题，从而学习隐含在问题背后的科学知识，形成解决问题的技能和自主学习的能力。问题式组织的STEM活动开展流程为：创造问题情境——组织头脑风暴——教师支持（提供必要的知识、线索或工具）——幼儿操作、探究、解决问题——总结与交流。

从促进幼儿发展的角度来看，STEM教育的两种组织方式都强调以幼儿为中心，尊重幼儿的主观能动性，这既体现了建构主义学习观与做中学理念，又有利于幼儿的深度学习。

（二）STEM教育的实施途径

2008年西南大学教授杨晓萍等人提出将STEM教育融入幼儿园科学领域的实施路径。同年，我国学者杨凯红提出巧设任务、巧领设计、巧引技术、巧妙整合等步骤来将学前STEM教育融入幼儿园区域活动之中；学者杨栋提出幼儿园实施STEM教育可以通过主题活动、一日活动或者建立STEM活动专项室等方式来开展。可见，幼儿园STEM活动的实施并不是改弦更张，需要教师大动干戈，它与幼儿园的生活活动、区域活动与科学活动密切相连，幼儿园教师只需要理解与掌握STEM教育理念，积极思考，就能找到与以往幼儿园活动相结合的切入点，依托生活化、游戏化、情境化的幼儿园活动开展STEM教育活动。

1. 融入日常生活，养成问题意识

鉴于学前教育阶段的特殊性，对学前儿童进行STEM教育要立足于生活，从真实生活中的问题出发，因此建立幼儿的学习与实际生活之间的联系，通过一日生活和提出问题来科学

有效地开展STEM教育。

（1）一日生活是开展STEM教育的基本场域

学前教育机构的一日生活皆课程，一日生活是开展STEM教育的基本场域，处处包含着开展STEM教育活动的契机。教师需要审核每日的活动流程，选择相关的STEM主题（见表5-1），设计好主要的STEM活动，为儿童提供相关的活动材料，努力将STEM教育活动融入学前教育机构的一日生活之中。

表5-1 探究水果

具体活动时间			"探究水果"
上午	8：00	儿童自由游戏时间	教师可以开展一些使用塑料水果的游戏；在戏剧扮演区创造一个以水果和蔬菜为特色的市场
	9：30	户外游戏时间	教师可以带领儿童去游戏场或街区散步，寻找结有水果或开满花朵的树木，并让儿童记录下自己在树上看到了什么
	11：00	烹饪活动时间	教师可以提前计划好，并邀请一些志愿者与儿童一起制作苹果酱
下午	5：00	儿童离园时间	教师可以写一个关于苹果酱制作的便签给儿童家长，并告诉儿童家长回家时可以询问自己的孩子："苹果是如何变成苹果酱的？"同时，鼓励家长在晚餐时与儿童一起品尝苹果酱

（2）提出问题是开展STEM教育的主要线索

儿童在探索周围世界的过程中经常会提出各种问题，如"云是从哪里来的？""为什么冰会融化？"有时候，可能教师都无法回答儿童所提出的所有问题。但是，对于教师来说回答问题并非STEM教育的宗旨，事实上，STEM教育需要的是教师能够与儿童一起提出有价值的问题，而这也是开展STEM教育的主要线索。

对于教师而言，提出有价值的问题的一个重要策略便是关注"是什么"而并非"为什么"。因为，当教师询问"为什么"的问题后，这暗示着问题会有一个正确答案，但是，很多时候教师和儿童都无法给出准确的答案。例如，当教师提问"为什么磁铁会粘在那种金属上？"教师可能也会像儿童一样无法回答这个问题。但是，如果当教师询问"是什么"的问题后，教师便会与儿童一起进行交流和探索。因为，"是什么"问题聚焦的是"正在发生什么""你正在关注什么""你正在做什么"，而这些问题则是教师和儿童可以回答的问题，也应该成为教师和儿童主要关注的问题。对于教师而言，提出问题是开展STEM教育的主要线索，教师的工作不是告诉儿童如何去解决一个问题，而是能够向儿童提出适宜的问题，以引导儿童聚焦于关键地方，这些地方能引导儿童自己发现问题的答案。

2. 融入主题科学探究，搭建整合平台

幼儿的主题科学探究是围绕幼儿感兴趣的话题进行深度探究的过程。在这个过程中，幼儿总是在尝试与理解是什么、为什么、怎么样，他们会不自觉地整合相关的多个领域的经验或内容来支持主题探究，因此，主题科学探究是开展STEM教育活动的良好切入点。

下面是以"盒子"为主题的STEM教育活动：

◆ 聚焦科学：探索盒子

课程内容	聚焦科学：探索盒子
课程目标	鼓励科学探究技能，理解材料的物理特性和平衡，对几何和非传统测量项目的认识
课程材料	由纸板、木头和金属制成的各种箱子，大的纸张和记号笔
探究思路	✧ 确保箱子干净，没有钉书钉之类的危险物。提供各种不同的纸箱供幼儿探索，其他种类的纸箱可以和纸板比较。基于幼儿的经验进行小组讨论，并以思维网络的方式记录他们的观察、想法和问题 ✧ 问开放式的问题，比如你认为我们应该用什么方法来试试？那个盒子是怎么做的？你怎么把这些盒子放在一起的？你换了什么？鼓励幼儿提出问题，比较、预测他们实践过程中可能发生的事情。哪个更大／更长／更重？所有的盒子都是一样的形状吗 ✧ 为幼儿提供分享他们的想法和一起工作的机会 ✧ 跟随幼儿的兴趣，鼓励他们创造性地使用盒子来堆叠，排队或戏剧表演 ✧ 提供额外的弹性材料，如手电筒、毛毯、木块、测量用的绳子或其他配件来拓展他们的学习 ✧ 展示网络思维来回顾幼儿的经历，并添加新的想法 ✧ 鼓励幼儿制作他们的项目图纸并拍照记录他们的工作

◆ 聚焦技术：制作纸盒

课程内容	聚焦技术：制作纸盒
课程目标	提供使用简单工具，计划和共享想法以及创建简单对象（盒子）的机会
课程材料	硬纸、剪刀、胶带、胶水、铅笔、尺子、记号笔
探究思路	✧ 提供上述材料，幼儿挑战自己动手制作盒子 ✧ 鼓励规划以及反复试验。你的盒子有多少面？所有面都是一样的大小吗？你可以用什么来连接底部？帮助他们使用这些工具，并吸引他们关注尺子上的数字和记号。讨论如何使用尺子来测量 ✧ 支持分享想法，并确保幼儿有不同的制作盒子的方法
适应性的调整	帮助幼儿进行折叠和切割，或为他们提供一个新盒子来解构和重建

◆ 聚焦工程：创建一个特殊的空间

课程内容	聚焦工程：创建一个特殊的空间
课程目标	提供合作开发设计、建造和使用工具的机会
课程材料	不同尺寸的纸板箱、胶带、拼贴材料、胶水、细绳、剪刀
探究思路	✧ 使用盒子与幼儿谈论如何创造一个特殊的空间。该空间应该用来做什么？我们应该尝试什么？你将如何进出这个空间？它应该有多大？你将如何连接部件 ✧ 鼓励他们合作搭建一个满足需求的空间，如阅读空间、绘画空间、展示品空间等 ✧ 用照片或视频记录过程，完成后创建一个基于该项目的相册或视频
适应性的调整	为幼儿提供素材，创建自己的私人空间。帮助他们做窗户等，这可以进行监督

◆ 聚焦数学：测量盒子

课程内容	聚焦数学：测量盒子
课程目标	通过实物游戏提供机会去探索数和量
课程材料	鞋盒或其他大小相同的纸盒，大号纸，记号笔
探究思路	◇ 幼儿挑战堆叠与自己一样高的箱子塔。帮助每个幼儿在纸上写下自己的名字，并记录塔内有多少块与他们身高相符的方块 ◇ 要求幼儿考虑用盒子测量其他东西。厨房有多大？桌子有几个盒子那么长？鼓励他们将盒子大小与其他物体的大小，以及不同物体或空间的体积大小进行比较
适应性的调整	帮助幼儿躺在地上，用盒子相互衡量。要求幼儿考虑用于测量的其他物品并尝试他们的想法（手、脚、小积木、绳子等）

3. 精心准备操作材料，打造STEM区域活动空间

学者闵天钰在其硕士论文《幼儿园STEM区域活动实施探究》中指出，幼儿园STEM区域活动的特点与幼儿STEM教育理念相当契合，为STEM教育引入幼儿园提供了良好的平台。它们的契合主要体现在以下几个方面。区域活动的教育价值主要附着在活动区内的材料、情境和相应的活动中，幼儿通过直接参与各种活动来获得多种直接、自然的经验。在活动区内，幼儿可以自选活动，自由地探索。幼儿可以根据自己的意愿进入感兴趣的活动区，对活动内容、方式以及操作材料进行自主选择能够满足不同年龄、不同发展水平的幼儿个性化学习的需要。同时区域活动多为小组活动，为幼儿提供了更多自由交往和表现的机会，能够增进同伴间的相互了解与合作，这一切都与STEM教育理念所契合。

活动材料是诱发幼儿活动的媒介，促进幼儿积极与外界环境交互作用，进而引发幼儿的主动探索。因此，在幼儿STEM区域活动中，提供幼儿丰富、充足、适宜的材料是十分必要的。为激发幼儿开展STEM区域活动，区域里提供的材料不仅需要科学探究类材料、技术活动材料，还需要提供工具类材料。表5-2仅是一个例子，教师应根据教育活动实际需要选取合适的材料工具。

表5-2 STEM 教育材料

材料类型	具体材料
科学探究类材料	1. 常见静物材料：水、木、纸、土、沙、石、金属等 2. 常见运动或位置材料：各类车、球、轮子、轨道、斜坡、杠杆等 3. 常见能量的形式、材料：光、热、电和磁 光：太阳、灯、蜡烛、反光镜、显微镜、放大镜等 热：太阳、蜡烛、酒精灯、铁板石块等 电：闪电、电池、灯泡、玻璃棒、皮毛、丝绸等 磁：磁铁、铁钉、铁砂、曲别针、其他金属等 4. 反应自然力的各种材料 浮力：水及容器、可沉浮的各种材料等 重力：斜坡、可滚动的各种物体 弹力：球、弹簧等

续表

材料类型	具体材料
科学探究类材料	5. 有关动植物的材料 动物：狗、猫、鱼、虾、蟹、兔子、小鸟等 植物：供幼儿观察和探究的各种植物，不同种类的根、茎、叶、花、果、各种种子以及幼儿种植和护理的所需要的工具，如花盆、小锄头、小铲子等
科技活动材料	1. 木工活动材料：锤子、钉子、木板、木条、木胶等 2. 编织活动材料：剪刀、绳子、毛线等 3. 建构活动材料：纸板、木板、铁丝、塑料线绳等
科学工具	1. 测量工具：尺子、秤、量杯、量桶、钟表等 2. 观察工具：显微镜、放大镜、望远镜等 3. 体验技术发明和工具的意义的用具；筛子、漏斗、榨汁机等

（三）STEM教育实施中存在的问题

1. 内容借鉴模仿多，本土化生成少

STEM教育内容主要依赖于国内外资料的查阅、联合机构的培训、网课的学习等提供的内容，内容与内容之间缺少内在联系，不成体系，关联性不强，较为拼凑。在实施过程中，大多教学内容直接移植国内外经验，忽略本园实际情况和幼儿的实际需要。教师基本上是按照既定的课程计划组织实施，生成课程较少，缺乏对课程开展的敏锐性，未能及时关注到幼儿的兴趣点，很少有课程的延伸性。

2. 强调知识与技能的培养，忽视情感态度的养成

幼儿教师在开展STEM教育活动时呈现出偏重于知识与技能的培养，忽视过程与方法和情感态度方面的培养。幼儿教师自身缺乏对STEM课程目标价值取向的理解，一般会直接采用教育机构编写的教材上面的目标，自己独立制定的较少。教师对教材上目标的制定过分依赖，导致教师在确定STEM课程目标价值取向时存在偏差，忽视过程的重要性。

3. 材料更新迟缓，支撑幼儿可持续探究力度不足

STEM课程注重幼儿的动手操作和亲身体验，可以为幼儿提供丰富的富有变化性的材料，有利于幼儿多感官、多渠道地探索世界。在实施STEM课程中，除了为幼儿提供丰富的材料之外，对材料进行及时更新、替换、添加也是非常重要的，新材料的投放直接影响幼儿的兴趣，进而影响活动是否能够顺利进行。但在具体的STEM课程开展过程中，教师对活动区中的材料进行调整和更换频率较慢，材料投放前后变化不明显。

4. 教师自身知识结构不合理，对STEM教育理念欠缺

在幼儿园开展STEM教育，教师是主要的实施者，对目标的制定、内容的选择、组织形式等都有着极其重要的作用。STEM教育有着自身的特点，是一种打破了学科之间存在的界限与培养幼儿多种能力相互融合的一种教育模式。在幼儿的活动中找到最合适的STEM教育方式和教育机会，这对教师也有着更高的要求。而幼儿园关于STEM课程的培训少或难以满足教师的实际需要，不能很好地解决开展STEM课程遇到的问题；另外教师学习时间精力有限，所以教师的整体科学素养直接影响着STEM教育的效果。

第三节 幼儿园 STEM 教育活动的组织与实施

幼儿园STEM教育是教育者有目的、有计划、有组织地以科学和数学为核心，关注3～6岁儿童的兴趣、有意义的材料与活动，通过整合科学、技术、工程和数学等内容，并以真实问题解决为任务驱动，促使幼儿在实践中获得亲历性经验，进而提升STEM综合素养的教育活动。

一、幼儿园STEM教育活动的设计

（一）STEM教育活动设计的基本思路

1. 让STEM的学习机会无处不在

无论何时，无论身处教室的哪个角落，总有机会吸引儿童的目光，让他们发现与STEM相关的各种有趣的事情。

2. 追随儿童的学习

如果教师预设的目标是种植，而儿童突然对蚯蚓着迷了，那就一起追随儿童的学习。

3. 别害怕承认自己也有知识空白

教师和儿童应该成为STEM探究的学习共同体。

（二）STEM教育活动的目标特点

我国台湾学者周淑惠在《幼儿STEAM教育课程与教学指引》一书中指出STEAM教育具有四个特征，第一，面对生活问题之解决问题取向；第二，运用探究能力以求知理解之探究取向；第三，依据设计、制作与精准的工程活动；第四，运用科学、技术等领域之统整性课程。这四个特征正是STEM课程设计的核心与依据，也可把它们等同于评估STEM课程的四个具体指标。因此，幼儿园STEM教育活动的目标体现具有以下特点。

1. 综合性

幼儿STEM教育目标应注重目标的综合性，强调态度、操作技能、思维能力、复杂性操作、知识等方面的多维目标，综合体现在"知识理解、技能、学习品质和感受"几个方面，幼儿不光习得经验，更需要获得解决问题的经验和方法，发展逻辑思维和解决问题的能力，如预测、观察、分类、比较、实验、得出结论、交流想法等。这种以统整为取向的STEM活动目标，以工程活动为实践境脉，通过联系和运用其他学科的知识技能，培养幼儿的STEM素养和解决实际问题的能力，实现幼儿全面发展的需要。

①预测：基于已有的经验，形成观点或期望。
②观察：在自然环境或者实验条件下，仔细检核物体的特点。
③实验：创造情境来研究预测或操作物体，以获得认识。
④比较：通过对物体的观察或实验建立关系。
⑤测量：制定或使用方法来比较或者量化物体的特殊属性，如长度、重量、距离和速度。
⑥推论：根据反复观察或实验结果形成假设。
⑦交流：使用口语、动作、绘画、作品或情境再现的方法，分享探究过程中的收获。

2. 过程性

依据建构主义理论，STEM教育强调学习者在与真实情境的互动过程中建构对知识的理解，体现其探究性、体验性、协作性，强调在真实的过程中，让幼儿通过亲身经历整个过程实现发展，关注幼儿的主动探索，让幼儿运用观察、推论、实验、沟通等探究方法，培养问题意识、增强合作体验。在发现问题后，幼儿小组合作，共同商议问题解决的方法，所需要的材料等。在具体操作、探究、实践的过程中，幼儿还有可能会经历多次的失败。正是在这样一个个具体的过程中，体现STEM目标的独特性。

3. 创造性

从统整的角度、从促进幼儿全面和谐发展的角度去看STEM教育，预设相应的活动目标可最大化地融合多门课程，依据科学、技术、工程和数学等标准解决不同的挑战，及时给幼儿搭建支点，给幼儿提供思考、探究的情境，以低结构、低控制、高开放的活动，在培养探究兴趣和技能方法的基础上，强调工程设计、动手实践和问题解决的能力，培养幼儿的创新意识和创造能力，让儿童像科学家和工程师一样学习。

案例 5-1

"制作板凳"的活动目标

- 认识木工活动中的常用工具，如尺、锯、锤等，发现工具的不同属性，知道其主要用途和使用方法，能根据需要选择合适的工具，并用适合的工具进行制作。
- 了解制作木工活动的简单步骤，尝试设计并使用工具制作小板凳和长椅。
- 能用数学知识解决问题。学习使用测量工具，掌握正确的测量方法，能根据刻度进行读数。
- 能用数字、图画、图表或其他符号呈现设计思路。
- 能积极大胆地参与，互相协调讨论，勇于探索和尝试，共同解决遇到的问题。
- 能积极与同伴分工合作，愿意倾听和接受同伴的意见，遇到困难能协调解决。
- 喜欢参加木工活动，乐意持续参与、探索。

STEM综合性的目标，能产生更为丰富的活动内容，以全面地发展幼儿多方面的能力。

（三）STEM教育活动的内容选择

在开展STEM教育活动时，选择合适的内容关系到幼儿是否能够积极投入。STEM教育活动强调多学科内容的整合。教育内容的整合不仅包含同一领域之间的不同内容的相互联系，同时也涉及不同领域内容的整合。内容的整合强调主题来源于幼儿的现有生活经验。活动前，教师与幼儿一起谈话、讨论，整合幼儿已有的经验，关注其对身边环境的认识、活动方式的经验等，生成相关活动内容。

1. 来源于幼儿当下的活动

生活化是幼儿园课程的根本特性。南京师范大学虞永平教授提出：课程就在儿童的生活中，在儿童的行动里，在儿童发现问题和解决问题的过程中。生活世界是教育发生的场所，教育是发生在师生之间的真实世界中的社会活动。结合儿童的生活，看看他们在做什么，说什么，能够找到他们当下的经验和当下所需要的经验。

案例 5-2

在地处郊区的幼儿园，周边有丰富的农家资源：菜园、小树林、泥土、水、树叶、石头等，这些自然资源就可以成为幼儿宝贵的游戏材料。利用班级现有主题活动"泥巴乐"开展泥巴搓圆子、做面条、烙煎饼，和伙伴玩过家家的游戏，在玩泥的过程中孩子们发现缺少炒菜和烘烤的工具，幼儿提出搭建一个和奶奶家一样的土灶，于是，"搭灶台"的STEM活动便开始了。灶台有了，幼儿在上面做饭洗菜，玩过家家游戏，但太阳一出来，外面游戏就很热，幼儿就有了搭建公园中亭子的想法，以供大家休息与游玩，孩子们利用幼儿园竹林里的竹子开始尝试搭建凉棚，并配置板凳、桌椅等，随后他们又想到公园里还有很多小动物，给它们也做个家吧……就这样，从一个活动生成了若干话题，围绕"公园"主题的STEM活动便自然而然地产生并得以延展。

2. 来源于幼儿的兴趣

"活教育"理论提出，儿童的活动组织需要根据他们的生活与学习的兴趣需要选择。这些兴趣可能是听到的、看到的，或者是从环境的刺激中来的。教师在和幼儿讨论活动内容时，需要充分尊重他们的兴趣。有时候主题是全班幼儿的一致需求，有时候只是一部分甚至个别幼儿的兴趣点，那就需要集体或小组讨论，获得同伴认同后再继续进行研究与实践。

案例 5-3

延续"公园"的话题，有幼儿问："公园里要是有玩的东西，玩什么呢？"大家觉得应该把自己最想在公园里玩的游戏画出来，最后发现风筝是大家最想玩的。幼儿决定自制风筝，他们还想着与其他班的幼儿比赛放风筝，一个围绕着"风筝"的STEM活动内容便产生了。

3. 来源于教师的建议

虽然幼儿园STEM的活动内容需要结合幼儿的活动与生活需要，根据幼儿的兴趣点来生成，但由于受幼儿的年龄特点和已有经验的局限性，教师的提议同样在活动中占有一定的比例。幼儿需要在成人的建议指导下，使活动变得更具体、可操作性更强，内容更多元与丰富。教师可以在根据幼儿的已有认知发展水平和学习基础上提出自己的参考建议，并和幼儿共同商量和设计活动内容。教师也可以从关注幼儿活动、倾听幼儿的想法中，从他们的生活、游戏中选择合适的"点"引发幼儿的积极思考与讨论产生新的主题。

> **案例 5-4**
>
> 幼儿园近期想邀请幼儿的爸爸妈妈来幼儿园，体验幼儿在幼儿园的生活，那如何布置班级环境呢？孩子们分小组进行讨论，有个孩子提议每个人选一幅自己认为最好的画展示出来，既美化班级环境，又可以让爸爸妈妈参观画展。大家觉得这个主意不错。但是，幼儿的画很多，没有画框不好布置，老师建议："我们自己动手制作画框吧！"制作什么样的画框？画框哪些形状？制作画框需要什么材料等一系列的问题开始在幼儿中讨论，他们说照相馆、绘画馆会有许多的画框，应该到那儿参观，作为制作画框的参考……在教师的建议和幼儿的积极互动中，制作画框的活动就这样开始了。

（四）STEM教育活动的环境创设

在幼儿的周围环境中蕴含着大量为幼儿所用的、所需要的经验。STEM教育活动是一种整合的课程，因此，它的环境不再拘泥于室内教室，它需要打破传统意义上的教室概念，充分整合环境中的一切有利因素，根据幼儿的需要与兴趣、活动的需求来进行场地的选择、材料的提供，满足幼儿STEM教育实践活动的需求。

1. 整合室内外的场地

大自然、大社会是幼儿学习的大课堂。户外的探究不仅是对室内探究的拓展与延伸，还提供了大量的学习资源与学习契机。户外为STEM探索提供了教室里无法得到的学习机会，能够引发幼儿亲近周围环境与大自然，让幼儿真正身临其境，在实践中探究、在合作中学习、在劳作中收获。儿童可以研究影子、风、泡泡，观察昆虫、鸟类、附近常见的动物。户外种植活动往往比教室内的种植活动花费更长的时间，并且受到自然光照和气候变化的影响。

户外的游戏设施通常都很大，可以让儿童把他们的全身运动作为科学探索的一部分。户外区域让儿童在更加宽广的范围内探索简单机械。儿童可以在秋千上摆动，变成一个人体钟摆；儿童可以在平衡的跷跷板上感受上下运动。这些经验可以更好地帮助他们理解教室里使用的科学器材。在户外，儿童可以使用滑轮把物体吊到远远超过他们身高的地方，儿童可以使用滑轮来移动他们所不能移动的物体及难以到达的区域。他们可以在斜坡上滚上或者滚下物体，而通常斜坡太大了没法放在教室里。他们可以感受在三轮车后面拉着一辆四轮小车需要使出更多的力气。

另外，在户外儿童还可以探索零散的材料，不需要各种限制。儿童可以无拘无束地混合颜色，不怕弄脏弄湿衣服，可以自制泡泡、玩泡泡等。

2. 创建STEM学习区角

很多幼儿园教室都有科学学习区角。高效的教师定期地重新设计和改变区角，或是基于儿童的兴趣，或是为了与课程的其他方面相协调，或是为了引入与某项内容标准相关的材料。把科学区角改造成STEM学习区角会进一步强化科学区角的作用。引入数学内容，例如加入测量工具或者数据分析图表，增加让儿童可以自我建构的信息。技术也可以为儿童在探索过程中提供更多可供使用的工具，以此支持他们的学习。数码摄像机可以保存记录儿童的协作互动过程，让他们有机会回顾和分析已有经验。专供幼儿阅读的非虚构类书籍可以帮助他们理解自己在STEM区角的探索与成人职业（包括各类工程在内）的关系。

教室的活动区是幼儿自主操作、自由创造的地方，活动区里材料丰富才能激发幼儿积极通过摆弄、操作，随时与材料发生互动，发现问题，解决问题。在设计STEM学习区角的时候，教师可以从一个科学或者数学的主题开始，然后逐步整合进其他一种或者几种STEM学科的目标和材料。不论是从科学还是数学开始，都可以为STEM活动提供一个良好的起点。例如，在磁铁区放置各种不同的形状、大小的磁铁与磁力片、回形针，在幼儿探索的过程中，教师可以鼓励儿童计数并比较他们用磁铁吸附到的回形针数量，数学元素的经验就整合进来了。幼儿用磁力片进行构造，工程与技术元素也吸纳进来了。再如，儿童已经有了在教室数学区角探索几何图形的经验，为了拓宽儿童对几何的理解，对自然界中出现的几何形状进行讨论，教师带来了各种各样可以阐述几何形状概念的自然物品，儿童根据这些物品的形状把它们进行归类，教师将数学主题延伸到了科学领域。这两个案例都说明了，当教师在不同领域之间建立关联的时候，学习便得到了提升。

与传统的科学区角类似，STEM学习区角需要一张小圆桌或者工作台来放置探究所需的材料。它需要有足够大的空间同时容纳多名儿童。同伴之间的互动可以让儿童交流看法，模仿学习策略，比较结果。交流是STEM学习的重要组成部分。

除了科学和数学材料，STEM学习区角还需要能够帮助学习的技术工具。放大镜、天平、用来测量长度的拼插积木，这些都是简单的技术工具。诸如电脑、数码相机、投影仪这类更加精密的技术设备需要放在区角附近，用来延伸或者记录学习。将STEM学习材料与真实环境中的实例相联系的图书和图片也应该是区角的常见材料。

教室里STEM学习区角的位置也很重要。将STEM学习区角放在靠窗的位置是非常有利的，因为很多活动需要自然光。同时，诸如鱼缸、温度计、窗台花盆之类的辅助用品可以放在窗外，用来连接室内和室外的课程。STEM学习区角应允许儿童自由出入。如果区角在教室里的阴暗角落，那么儿童就不太可能前去探索。

3. 合理规划专用活动室

STEM实践操作活动需要幼儿全程投入，而工程设计与技术创造需要在特定的场所完成，因此，幼儿园要单独开辟一块场地支持幼儿的STEM操作活动。

近些年流行的木工坊就是一个特别适宜STEM教育活动中工程制作的场所。木工坊虽不大，但是各个功能区一应俱全：有读写区、操作区、材料区、工具区、作品展示区、未完成作品区等。读写区内，幼儿可以阅读木工制作相关书籍，了解和积累木工制作的相关知识和经验；欣赏《木制品图册》中精美的木工制品，启发灵感；观看同伴的设计图和作品图片，相互学习。其中的书写桌和书写工具为孩子们的创作提供了可能，一件件木工作品的构思就从这里起步。操作区里有两张大桌子，可供两组幼儿同时开展活动。在桌子中间用小柜子隔开，小柜子内可以摆放钉子、螺丝、砂纸等工具，两面相通的结构，方便两侧的幼儿共同取放。在操作区除了放在操作区桌面上的小柜子里，还单独设置有工具区，低墙上依次挂着各种传统木工工具：木工钳、木工刨、木工锯、木工锤、木工尺等，一目了然，方便幼儿快速找到需要的工具，以及活动后工具的整理。两边矮柜里放着各种操作性材料：木块、圆柱、板材等各种型号的木材原料，以及颜料、辅材等。幼儿可以用锯子锯，用锤子敲，用胶水粘等，设计稿上的作品在这里变得立体灵动。材料区里将大小、长短、厚薄、粗细不一的木板、木条、柱形木棒、小木棒区分摆放。特别设置一个回收利用处，收集每次制作中剩余的边角料，可以将这些边角料用在其他的制作活动中，做到物尽其用。

木工房内还设有作品展示区，请小小设计师在自己的作品上签名，在作品旁摆上小小设计师的照片和介绍。作品展示区的另一功能是为同伴间的相互学习提供机会，幼儿可以学习同伴作品的制作，或是结合自己的经验提出不同的设计思路。每件木工作品的复杂程度不同，有的需要几次活动才能完成，未完成作品区为幼儿未完工的作品提供了存放空间，他们可以根据自己的节奏一步步完成，直至将作品呈现到作品展示区。

除了木工房，美工室也是幼儿STEM活动的补充与延伸。制作出来的作品可以在美工室进行装饰与美化。

4. 提供真实、安全的辅助教具

学前阶段幼儿STEM课程强调情景化的实践学习，在教学过程中教师为了更好地营造教学情境，需要利用到相关的辅助手段，包括教具、学习材料以及某些现代教学手段。但是，幼儿阶段的教学更强调的是对真实世界的感知与理解，普遍提供实物教具和材料。同时，材料使用方面注重安全性、实用性与可调整性。例如在"探索盒子"的活动中，箱子要干净，没有钉书钉之类的危险，确保对幼儿无身体伤害；同时注重材料的多样性以满足学生的不同需求，提供额外的弹性材料，如手电筒、毛毯、木块、测量用的绳子或其他配件来拓展他们的学习。

二、幼儿园STEM教育课程的特征

幼儿园STEM教育基于真实问题情境，将技术与工程融入科学和数学活动中，关注幼儿兴趣培养的同时，帮助其发展STEM素养。综合来看，幼儿园STEM教育的课程具有以下特征。

（一）课程设置的整合性和设计性

课程设置是幼儿综合能力培养的基础与关键，整合性是幼儿园STEM教育的突出特征。STEM教育不是为了培养掌握知识的幼儿，而是培养富有个性和创造力、身心健康和谐发展的幼儿。幼儿将自己对生活、自然以及社会的认知与理解、科学探究与发现以及情感体验借助多种手段创造性地表现出来，从而进入一个充满审美情感体验的境界，加深对生活的认知与理解，达到知行统一。整合的STEM课程不仅增进幼儿对事物广泛而深刻的认识，而且有助于拓展幼儿对生活的感受力，培养幼儿初步的科学素养，丰富幼儿的情感世界。整合的STEM教育对培养幼儿发现问题和解决问题的能力，以及发展幼儿思维的逻辑性、精确性和灵活性具有重要作用，这也将为幼儿将来的学习甚至是终身发展奠定良好的基础。

STEM教育是整合硬性核心（科学、技术、工程和数学）与相对的软性核心（探索、动手、创造、设计以及逻辑等）的统一体，是以培养个体面对未来生活、应对未来挑战的基础能力，如创造力、探究力、问题解决意识与能力以及沟通与合作能力等为目标的教育。幼儿园的STEM教育应更注重硬性与软性核心的结合，为幼儿创造一个丰富的，在玩中动手、动脑和探究的平台。整合的STEM教育强调在与自然环境、物质世界和社会生活的主动交往过程中学习和掌握知识，幼儿通过共同设计方案、商讨策略，不断探究与尝试，激发他们的创作激情，发展他们的批判性思维、决策能力和创新能力。

设计性是幼儿园STEM课程美感的集中体现，主要依托真实问题情境和幼儿认知发展水平展开设计。在真实问题情境中，有诸多不确定因素和安全隐患存在，这就需要教师在课程进行之前，充分考虑各种可能性的基础上优化教学方案，挖掘幼儿探究和解决问题的能力。STEM课程设置以幼儿为中心，在幼儿的认知发展水平的基础上，教师围绕幼儿的兴趣分析出教学目标，选择恰当的教学内容，根据相应课程标准和能力指标，利用情境、会话、合作等方式实现幼儿园活动设计，最终实现幼儿自我概念的发展和知识的内化。例如，开展小组交流、制订计划和汇报等，锻炼沟通协作能力；设置STEM活动区，提供支持活动进行的各种书籍、视频及电子资料等学习资源，为幼儿科学探究、技术与数学学习及工程体验提供了诸多机会。

（二）课程内容的启蒙性和经验性

启蒙性是由幼儿园教育对象决定的，幼儿园课程选择的内容必须符合幼儿的知识经验和认知发展水平。幼儿能在教师的帮助下，通过一定的努力能够达到教育目标，即能够理解和接受。科学教育内容应适合幼儿已有的知识基础、理解水平和生活实际。幼儿年龄小，受其生活经验和活动范围以及身心发展的局限，难以理解抽象的科学概念和规律。因此，选择内容的广度和深度必须是幼儿能理解和接受的。例如幼儿的科学知识学习，内容较为直接、具体，与日常生活紧密联系，可以通过幼儿园的科学教育实验室实现，幼儿在亲身实践基础上进行自我知识的构建；幼儿的技术学习则更多地指向日常生活中一些手工制作及运用，幼儿园提供多种工具和材料丰富探索空间；幼儿的工程学习主要体现设计性和反思性，基于幼儿园中的各种积木游戏进行设计、反思和改进，培养幼儿的兴趣；幼儿的数学学习则偏向于常规教育，强调在日常生活和游戏环境下，逐步丰富幼儿数学感知和意识，增强逻辑思维能力。

经验性是幼儿园STEM课程区别于中小学的独特之处。一是幼儿园STEM教育以直接经验为主。在学前教育时期，幼儿思维处于前运算阶段，具体形象思维占主导，主要通过感官来感知外部世界。幼儿只有建立在丰富感性经验的基础上，才能充分理解事物，产生对世界的基本认识。二是幼儿园STEM教育注重幼儿获取经验的过程性习得，只有在亲身经历中才能获得对科学、技术、工程和数学的相应理解与感悟。幼儿通过与客体相互作用进行主动构建，逐步形成科学思维、科学能力，在亲历过程中增强对科学的兴趣。

（三）教学过程的调控性和互助性

调控性是追随幼儿兴趣与保证教学有效性的重要手段。幼儿园STEM教育的教学内容来源于生活，接触的是真实事件或材料，幼儿是通过直接感知、亲身操作和实际体验进行科学的学习。STEM课程展现的是复杂和多维度的真实问题情境，一是幼儿自律性较差、自我保护意识缺乏，加之教学环境等不稳定性因素的影响；二是幼儿自身探究兴趣的影响，在整个教学过程中，教师需要根据实际情况对一些环节及时修正，发挥自身调控作用，根据问题引领幼儿开展一系列探究，进一步加深他们对相关事物的深层次理解。

互助性是幼儿园STEM教育综合素养的具体体现。幼儿对事物形成的理解来自不同思想的相互碰撞，通过亲身实践直接操作物体，并与同伴、成人等在互动中形成自身知识建构。STEM教育的本质是解决基于真实情境的较为复杂的问题，需要学习者有清晰的目标意识和相互协作的能力。一方面为了实现目标完成任务，需要组织材料、收集信息、汇总整理等多个步骤，各个幼儿之间因此建立信赖关系，从而认识到合作伙伴在共同工作中的意义和价值。通过团队互助，有利于幼儿获得交际技能，增强社会适应性，塑造活泼开朗的性格；另一方面，实现拥有不同生活经验和认知水平的个体间的相互学习，通过共同经历探究的完整过程，促进儿童认知能力的深度发展。

（四）教学环境的实景性和趣味性

实景性学习是统合整理STEM课程的核心概念，也是跨学科课程能引发学生参与动机的关键。

所谓实景性是基于幼儿能够接触到的现实生活为导向，以实际问题激发其内在学习动机和兴趣，将贯穿于整个活动中的现实问题转化为一系列学习任务，幼儿通过探究性学习获得知识和经验的过程。因此，STEM教学环境的营造要以现实生活中的真实问题为导向，接近幼儿"生活知识或概念"。例如，现实生活中的环境污染、宇宙探索等都可以成为教育内容；平板电脑、模板、画刷、AR体感设备等先进科技工具都可以成为教育素材。基于真实情境下才能促使幼儿的学习目标与已有的生活经验建立起联系，从而激发其内在的学习兴趣。但在真实情境中使幼儿开启深度学习的问题要有一定的挑战性，以促进儿童在原有基础上获得新的发展。

趣味性是驱动整个STEM教育活动进行的推力。幼儿园STEM教育让幼儿的学习融合于现实生活，强调将知识的学习与幼儿的生活经验相结合，在现实生活中发现有趣味性和有挑战性的问题，并使之成为幼儿学习的主体内容。但由于幼儿的身心发展特征，注意力难以集中，所以，在学习过程中格外强调在做中学和课程设计的趣味化，要充分解放幼儿天性，使既定的问题探究变成充满趣味性的学习项目，一方面激发幼儿的学习兴趣，同时又帮助他们在趣味化的项目学习中掌握综合性知识。但教学环境的趣味性对学校和教师提出了更高要求，不仅要具备现代化的多媒体教学设备，还需要教师创新知识传授方式，使幼儿欣然接受，从而真正实现幼儿STEM知识的系统性学习。

三、幼儿园STEM教育活动的组织与实施策略

（一）聚集真实问题，整合STEM教育元素

幼儿园的STEM教育，要将主题聚焦于幼儿的日常生活和游戏中。教师要及时发掘幼儿

日常生活中感兴趣的点和需求，从中提炼问题并创设生活化的问题情境，让幼儿投身到那些能激发他们探究欲望的问题中去，引导幼儿通过动手操作来学习和解决身边的问题，有效地将STEM教育各元素融入幼儿的探究中。

案例5-5

在户外活动时，幼儿发现衣服和帽子没有地方放，教师引导幼儿思考与讨论"户外衣服放哪儿"这个问题，并引导幼儿自主设计衣架。

集体讨论：在户外活动时，衣服放哪儿？

明明：我们出去玩的时候，我爸爸会把衣服挂在旁边的树枝上。

可可：这样不好，小树会受伤的。

小丽：我们太矮了，够不着树杈，我们就放在草地上吧。

当当：放在草地上，我都忘记好几次了。我们弄个篮子，我们把衣服放进篮子里吧。

小波：放篮子里找起来好辛苦啊，我上次找了好长时间才找到我的衣服。

月月：要不我们把娃娃家给娃娃们挂衣服的架子推出来挂衣服吧。

萌萌：不好，不好，娃娃们的衣服放哪里啊？

安安：我们自己做一个挂衣服的架子吧。

明明：这个办法好。用什么材料做呢？

小红：棍子。

芳芳：没有这么长的棍子啊！我们班上有好多小朋友要放衣服啊！

同同：我们出去找找，看看大树那边有没有？

小朋友们纷纷走出班级，围着幼儿园寻找棍子。十几分钟后，有的小朋友拿着短的、干枯的小树枝，有的拿着塑料玩具棒，有的拿着建构区的小管子。大家看着这些材料，又开始讨论了：

当当：这个塑料玩具棒太细、太小了。

小波：这个小树枝不平啊，不是直的啊！

小红：要不我们拿衣服放上去试一试吧！

有两个小朋友拿着树枝的两头，一个小朋友把一件衣服放上去，发现树枝没问题。又有一个小朋友放上一件，当放到第三件时，小树枝啪哒一声断了。看看地上的材料，唯一一根长的树杈枝也断了。孩子们你看我，我看你。

安安：我明天带一根长棍子到幼儿园来吧。

教师：除了从家里带棍子还有什么好办法啊？大家想想我们平常玩什么材料可以把短的东西变长？

小波：管子。

大家叽叽喳喳，决定用管子来搭建他们的衣架。有的小朋友直接去建构区拿材料。老师及时喊住了幼儿，对大家说：你们准备搭建一个什么样的衣架啊？这个衣架长什么样子啊？你们准备搭建多长的？我们在搭建之前先要干什么啊？在教师的提示下，小朋友开始分组设计自己想要搭建的衣架。然后讨论，一致推荐了一个大家都认可的方案，根据这个方案进行搭建。在整个搭建的过程中，教师不断通过提问来帮助幼儿聚焦和厘清问题，直至问题解决。最后，在小朋友们共同的努力下，他们用管子搭建出一个适合孩子们在户外便捷取放的衣架。

案例分析：

教师结合孩子生活上出现的问题，引导幼儿通过集体讨论、自主设计、主动搭建，反复尝试等解决了现实生活中的问题，帮助孩子体验到了问题解决的成功感。这个案例整合了STEM教育的所有元素：

科学：衣架是什么样的？幼儿需要认识衣架的结构与功能。

数学：这个衣架要多长？要几根管子？每根管子多长？了解管子的长短、粗细、数量等。

技术：使用弯头把管子连接起来。

工程：设计、制作与搭建衣架。

以学科融合为核心特征的STEM教育，将原本分散的科学、技术、工程和数学四门学科有目的、有方法、有系统地融合为一个有机整体，有着单一学科所不具有的独特价值。STEM教育活动在整合了各领域经验的基础上，满足了幼儿认知、情感、技能多方面发展的需要，助推幼儿的全面发展。

（二）注重协作与对话，提升幼儿合作意识

通过分工合作来完成探究活动是开展STEM教育的主要形式，STEM教育就是通过协作培养幼儿解决问题的能力。这种协作发生在真实的任务情境过程中，是幼儿之间、幼儿与教师之间通过交流、讨论和对话等方式进行的深度学习。在STEM教育活动中，教师与同伴都是幼儿的学习共同体，同伴之间的交流与协作不仅有利于探究活动的持续开展，也可以最大限度地发挥每个幼儿的优势和特长，整合资源。例如，在制作活动初期，幼儿总愿意争抢着做主力，获得工具的使用权，"我来画""我来剪""我来搭"，喜欢独自挑战，小组成员之间的配合较少；但随着活动的推进，幼儿逐步意识到没有团队协助，很多问题的解决仅依靠个人的力量难以完成，比如固定的吸管反复松开，与同伴之间相互协商、分工合作能够提高效率，更容易获得成功。

（三）强调记录与表征，培养幼儿设计意识

STEM教育以工程活动为主线，而工程是通过设计和制造解决问题的过程，工程的核心就是设计。在实践中，教师应引导幼儿在做之前进行真实的设计和现实的规划，注重幼儿对思维地图的运用，而不仅仅是想象；鼓励幼儿在活动的不同阶段，运用不同方式进行记录表征，幼儿的表征既可以是对讨论结果的图画记录（如风筝对比发现统计表），也可以是关于

遇到问题的猜想与验证的图表记录（如不同材料的选择记录图），还可以是以制作为中心的思维导图的呈现（如制作风筝过程图）。幼儿通过多元化的表征方式整理和概括在探究过程的发现，进一步明确和反思自己对现象的认识，不仅为幼儿进行分享与交流提供了工具支持，同时有助于其思维的发展。

（四）重视反复实践，提升使用工具的能力

以设计与制作为载体的STEM教育活动需要丰富的资源和工具作为支撑。在制订计划和搜集材料阶段，要给予幼儿"头脑风暴"的机会，通过多种途径提供丰富的材料让幼儿在制作时进行自由探索和选择。例如，幼儿能想到的制作骨架和筝面的材料以及固定工具有很多，用吸管、一次性筷子、烧烤签等做骨架，用塑料袋、报纸、布做筝面等，但是不是都能用到，哪一种更好用，只有在实践中不断地进行尝试才能获知答案。例如，在制作过程中，幼儿发现单一使用胶棒或透明胶带在组合骨架和筝面时出现固定不牢固的问题，经过反复尝试，最终发现先使用热熔胶枪，之后进行二次固定会更加牢固。尽管幼儿需要在后续的实验与验证过程中才能逐步发现不同材料的属性，但在搜集材料时仍要给予幼儿不断试错的机会，以幼儿的想法与计划为准，通过猜想验证，重塑认知结构的过程，培养幼儿的工具意识。

（五）追随幼儿的兴趣，提供多样化支架

在幼儿STEM教育活动的不同阶段，不同幼儿会遇到不同问题，而产生问题的节点正是提升和强化幼儿科学学习品质的关键点。教师要及时把握幼儿的学习状态和需求，并为其探究问题提供支架。

首先，为幼儿搭建同伴支架，引导其吸收不同性别和不同学习能力的玩伴参与到探究活动中来。第一，把兴趣、爱好相似的幼儿建立学习小组，在遇到困难时学会相互交流、讨论和合作，发挥不同水平层次幼儿的学习潜能，实现学习品质的共享和全方位提升。第二，吸收不同性别的同伴，不同性别的幼儿在动手实践、空间想象、语言表达等方面存在一定的差异，合理的性别搭配可以优势互补。第三，不同幼儿对探究物体的熟悉程度、已有的经验具有差异性，因此，在探究过程中，教师及时引导幼儿进行头脑风暴，互相启发、共同研讨，激发与保持幼儿的探究兴趣和动机，以推动幼儿的深度学习。

其次，提供材料支架。材料是幼儿STEM学习的媒介，伴随着对问题的探究，幼儿需要有相应的材料、资源、环境的支持。教师需要为幼儿提供合适的材料，诱发幼儿积极思考、互动和多元操作。

最后，设置合适的问题支架。由于STEM教育具有开放性、发散性和复杂性等特点，教师要帮助幼儿聚焦问题，关注活动过程中幼儿核心经验的获得，及时通过合适的问题引导幼儿探究并有效回应，避免掉入"为做而做"的误区。

（六）培养STEM教师，统筹"家、园、社区"多样化STEM教育资源

华东师范大学学前教育研究所所长朱家雄曾指出："对于科学、技术、工程和数学，幼儿园教师不是'强势群体'，甚至可以说是'弱势群体'，他们一般并不敏感，也不专长，因

此要对最难以实施STEM教育的学前儿童实施这样的教育，不仅要提供优质的课程和材料，还要为他们提供容易理解和操作的方法。"由此可见，幼儿园STEM教育的开展离不开高素养的STEM教师。

1. 提升幼儿教师的STEM素养

首先，以政府为引领建立系统的师资培训体制，完善学前STEM教师的专业培训机制体系；建立相关的制度和标准，规范社会上的学前STEM教师培训机构。其次，幼儿园管理者要邀请STEM领域的专家为幼儿教师开展相应的讲座和培训，搭建教师与专家讨论交流、相互学习的平台，提升教师的STEM素养；同时，鼓励教师之间的交流、分享与合作，加强教师的自主学习与反思，自觉提升STEM素养。

2. 发动社会力量，建立课程资源库

家庭资源与社会资源是对学前STEM教育的重要补充。开展学前STEM教育要调动社会各界力量来支持幼儿的学习。

家庭作为孩子生活的主要场所，充满了各种儿童可以探索的资源。鼓励家长参与幼儿园STEM项目和活动，不仅可吸引家长中的STEM人才资源，同时有利于幼儿良好科学品质的养成。

社会资源在教育中发挥着重要功能，幼儿园要在充分利用园内已有资源的基础上，加强与具有STEM教育性质的社会机构的合作，如科技馆、博物馆、展览馆等教育性质较强的社会机构。优化STEM教育机构与幼儿园以及STEM研究部门之间的关系，相互提供建议与指导，各方力量合作设计、共同开发STEM教育的硬件资源和课程资源，形成发展性的关系链。同时，还应加强与STEM教育相关的社会团体或个人的交流与合作，充分挖掘STEM教育相应的人力资源与材料资源，建立课程社会资源库，整合社会中STEM各方资源。

因此，幼儿园STEM教育需要政府的引领与支持，以加强对学前STEM教育的规范化管理，加强对高素养的STEM教师的培养，加强政府、社会、社区以及幼儿园等多方的合作，充分发挥各方力量共同建设和发展学前STEM教育。

［案例］
大班"飞机场"

本章小结

本章首先围绕着STEM的内涵进行阐述，明确了STEM教育的内涵，列举了STEM教育的重要性及讲述了STEM教育在中国的发展历程。其次，简单梳理了我国学前教育阶段STEM教育的发展状况，厘清了开展学前阶段STEM教育的必要性，结合文献阐述了幼儿园STEM教育的内涵、理论基础及对幼儿全面发展的价值。讨论了我国幼儿园STEM教育的实践探索，梳理了现有幼儿园STEM教育存在问题。最后，介绍了幼儿园STEM教育活动的设计思路、内容的选择、课程实施的特征并提出了幼儿园STEM教育活动的实施策略。

关键术语

STEM　STEM教育　幼儿园STEM教育活动

💡 思考题

1. STEM是什么?
2. 结合实际谈谈幼儿园STEM教育的内涵及理论基础。
3. 结合实际谈谈应如何设计幼儿园STEM教育活动,在实施过程中应注意哪些问题。

☆ 建议的活动

建议关注南京市七家STEM教育试点幼儿园(鼓楼幼儿园、逸仙小学附属幼儿园、香山路幼儿园、于家巷幼儿园、中华路幼儿园、鹤琴幼儿园)的微信公众号,关注其相应的活动开展,思考与反思STEM教育在幼儿园应该如何组织与实施,扎根中国幼儿园的土壤。

第六章 学前儿童科学教育资源

学习目标

① 理解学前儿童科学教育资源的概念、类型及价值。

② 熟悉学前儿童科学教育资源的选择原则及开发路径。

③ 掌握学前儿童科学教育资源在利用与管理时应注意的要点。

④ 领会博物馆与科学教育的关系,熟悉博物馆科学教育资源建设工作。

> **导入案例**
>
> 在一次市级的学前儿童科学教育活动研讨会议上,一位来自乡村幼儿园的教师提出这样一个观点,她认为自己所在的幼儿园资金短缺,没有办法购买专业的科学教育设备,并认为这严重限制了自己所在幼儿园科学教育活动的开展。也有教师提出,进行学前儿童科学教育并不一定需要"高大上"的专业设备,各地幼儿园应该结合自身的特点,挖掘自己身边常见的资源用于科学教育活动。

你如何看待以上两位教师的观点?什么是学前儿童科学教育资源?进行学前儿童科学教育常见的资源有哪些?如何选择、开发、利用和管理学前儿童科学教育资源?本章将对以上问题进行探索。

第一节 学前儿童科学教育资源概述

资源是指自然界和人类社会中可以用来创造物质财富和精神财富的具有一定量的积累的客观存在形态,如土地资源、矿产资源、森林资源、海洋资源、石油资源、人力资源、信息资源等。教育资源是教育领域内的资源,通常指为保证教育活动正常进行所使用的人力、财力和物力的总和。任何的教育活动都需要以一定的资源条件为前提,学前儿童科学教育也不例外。

一、学前儿童科学教育资源的概念

广义而言,学前儿童科学教育资源指的是为保证学前儿童科学教育活动顺利开展所投入的人力、物力和财力的总和。狭义而言,学前儿童科学教育资源特指学前儿童科学教育活动实施中所利用的物质化要素,如场地、设施设备、材料等。学前儿童科学教育资源涵盖极广,小到各种玩教具、科学绘本、科学仪器,大到山川河流、博物馆、科技馆等,都属于学前儿童科学教育资源的范围。《3~6岁儿童学习与发展指南》指出幼儿的思维特点是以具体形象思维为主,主要通过直接感知、亲身体验和实际操作进行科学学习,缺失了教育资源这些物质化要素的支持,学前儿童科学教育活动的实施可能会沦为单纯的知识传授,从而背离学前儿童科学教育的理念和目标。因此,在实践中教师应当给学前儿童提供丰富多样的科学教育资源,尽可能为学前儿童创造与环境、材料等资源互动的机会,让他们在实际的动手操作中实现科学经验的改造与提升。

二、学前儿童科学教育资源的类型

学前儿童科学教育资源的类型可以从不同的角度进行划分。

（一）按照资源的性质分类

根据资源的性质，一般可以把学前儿童科学教育资源分为自然资源和社会资源两大类。

1. 自然资源

自然资源是指自然界中存在的天气、季节、动植物、山川河流、矿物矿产、地形地貌等天然形成的具有科学探索价值的内容。自然资源有助于幼儿了解神奇的自然现象背后蕴含的科学原理。

2. 社会资源

社会资源是经由人类生产生活所形成的各种物质资源、人力资源、组织资源和信息资源。社会资源则可以让幼儿感受到人类社会的多姿多彩，也能够看到科学技术对社会生活的影响。

（1）物质资源

物质资源是指科学教育活动相关的物质材料和设施设备，如各种类型的农产品、矿产品、工业产品、科学仪器、实验耗材等。

（2）人力资源

人力资源主要指各种可以为科学教育提供服务的人士，包括各行各业的从业者、政府官员、本专科院校的学生和幼儿家长等。

（3）组织资源

组织资源是指人类社会为了分工所分化出来的各类组织机构，如政治机构、教育机构、慈善机构、交通机构、卫生机构、司法机构、金融机构、工商业组织、社会团体等。科学教育相关的常见组织机构有图书馆、博物馆、科技馆、展览馆等。

（4）媒体资源

媒体资源包括传统媒体资源和电子媒体资源。传统媒体资源如科学故事书籍、儿童读物、百科全书等。电子媒体资源如科幻电影、科学启蒙动画片等。

（二）按照资源的空间分类

根据资源所处的空间位置，可以把学前儿童科学教育资源分为园内资源、家庭资源和社区资源。

1. 园内资源

园内资源是指幼儿园为保障学前儿童科学教育活动的顺利开展而设置的科学区、科学发现室、种植区、饲养区、气象区及相关区域或场所内配备的材料和工具等，这些资源是进行学前儿童科学教育的主要资源，也是最便于幼儿利用进行科学探索的资源。

（1）科学区

科学区一般是指设立在幼儿园班级内部的一个科学活动相关区域，提供科学探究相关的简单材料（如天平、放大镜、望远镜、磁铁等）。这是活动室内部便于幼儿自由操作、自主探究、自主实验的一个区域，能够容纳的人数有限。

（2）科学发现室

科学发现室是幼儿进行科学活动较为集中的场所，一般是一个单独的房间，房间里面为幼儿提供了适合其发展的各种操作工具、物质材料和科学探究设备，常见的科学发现室包含光影区、电力区、测量区、热能区、水力区、蜡型区、标本制作区等。科学发现室是科学区的一种拓展，也可以被视为"放大的科学区"。科学发现室里的科学仪器、工具和材料相较于班级内部科学区会更加丰富，可以容纳的人数也更多，幼儿可以在教师的指导下完成比较复杂的科学探究活动。

（3）种植区

为了帮助幼儿观察植物的生长变化，幼儿园一般会在室内、走廊或户外开辟一定的区域开展种植活动，这些区域就是种植区。种植区是幼儿亲近自然、观察自然、了解自然的重要场所。幼儿可以在种植区获得松土、播种、浇水、施肥等种植经验，也可以对常见的植物展开细致入微的观察，了解其根、茎、叶、种子、果实的结构、形状和大小，学会区分不同种类的植物，了解水培植物和土培植物的区别。

（4）饲养区

饲养区一般位于幼儿园的户外，是一个供幼儿饲养、喂食、观察、照料小动物的场所。饲养区常见的动物有鸡、鸭、鹅、兔子、小松鼠、山羊等。有的班级会在室内开辟小型饲养区，饲养一些小型的、没有气味的小动物，如蝌蚪、金鱼、蜗牛、乌龟等。通过对常见小动物的饲养，幼儿可以获得关于小动物的直接经验，萌发关心、关爱小动物的情感。

（5）气象区

气象区是供幼儿对气象要素进行观测的场所，气象区内可以安放百叶箱、风向标、雨量筒等测量气象的基本设施，可以让幼儿了解天气状况的变化，如利用百叶箱里的温度计来测量一天中的气温变化，利用风向标来测定风向，利用雨量筒来衡量降雨量的多少。气象区不仅可以让幼儿学会常见气象仪器的使用方法，还可以培养严谨的科学态度。

2. 家庭资源

家庭资源可以分为硬资源和软资源两类。硬资源有家庭中的各种经济支持、教育信息支持、环境支持和社会支持等，例如有的家庭为培养幼儿的科学兴趣在家中购置地球仪、地图、科普绘本等设备和材料。软资源有家长的教养方式、亲子关系、父母的文化素养、对幼儿的期待等，例如有的家长具备科学技术的相关背景，在日常生活中能够给幼儿良好的文化熏陶，使幼儿产生对于科学的极大兴趣。家庭资源能够满足不同家庭幼儿的个性化需求，是对园内资源很好的补充。

3. 社区资源

社区资源是指幼儿家庭或幼儿园所在社区内可以被用于学前儿童科学教育的相关公共资源，如图书馆、博物馆、科技馆、动物园等。社区资源为幼儿提供了走出家门和园所的机会，其先进的科学技术和设施设备能够激发幼儿学习科学的热情，感受科学的魅力。

三、学前儿童科学教育资源的价值

学前儿童科学教育资源是幼儿园科学教育实现"做中学"的前提和基础。20世纪40年代，美国心理学家爱德加·戴尔出版了《视听教学法》一书，用以阐述其视听教育的思想。在该书中，戴尔提出了"经验之塔"理论，他认为人类的学习主要有两个途径：一是经由自身的直接经验获得；二是经由他人的间接经验获得。根据类型的不同，人类学习的经验可以被划分为做的经验、观察的经验、抽象的经验三大类共十个层次。对于学前儿童来说，"做中学"是最佳的学习形式，具体形象的教育资源为幼儿理解各种科学概念、探究各种科学现象、观察各种科学活动提供了真实的机会。如果没有可以依赖的教育资源，那么教师只能通过抽象的语言来描述相关内容，这既不符合科学教育的规律，也不符合学前儿童的认知特点。例如，教师希望通过科学教育活动让幼儿认识鱼的外形特征，但是却不提供真实的鱼让幼儿进行观察，而只是采用语言的形式去描述其身体结构，这不仅会让幼儿的理解变得困难，同时也会导致幼儿失去参与活动的兴趣。

总而言之，学前儿童科学教育资源是科学教育活动顺利开展的前提和基础，为幼儿提供了进行科学探索和发现的场所、工具与材料。在教师精心选择和提供的资源支持下，幼儿的好奇心和探究欲得到满足，从中获得初步的科学认识，掌握基础的探究能力，获得丰富的感性经验，并逐步发展起逻辑思维。

第二节 学前儿童科学教育资源的选择与开发

学前儿童科学教育资源是科学教育活动设计、实施和开展的基础，没有资源就不可能有真正的活动。随着幼儿园课程改革的深入，学前教育从业者逐渐认识到并不存在放之四海而皆适宜的课程，因而幼儿教师要学会从本地、本园、本班的实际出发，因地制宜地选择、开发、利用和管理学前儿童科学教育资源，设计出符合班级幼儿实际需求的科学教育活动。

一、学前儿童科学教育资源的选择

在面对纷繁复杂的可选项时，如何选择出真正符合教师需求和幼儿需求的资源则需要下一番功夫。幼儿教师在选择学前儿童科学教育资源时应遵循以下原则。

（一）安全性原则

学前儿童科学教育资源的涵盖范围甚广，在选择相关资源时，教师首要考虑的是安全性原则，要确保这些资源不会危害到幼儿的身心健康。在现实中，随着学前教育产业化的发展，市场由于资本逐利的目的，一些公司或企业可能会采用廉价甚至具有一定危害性的材料去制作相应的科学教育产品，从而给幼儿带来潜在的健康威胁，因此教师在选择时要注意查看相关的产品规格是否符合国际卫生标准，避免带来不必要的麻烦。此外，幼儿园在创设种植区、饲养区等科学教育相关区域时，尤其应关注卫生与安全。比如选择的种植物是否过多尖刺或容易导致幼儿过敏，果实或者花叶是否具有毒性，使用的铲子等工具是否过于锋利；再比如饲养区的小动物是否存在传染性疾病等，特别是在禽流感、猪流感等传染性疾病流行期间，要及时清除可能的传染源，对饲养区环境进行全方位消毒处理，避免疾病通过动物传染到幼儿。

（二）适宜性原则

在选择相关的科学教育资源时，应考虑该资源是否匹配当前科学教育活动的目的，例如该资源是有助于幼儿培养相关的科学情感、态度和价值观，还是有助于幼儿掌握科学探究的方法和技巧，体验科学探究的魅力。适宜的才是最好的，不要盲目追求过于"高大上"的昂贵资源。特别是当下一些科学教育产品在销售时会打出"智能提升""右脑开发"等虚假口号，对消费者形成一定的误导，教师和家长应学会辨别。此外，在选择教育资源时，不能片面地认为实物优于模型，模型优于图片，虽然大多数情况如此，但是也不能一概而论。在面对一些特殊的学习目的时，各种类型的资源具有各自的优点。例如了解火车的外形结构时，去火车站参观可能无法让幼儿从不同的视角看到火车的结构，但是火车模型却提供了这样的便利，因而在此情境下，模型要优于实物；而如果是要了解火车的内部构造，去火车站参观火车实体相比于观察模型则是一个更好的选择。所以，教师应结合自身的专业知识和素养，对科学教育资源的功能和价值进行判断，从而选择到真正适宜的科学教育资源。

（三）经济性原则

面对大量的科学教育资源，教师应如何做出选择呢？这时能够帮助教师做出决定的是经济性原则。在选择某种教育资源时，应当从"成本—收益"的经济学视角出发进行考虑，选择最具有经济效率的资源。比如某幼儿园花费了昂贵的价钱购买了一台天文望远镜，结果在实践中，由于担心昂贵的仪器被损坏，几乎不让幼儿和教师使用，长期被束之高阁，最终成为一件摆设。而另一所幼儿园则花费比较便宜的价格购买了很多双筒望远镜，供幼儿自由使用，幼儿非常喜欢。因此，园所或教师在购置相关科学教育资源时，要结合本身的经济情况和用于这部分资源的资金配置，注重经济性原则，让资源真正地被幼儿利用起来，同时避免将购置昂贵资源产生的经济负担转嫁到幼儿家长身上。

（四）便利性原则

选择科学教育资源，不仅是为幼儿营造一个丰富的资源环境，更是希望幼儿能够方便地取用这些资源服务于自己的科学探索活动。只有儿童在任何需要的时候都能够随时获取这些资源来解决自己遇到的困难或问题时，资源的价值才能得到充分的发挥和体现。有一些资源虽然看起来很不错，但是获取的途径单一，不能便捷地服务于实际的科学教育活动，因此选择资源时应从本地、本园的实际出发，基于便利性原则，选择幼儿园周边比较丰富、在实际生活中最容易接触到的资源为己所用。例如，某幼儿园想组织幼儿探索物体沉浮的现象，组织幼儿参观船厂实地观摩钢铁巨轮漂浮在海面上似乎是一个不错的选择，但是对于幼儿园来说活动实施上会有很多不可控因素，因而采用更实际的方式，用盆装水的形式，放入各类材质的物体去探索沉浮这一现象则是更加便利可行的选择。

二、学前儿童科学教育资源的开发

除了去选择已有的学前儿童科学教育资源外，教师还可以去开发相关的学前儿童科学教育资源。事实上，很多的科学教育资源是一些初始的资源，无法直接拿来使用，必须经过教师的开发，教师要善于发现和挖掘本地本园所拥有的资源，使其为科学教育服务。正是在不断的资源开发过程中，那些隐藏在自然环境、社会文化、生产生活中的潜在资源逐渐转化为具有明显科学教育价值的资源。借助于教师的资源开发，幼儿园可以形成本园的科学教育资源库，实现各年龄段、各班级之间资源的共享。学前儿童科学教育资源的开发主要有以下途径。

（一）借助网络进行开发

互联网上储存着大量科学相关的资料，一些网络平台将科学实验或工具的制作过程转化为视频的形式，为教师模仿相关实验或制作相关工具提供了详细的操作步骤，借助于音像资料，教师可以利用日常生活中常见的普通材料设计出神奇的科学实验或制作出便于幼儿操作的工具。2021年教育部颁布的《学前教育专业师范生教师职业能力标准（试行）》中指出，学前教育专业师范生应具备信息素养，了解信息时代对人才培养的新要求，掌握一定的现代信息技术知识，具有安全、合法与负责任地使用信息与技术的意识。在信息素养的支持下，未来的幼儿教师将能够更好地借助于网络开发适宜幼儿的科学教育资源。

（二）借助家长进行开发

幼儿的家长是资源开发不可或缺的重要途径。一些幼儿的家长可能是科研院所或专门行业的人才，拥有他人难以企及的专门知识和技能，教师可以通过家访和开放日等活动，对幼儿家长的职业和专长进行了解，以便于日后借助家长力量开发相关科学资源，如邀请某幼儿身为建筑工程师的父亲为班级里的幼儿讲解桥梁的构造和受力原理，让幼儿探索哪种材料制作的桥梁更加牢固，组织幼儿开展桥梁设计比赛等。

（三）借助社区进行开发

幼儿园应把社区作为重要的科学教育资源开发的来源，与社区建立起密切的合作关系。社区当中的博物馆、科技馆、天文台、气象站等公共场所是开展科学教育活动的极佳场所，幼儿园可以充分借助社区的力量，与上述场所合作开展相关科学教育活动，幼儿教师对幼儿的组织管理能力和亲和力以及博物馆等专门机构中的专业人员所具备的专业知识和储备可以形成良好的互补效应，为幼儿提供别开生面、趣味十足的科学教育活动。

第三节 学前儿童科学教育资源的利用与管理

不论是购置的市面上成套的科学教育资源，还是教师自己开发的科学教育资源，都必须经过利用这一环节才能真正服务于儿童的成长和发展。同时，教师还应注意科学教育资源的管理，保证资源得到及时的更新和维护。

一、学前儿童科学教育资源的利用

学前儿童科学教育资源的选择或开发并非最终的目的，只有选择或开发出来的适宜的资源在具体的教育活动中得到了充分的利用才能实现资源的最终价值。在利用资源时应着重考虑以下两点。

（一）目标导向

每一种科学教育资源都有其特定的用途，在利用学前儿童科学教育资源时，首先应坚持目标导向，即资源的利用要符合教育活动的目标，例如当教师希望幼儿观察比较不同种类昆虫的外貌时，昆虫标本就是一个很好的选择。而当教师希望幼儿亲近自然，喜欢探究时，带幼儿去大自然中身临其境地观察森林中的动植物则是更好的选择。此外，有时一种资源并不足以支撑活动目标的实现，教师要学会结合多样化的资源（如图片、标本、实物、视频等），使幼儿对事物产生立体性、全面性的认识。

（二）合作共享

学前儿童科学教育资源的开发和利用是一个系统、长期的工程，依靠单个教师很难达到良好的效果，幼儿园应建立起相关的合作机制，依靠地方高校专家的指导，团结园所内部全体教职员工的力量参与到这项工作当中，逐步完成学前儿童科学教育资源库的建设，并对其进行定期维护和更新，保证资源的科学性、新颖性和时代性，为科学教育活动的开展提供切实的保障。与此同时，幼儿园之间也可以组建园际联盟，例如同属于某市某区的几所幼儿园组成共建团体，打造本区域内通用的科学教育资源库，这样一方面能够扩充资源库的规模，给幼儿教师开展科学活动时提供更多的资源选择，另一方面能够避免各园所之间的重复性工作，减轻幼儿教师的工作压力。

总而言之，幼儿园既可以选择购买市场上已经成型的相关资源产品，也可以采用合作的形式组织教师从多个渠道自主开发相关资源。但是教师应明确，不管是资源的选择还是开发，都要服务于资源利用这一目标。再好的资源，如果仅仅是收集起来或开发后便被束之高阁，没有得到切实、合理、充分的利用，那么最终都无法助力于幼儿的发展，只会导致资源的浪费。

二、学前儿童科学教育资源的管理

学前儿童科学教育资源的管理是一个宽泛的概念，包含区域的创设、材料的提供及区域维护、更新等。进行资源管理的目的是防止资源浪费，使资源能够不断更新、具有可持续性，形成良性的循环。由于学前儿童科学教育资源涵盖的范围较广，因此以下主要讲述对学前儿童科学教育来说最重要的园内资源的管理。

（一）科学区的管理

虽然科学教育可以渗透在各个领域、各个区域的活动之中，但是一个集中进行科学教育的科学区，对幼儿的发展具有不容忽视的价值。科学区是指在班级活动室内为幼儿创设的、可以自由进行实验操作和科学探索的空间。在科学区，每个幼儿可以根据自己的兴趣、需求和发展水平，自主地选择材料和内容，自主地决定自己要独自还是与他人合作完成相关的活动，如观察、预测、实验等。可以说，科学区能够满足幼儿个性化的学习需求。在科学区的探索和操作中，幼儿获得有关周围世界、物质、材料和工具等的经验，养成主动探索的精神，培养起对科学的初步兴趣。但是并非所有班级的活动室中都设立有科学区，即便有设立科学区的班级，很多时候科学区也沦为无人问津的区域，成为一个摆设。所以，教师首先要对科学区如何创设有一个清晰的认识，了解可以在科学区投放哪些材料，明白每种材料可能会引发哪些科学相关的经验或学习，对科学区进行良好的管理，只有这样才能让科学区真正地发挥其教育价值。

科学区一般应设立在活动室里的安静区域，因为这样可以让幼儿能够较少受到其他活动的干扰，专注地从事自己当前的活动。教师可以采用一些矮柜、隔板等将科学区和其他区域进行一定的隔离，让科学区具有一定的封闭性。科学区的设置同时还要考虑水源，因为很多的科学活动需要用水开展，一些科学工具也需要用水进行清洗，所以安排在水槽附近是一个不错的选择。如果可能的话，科学区应尽量大，能够容纳多个幼儿和教师一起活动，教师的参与是对幼儿科学概念和科学经验发展的重要支持，教师介入的活动往往能够持续时间更久，探索更加丰富和深入。一些科学区的活动需要用到光线，所以科学区的采光也应该纳入考虑之中，可以设置在窗户附近，便于接受自然光照，也可以采用射灯等形式，提供人造光源。科学区应该有用于存放材料和工具的桌子和架子，要保证这些桌子、架子的高度符合幼儿的身高，让幼儿能够自主取用需要的材料，同时在桌子或架子上材料的摆放位置应该贴有对应的标签，便于幼儿在用完后根据标签的指引放回原位，这些标签最好是图文结合的形式，可以让幼儿获得前阅读的一些经验，一举两得。在科学区，还应该有专门用于张贴幼儿科学观察记录或科学发现记录的布告栏，让参与科学区的幼儿了解当前科学区进行了哪些活动，从而形成一种班级共享的经验。科学区同样应具有吸引力，教师可以像角色区那样，给幼儿提供科学家的一些服饰，如做实验的白大褂或防护服等，并可以在服饰上标注"科学家"等字样，让幼儿形成角色意识，向往科学家的身份，愿意主动到科学区活动。

为了有效满足幼儿的需求，帮助他们获得科学知识和技能，并促进其科学态度和探索精神，需要审慎考虑科学区投放的材料。一个富有创造性的科学区更像是一个实验室，而不是博物馆，教师应注重材料的操作性而不是美观性。科学区的材料是用来操作的，而不仅仅是欣赏，可触可感的材料给幼儿了解不同的物质及其特性提供了机会，例如在科学区投放收集的各种自然材料，包括羽毛、松果、石头、贝壳和骨头等。教师还可以投放天平让幼儿对这些物质的重量进行测量，或是投放不同倍数的放大镜、双筒望远镜等工具，让幼儿拥有一种不同于传统的新鲜视角体验。科学区提供的材料应当能鼓励幼儿的探索和实验，例如提供管子和弹珠，让幼儿设计弹珠的滚动轨道，验证弹珠的滚动路线会如何随着管子的变化而变化。教师还可以提供不同大小和重量的管子和弹珠，增加此活动的多样性和趣味性，拓展幼儿的实验。其他的探索材料也同样有效，如磁铁、海绵、显微镜、培养皿、测量用的尺子、滴管、滑轮、钳子、小螺丝刀、印刻用的黏土、标本袋、盒子、网、水和油等物质，这些工具可以充分地支持幼儿创造性地开展各类探索性活动。在幼儿进行探索或实验时，给幼儿提供多样的记录工具对于幼儿展示自己已有的科学知识、呈现科学过程中的发现、总结归纳科学结论等具有很大的助益。教师可以投放纸张、图表、录音机、日记本、记录单、铅笔、各种颜色的记号笔，鼓励幼儿用不同的方式表现他们的知识和发现。此外，一些能够提供信息资源的辅助性材料也能够帮助幼儿顺利地完成自己的探索活动，如书籍、海报、录像、电脑等，幼儿可以借助于查阅有关资料对自己的活动或模型进行修正和完善。教师精心制作的科学词汇表也能够帮助幼儿在探索中丰富科学相关的语言表达，学会用"融化""溶解""凝固"等专门的术语来描述科学现象。因此，在创设科学区时，教师关键是要提供活动、实验和观察记录的各种必要工具、资源和材料，这样才能保证幼儿围绕着科学概念和知识展开长时间的探究，在具体的操作中修正自己已有的一些错误认识，形成正确的科学理解和观念。在实践中幼儿可能需要一定的时间来熟悉科学区内的工具、材料和资源，因此教师不必要每周更换科学区内的工具、材料和资源，但是当幼儿在探索中出现新的问题时，或是已有的资源不足以支撑幼儿继续探索时，教师应及时增加或更新区域材料，保证幼儿探索活动的继续进行，直至他们解决当前正在探究的问题。

（二）科学发现室的管理

科学发现室是幼儿园专门建立的供幼儿进行科学活动的场所，为幼儿提供了适宜其发展水平的各类工具、材料和资源，以及提供了充足的操作、想象和创造的空间。可以说，科学发现室是班级科学区的一种扩展，但是相比科学区，科学发现室无论在空间的大小、材料和资源的丰富性、学习交往情境的复杂性以及活动的可能性上都有着无可比拟的优势。在班级科学区内，受限于空间的大小和材料的种类及数量，幼儿难以展开比较复杂的探究活动，而科学发现室作为幼儿园的公共共享资源，面积大且资源丰富，能够很好地对班级科学区进行补充。在日益强调创新精神的现代社会，科学发现室作为幼儿进行科学探究活动、培养科学精神和创造能力的重要场所之一，已经成为幼儿园科学教育领域的新宠儿。自20世纪90年代以来，科学发现室在我国的幼儿园得到了一定程度的普及，其对于改变我国部分幼儿园科学教育中普遍存在的重讲解轻发现、重知识轻能力、重集体教学轻个别探究等现象有积极的意义。但是在实践中会发现，一些幼儿园里科学发现室的设施设备、材料资源、开展的活动等离倡导者的理念还有一定距离，甚至于科学发现室的发现和探索价值没有得到真正的体现。例如，有的幼儿园科学发现室的设施和材料过于高档化，购买了很多正规的仪器和设备，有一些甚至是中小学科学课程中才能够使用的，无论是型号还是设备，完全不适合幼儿园使用。幼儿无法独立操作这些仪器，也无法真正利用它们开展科学探索活动。有的幼儿园购买的材料过于成品化，比如购置了很多木制或金属制的动物模型或是一些动物标本，这些材料一方面非常昂贵，园方会担心幼儿损坏它们，另一方面由于这些模型或标本的结构是固定不变的，因此仅有观赏的价值，并不能真正引发幼儿的探索活动，所以一些幼儿园科学发现室里的模型或标本已经成为纯粹的摆设，在科学发现室的一角静静地待着，落满了灰尘。当然，这种现象可能也与教育行政部门的考核存在一定关联，有的地方教育行政部门仅仅是要求幼儿园设置科学发现室，对科学发现室要开展的活动及其质量却没有明确的指导，这就导致有的教师并不能够充分理解科学发现室的作用，因而也无法真正地利用它来促进幼儿的发展。所以，提升教师对科学发现室的认识和理解，让教师懂得如何创设科学发现室，如何在科学发现室组织开展相应的活动迫在眉睫。

在创设科学发现室时，应时刻注重科学发现室所鼓励的探索和发现精神。幼儿园如果有条件的话，可以对科学发现室的外部造型进行设计，例如设计为具有科技感的形态，以吸引幼儿的兴趣，让幼儿对科学发现室产生向往。如果一个幼儿园仅仅是为了设置而设置，比如在教学楼的角落随便找了一间屋子，其外部造型与一般的办公室无异，仅仅是门牌上标志着科学发现室几个字，那么在第一印象上便不能够吸引幼儿的兴趣。如果没有条件改变外部造型，可以对房门进行设计，例如绘制一个巨大的问号，让幼儿意识到这里是提问的地方也是一个不错的选择。在科学发现室的内部，可以装饰一些人体结构图、天体运行图或生物进化图等，给幼儿形成一种视觉上的冲击。

在对科学发现室内部区域进行规划时，可以将内部划分为物理科学区、生命科学区以及地球和空间科学区，按照不同的区域类型去规划材料和活动。物理科学是关于无生命事物的研究，学前儿童可以在此区域学习固体与液体的属性，物质的位置与运动，声音与光的属性和特征等。就液体的探究而言，教师可以提供日常生活中常见的不同种类的液体给幼儿，如洗洁精、油、蜂蜜、水、糖浆、醋、蚝油等，让幼儿尝试将上述液体滴在餐巾纸上，探索不同种类的液体在纸上的扩散速度；也可以让幼儿把同一种液体滴在不同类型的材料上以探索材料的吸收性，如布、纸板、报纸、牛皮纸、锡纸等。教师还可以组织幼儿探索水与液体混合后发生的变化，例如把水和油混合在一起，看看二者是否相互交融还是保持分离的状态。沉浮实验是关于固体和液体的经典探究，是否在水中沉浮是固体的属性之一。教师可以提供不同材料的物体，如乒乓球、棒球、小铅球、塑料汽车、纸盒、吸管等材料，让幼儿探索这些材料在水中是沉下去还是浮上来，在进行实验之前，可以让幼儿先进行预测和猜想，通过实验来验证结论，观察到的结果也可以被记录在表格中。此外，磁铁也是一种有趣味性的材料，教师可以给幼儿提供螺丝钉、纸张、纽扣、铝纸、硬币、回形针、橡胶圈、剪刀、橡皮、瓶盖等材料，让幼儿探索这些材料能否被磁铁吸引。磁铁的种类可以多样，如条形磁铁、马蹄形磁铁、环形磁铁等，让幼儿探索哪种磁铁的磁性最强哪种最弱。幼儿还可以尝试用磁力推动玩具向前向后运动，例如在纸质的小船上放置回形针，将其放入水中，用磁铁吸引小船在水面移动。生命科学是对有生命物体它们之间的关系以及它们与环境之间的关系的研究。学前儿童的生命科学可以学习生物的物理特征、基本需求、简单行为、生命周期、生物的变化和多样性、生物与环境的关系等内容。生命科学区可以投放一些动植物标本或者昆虫活体，让幼儿对生物的特征有一定的了解，而且相比于饲养区的乌龟、鸡鸭等动物，昆虫如蟋蟀、蚯蚓、蝴蝶、蛾子等的寿命相对短暂，可以让幼儿对生命的周期及生命各阶段的变化有更加直观的认识。科学发现室的生命科学区与种植区和饲养区可以形成相互的补充，让幼儿对生物及生命的认识更加深刻。地球和空间科学是探究地球、气候、太阳系和宇宙的科学，学前儿童可以在此区域了解地球的结构和材料（如土壤、岩石、水和冰等），还可以认识地球在宇宙空间中的位置，了解太阳和月亮的运动模式及变化。教师可以给幼儿提供根据颜色、质地和黏稠度进行分类的各种土壤，让幼儿使用放大镜探索土壤中都有哪些物质，一些土壤中的物质能否被磁铁吸引,以及土壤在水中如何变化。不同大小、颜色和硬度的岩石也是很棒的探索材料,幼儿可以对其大小、重量、硬度等属性进行测量。关于岩石介绍的书籍可以作为辅助性的材料提供给幼儿使用。一些反映地球结构的模型,以及地球、月亮、太阳相对位置的装置可以帮助幼儿理解地球以及宇宙中的星体运动,激发起对浩瀚无垠的宇宙的向往。

(三)种植区的管理

种植区是在室内自然角或室外种植园地为幼儿提供常见易养的植物,让幼儿在种植、采摘等直接体验和实际劳动的过程中学习观察植物的生长变化过程。种植区为幼儿,特别是城市中的幼儿提供了亲近自然的经验,对幼儿的发展具有重要价值。我国"现代幼儿教育的奠基人"陈鹤琴曾指出:"幼稚园要布置一个科学的环境,尽可能地引导儿童栽培植物(花卉、蔬菜),布置庭院,从事浇水、除草、收获种子等工作,并饲养动物。经常指导儿童对环绕着他们的自然界的事物和现象进行观察和研究,从园地的栽培管理,动物的饲养以至日月星辰的变化,鸟雀鸣虫的歌声,透过儿童的双手和感官,使儿童对自然界的事物得到正确的认识,使儿童懂得自然界与自然现象之间的关系。"陈鹤琴表达了对建立幼儿与自然之间联系的期待。与之相似,美国作家理查德·洛夫在《林间最后的小孩——拯救自然缺失症儿童》一书中曾创造性地提出了"自然缺失症"这一概念,他认为随着工业化、城市化和社会现代化的不断发展,人类正逐渐远离自己曾经生活的山川、森林、溪流和原野,成为钢筋水泥筑造的高楼大厦中的生物,满目所及是冰冷冷的现代化建筑和钢铁制造的设施设备,儿童不再能够像过去那样自由地在田野上奔跑,享受清风拂面、鸟语花香的乐趣。这种"去自然化"的生活,造就了患有"自然缺失症"的儿童,他们与自然的联系正在削弱,取而代之的是空调、电视机、电脑、动画片、网络游戏……理查德认为这种自然缺失症会造成儿童感官的逐渐退化,导致肥胖率增加、注意力紊乱、抑郁等不良后果,同时也可能会损害儿童的道德、审美和智力。不妨想象一下,如果作为社会未来的儿童不再关心自然,缺失对生命和自然的敬畏与敏感,长大后他们又怎么能够会关心地球环境和人类的命运?所以,重建人类与自然之间的联系,恢复儿童与自然界之间的纽带刻不容缓,因为它不仅是美学或者公正的需要,也是人类心理、生理和心灵健康的需要。种植区便是重建儿童与自然关联的一种尝试,通过让幼儿种植一些常见的植物,让他们理解种子从发芽、开花到结果的生命历程,体会每一棵小草、每一朵小花背后都是生命在努力绽放,让儿童形成对自然的敬畏与热爱。

在创设种植区时,首先应考虑的是种植区的选址,由于蔬菜、花卉或农作物需要特定的生长条件,因此种植区在选址时要尽量选择阳光充足、排水方便、距离水源较近的地方。有条件的幼儿园可以选择较大的一块空地开辟为种植区,便于幼儿集中观察和劳动。如果园所空间有限,也可以将种植区分散在户外的各个边角处,根据植物的习性为其选择恰当的位置。例如,喜阴的植物可以种植在教学楼的背面,喜阳的植物则可以种植在正面保证充足的光照。在确定好选址后,接下来要考虑种植区的土质,以土质疏松、土壤肥沃为佳,如果土质较为贫瘠,则必须进行一定的改造,如添加土壤营养剂等,使其适宜种植活动的开展。对于种植区的分配和管理,教师需发挥各自的智慧,如果种植区较大,可以每个班级划分一定的区域,种植该班级幼儿喜爱的植物,由各班负责专门照料。如果种植区本身很小,则没有必要再细分，可以由全园共享，共同承担照料的责任。在种植蔬菜、花卉或农作物时，要在每列或每行之间留出行走的通道，便于幼儿贴近植物观察、浇水、除草等。如果植物种植得过于密集，中间无法行走，那么幼儿只能围绕着种植区的边缘开展一些活动，其作用也就大大降低。种植区应常备必要的劳动工具，如小铲子、小耙子、小箩筐、小水桶、喷水壶等，这些工具须适合幼儿使用，应小巧、轻便、安全。

在选择种植植物的种类和数量时，教师首先应明白园所种植和农业种植的区别，农业种植的根本目的是为人类生活提供必要的物资，其经济效益是第一位的，而园所种植其根本的目的是发展幼儿的种植经验，并非为了产出特定的作物，所以教师要做的是尽量在有限的时间和空间里为幼儿提供多元化的种植体验，而没有必要大面积种植同一类型的植物。在选择种植品种时，要结合幼儿园所在地区的地理位置、气候特点和实际情况而定，一般以经常食用的蔬菜和一年生草本花卉为主。根据食用器官可以把常见蔬菜简单分为根菜类、茎菜类、叶菜类、花菜类、果菜类。根菜类指的是以食用肥大的根部为主的蔬菜，如萝卜、胡萝卜等。茎菜类指的是以食用肥大的茎部为主的蔬菜，如莴笋、茭白、竹笋、马铃薯、莲藕、姜、荸荠、洋葱、大蒜等。叶菜类指的是以鲜嫩叶片及叶柄为食用部位的蔬菜，如小白菜、大白菜、荠菜、菠菜、苋菜、莴苣、茼蒿、芹菜、大葱、韭菜、茴香等。花菜类以花器或肥嫩的花枝为食用部位，如花椰菜、芥蓝等。果菜类是以果实及种子为产品的蔬菜，如南瓜、黄瓜、冬瓜、丝瓜、苦瓜、番茄、辣椒、茄子、菜豆、豇豆、刀豆、豌豆、蚕豆、毛豆、菱角、秋葵等。教师可以根据生长的季节及条件组织幼儿种植、照料不同品种的蔬菜，认识日常生活中常见的蔬菜名称、外形及生长习性，增加生活经验。花卉的选择应无毒、少刺、无刺激性气味、花朵鲜艳或有香气的品种，如太阳花、凤仙花、向日葵、牵牛花、鸡冠花、四季海棠、茶花、菊花、迎春花、炮仗花等。此外，有条件的幼儿园还可以种植一些粮食作物和经济作物，如玉米、小麦、棉花、花生等，数量不用过多。

种植活动一般在春秋季进行，主要是春季，当然南方一些地区气候温暖，没有明显的四季变化，整年都能够开展种植活动，因此要把地域的差异考虑在内。在春种时，首先从整地开始。教师可以和幼儿一起用铲子将土块敲碎，并捡去土地上的垃圾、石块等杂物，用耙子把地耙细，接下来就可以播种了。教师应根据整体的设计和安排，在合适的时间和区域播种合适的种子，选取的种子应颗粒饱满、无虫害。教师也可以给幼儿提供品质不一的种子，让幼儿通过劳作来实际验证哪类种子能够最终成活，经历尝试和体验失败也是种植区活动的教育价值之一。播种的方式有散播、条播、点播等不同的类型，散播适用于种子较小、播种量大的植物（如青菜、萝卜等）；条播适用于种子稍大一些的植物（如大豆、瓜类、花生等）；点播适宜于种子较大或植株较大的植物（如向日葵），在播种时要保证留出一定的间距。播种时需特别注意不要出现幼儿误食种子或将种子塞入鼻孔、耳朵等危险行为。播种后给种子盖上土，浇点水，接下来就要等着种子发芽、成长，在此期间教师和幼儿要做好管理工作，如采用值日生的形式，组织幼儿定期给植物浇水、除草、施肥等，对于一些藤本植物，在生长到一定时期时需要搭架子，教师可以和幼儿一起来完成，这个也适合开展STEM项目学习。在整个照料过程中，教师可以在种植区放置用于观察、记录和测量的材料，如放大镜、尺子、纸笔等，让幼儿通过科学的观察和测量记录植物的生长变化。经过长期的照料和管理后，最终会迎来收获的时刻。幼儿园可以组织盛大的丰收节，让幼儿享受收获的喜悦。在收获时，教师可以组织幼儿对收获的果实进行分类，对于可食用的果实可以分享给大家一起品尝，享受自主劳动带来的快乐。在种植区，除了土培植物之外，还可以水培、盆栽、无土栽培、大棚种植等方法，扩充幼儿的种植经验。

种植区活动的顺利开展需要教师具备较多的种植知识和种植经验，这是顺利开展种植活动的重要基础。但是现实中幼儿教师的种植素养普遍不高，在种植活动中大部分教师均表示遇到"种植活动缺乏专业的技术指导，植物难以养活"等问题。因此，幼儿园应积极开展各种培训来提升教师的种植素养，为教师提供多种途径的技术指导，提高教师的种植知识与能力。首先，幼儿园可以带领教师"走出去"，如组织教师到专业的农业科学院进行种植知识的学习、参观植物园、参观农场、下乡观摩田间劳作、聆听相关的植物知识讲座，或者参观种植活动示范幼儿园等。其次，幼儿园可以把专业人员"请进来"，如邀请种植经验丰富的家长或专业人士到幼儿园中实地指导种植活动、邀请专家来幼儿园开展专题讲座，通过专业人士的引领，进一步提高教师的种植素养。

（四）饲养区的管理

饲养区指的是在幼儿园室外设置一些小屋或小棚，供幼儿饲养常见动物的场所。在饲养区具体的饲养过程中，幼儿能够了解动物的名称，观察动物的外形差异、饮食习惯、生活习性、行为方式，丰富相关的经验；同时也能够通过饲养的过程直观地感受到动物的生长发育和变化，借助于繁殖、出生、死亡等现象，幼儿可以直观地感受动物生命的存在，感受自己的行为与动物生命之间的关系，从而真正地了解生命、珍惜生命，萌发爱护动物、亲近自然的情感。印度哲学家克里希那穆提曾指出：我们对自然了解得太少，比如我们不了解昆虫，不了解青蛙以及在群山之中呼唤同伴的猫头鹰，我们似乎从来不去感受地球上所有的其他生物。饲养区为我们提供了了解动物的一个窗口，在这片小小的天地里，幼儿与大自然建立起了联系，逐渐意识到自己应该对世界上的其他物种采取一种负责任的态度，因为这个世界不仅仅属于人类。

饲养区的选址一般应远离幼儿生活和学习的区域，避免因动物叫声或粪便气味等因素影响到幼儿的正常学习活动，此外饲养区要求地势较高、阳光充足、空气流通、排水顺畅，并且便于打扫。幼儿园也可以结合季节与风向，在一年中灵活地变换饲养区的位置。在确定好位置后，可以考虑为动物设计居住的场所，如修建一些笼舍，这也是进行STEM项目活动的良好机会，可以让幼儿综合运用科学、技术、工程和数学的知识与经验。修建的笼舍一方面要实用，如具有防雨、防风、防潮、防寒、防暑等设施，另一方面还可以兼顾美观和趣味。出于人道主义和生物伦理的考虑，动物居住的场所应尽量接近自然的生存环境，尽量避免出现把小动物关在狭小的笼子里，限制其正常活动的状况出现。

做好必要的前期工作后，接下来要确定的是饲养的动物类型，有一些幼儿园盲目求新求异，在饲养区饲养了一些或价值不菲，或体型巨大，或习性特殊，或难以饲养的动物，如猕猴、马、驴等，由于习性的原因，这些动物存在攻击人的可能，所以只能被困在棚舍之中，幼儿很难近距离接触，这就限制了幼儿探索的可能性，也无法产生预想的教育价值。因此，在考虑饲养动物的类型时，要选择那些便于饲养和管理、比较温顺、体型较小的动物。幼儿园饲养区经常饲养的动物可以分为禽类、畜类、鸟类、水生动物等几类。禽类的身体比较小，也比较温顺，深受幼儿的喜爱，如鸡、鸭、鹅等。畜类的身体相比于禽类要稍大一些，如兔、羊、猪、猫、狗等，它们需要较大的居住和活动空间。鸟类如鸽子、鹦鹉、孔雀、画眉等，呻吟甜美清脆，形象美观，也适宜进行饲养。一些水生动物如鱼、乌龟、虾等可以考虑在幼儿园有水源的地方进行饲养，如修建专门的池塘或者修建贯通全园的小溪流等，既具有欣赏价值，也具有教育价值。有的幼儿园室内的自然角中除了种植一些植物外，还会饲养一些小型的动物，如金鱼、小乌龟、蝌蚪、蜗牛、蚕、蚂蚁、蝴蝶、小白鼠、仓鼠、小刺猬等，这些小动物可以请幼儿从家中带来，进一步增加幼儿的责任感。与户外的饲养区相比，班级内部一般采用小笼子、玻璃瓶、玻璃缸等器具进行饲养，饲养的动物可以根据季节进行灵活的调整和变换，或者与主题进行结合，根据主题的需要选择相关的动物。开展饲养活动与开展种植活动的目的是相似的，并非为了经济价值，而是为了让幼儿通过观察、照料动植物，收获相关的经验。在饲养区，教师可以投放必要的观察工具和测量工具，如放大镜、尺子、天平等，引导幼儿进行观察、比较，并做好记录。对于饲养区动物的照料，可以采取分班级照料的形式，让班级领养各自的小动物，每天安排值日生去投喂食物和水或者进行卫生打扫，也可以采用全园共同饲养的形式，由愿意饲养的小朋友轮流进行。当然，除了由幼儿对饲养区的动物进行照料外，有必要安排门卫、保育员或厨房工作人员负责专门的饲养活动，协助幼儿完成饲养任务，保证饲养区动物在节假日等时期也有足够的食物和水等。

在对饲养区进行管理时，应该做好长期的规划，根据当地的生存条件和季节时令，确定不同年龄阶段幼儿饲养活动的主要内容，把饲养活动和幼儿园课程紧密结合起来，特别是与学前儿童科学教育结合起来，让幼儿在照料和喂养小动物的过程中感悟生命的存在和生长。饲养、照料小动物是一项需要长期进行、耐心细致的工作，教师可以利用饲养活动培养幼儿的坚持性，让幼儿对饲养的动物产生责任意识，懂得按照动物的生活习性定量定时喂养，而不是想起来才去喂养一次。小班的幼儿由于年纪较小，操作能力不足，饲养的动物应少一些，可以做一些简单的工作，如给金鱼、蝌蚪喂食。对于中大班幼儿来说，能够承担的任务则可以更多，包括换水、喂食、修缮笼舍、清理卫生等。当然在此过程中教师应给予必要的指导，比如喂食不宜过多，不能够给小动物投喂不宜食用的东西，不惊吓、激怒小动物等。在饲养活动进行的过程中，教师应引导幼儿关注动物的外形特征、生活习性和随着时间而发生的成长变化，培养幼儿的观察力，引导幼儿建立动物与环境和人的关系。例如，教师可以指导幼儿看一看小动物长得是什么样子，身体表面覆盖着什么，摸一摸动物的羽毛或皮毛，观察动物喜欢吃哪种食物，看看动物是怎么走路或者飞翔的，或者经常去看一看小鸡长大了没有，母鸡有没有生蛋等。在与动物的亲密接触中，幼儿能够逐步养成对动物的情感，形成热爱自然的种子。在饲养过程中，教师还可以帮助幼儿一起采用多样的方式记录动物的成长，如采用记录表格或者拍照、录像的形式，并及时讨论动物身上发生的变化，利用好动物求偶、繁殖或死亡等的教育契机，让幼儿理解生命的周期和死亡的意义。例如，有的幼儿园饲养了一公一母两只山羊，让幼儿得以见证母羊从怀孕到分娩出小羊羔的重要时刻，给幼儿留下难忘的记忆。

（五）气象区的管理

气象区是幼儿对气象要素进行观测，让幼儿了解天气状况的场所。每天的天气状况都是幼儿、教师及家长关心的话题，例如暴雨可能导致暂停入园，下雨需要打伞、穿雨鞋等，幼儿会对每天的天气有很多疑问，自然也会对天气状况产生探究的兴趣。天气与人们的生活息息相关，关系到人们的日常行为、身体健康、生活环境、交通与经济等方方面面。美国疾病控制与预防中心对瘟疫病原区进行的调查表明，大多数瘟疫的爆发是由突发而剧烈的气候变化引起的，如暴雨、干旱。极端的天气（如龙卷风、台风）不仅会直接造成人员伤亡，还会造成水源污染、粮食减产等间接影响。天气状况也显著影响着交通与经济，如雾霾、大风、积雪、暴雨等天气及其次生的洪涝、泥石流等灾害会导致大量的交通事故、造成机场和港口停止运行等，给国计民生带来巨大损害。正是由于天气与人类生产生活的密切关联，所以才要重视对气象的研究。因此，1960年6月世界气象组织通过决议，将每年的3月23日定为"世界气象日"，又称"国际气象日"。每年的"世界气象日"都要确定一个主题，世界气象组织要求各成员国在当天举行纪念和宣传活动，广泛宣传气象工作在人类生活和生产活动中的重要作用。2020年"世界气象日"的主题是"气候与水"，2021年"世界气象日"的主题为"海洋、我们的气候和天气"，2022年"世界气象日"的主题为"早预警、早行动"。开展"世界气象日"活动的主要目的是让各国人民了解和支持世界气象组织的活动，唤起人们对气象工作的重视和热爱，推广气象学在航空、航海、水利、农业和人类其他活动方面的应用。

瞬息万变的天气能影响到地球上几乎一切生命活动，观察和探究各种天气变化和它对人类生产、生活以及动植物带来的影响，不仅充满趣味且具有重要的意义。我国早在20世纪30年代的《幼稚园课程标准》中就指出，要引导幼儿对自然环境进行观察，提升幼儿对日、月、雨、雪、晴、风、云等自然现象的认识并进行逐日气象的填记。2001年教育部颁布的《幼儿园教育指导纲要（试行）》中指出，科学教育应让幼儿对周围的事物、现象感兴趣，有好奇心和求知欲；关心周围环境，亲近大自然，珍惜自然资源，有初步的环保意识。科学教育应密切联系幼儿的实际生活进行，利用身边的事物与现象作为科学探索的对象。这就要求教师应在幼儿生活经验的基础上，帮助幼儿了解自然、环境与人类生活的关系。让幼儿喜欢观察天气，能感知天气的明显变化（如阴、晴、雨、雪等）及其对动植物生长、人类生产生活的影响，能够主动适应天气变化。因此，在幼儿园设立气象区是一个不错的选择。

在创设气象区时，首先应考虑选址，气象区可设在幼儿园户外空旷的草地上，便于安装仪器以及监测户外的天气状况。气象区常用的仪器有百叶箱、温度计、湿度计、气压计、风向标、风速观测仪、雨量筒、蒸发器等。仪器可以采用专业的设备，也可以自制，如用竹竿系绸布带的形式自制风向标，用塑料瓶自制雨量筒等。幼儿园在创设气象区时可以借助于社会资源的帮助，如邀请当地气象局工作人员或高校气象专业的专家入园指导，帮助建设幼儿园的气象区，向教师和幼儿介绍基本的气象知识，气象仪器的作用、工作原理以及气象观测的基本方法。例如，在进行温度观测时，视线应与温度计水银柱顶端保持水平，读出上面的刻度；在进行风向观测时，在风向标下方观察风向标的指示方向并进行记录。有了成人的指导后，小气象员们每天就可以通过这些设备观测身边复杂而多变的气候，幼儿可以采用风、雨、雷、电、冰、雪、霜等天气预报的符号来记录天气的变化，告诉其他小朋友今天温度有多高、湿度是多大，刮的什么风，风力有多强，昨天到今天降雨量有多少等。一些动植物对天气变化的反应非常灵敏，可以利用动植物来预测天气变化，因而在进行气象观测时，教师可以指导幼儿将天气状况与种植区、饲养区的动植物状况结合起来，建立天气与它们之间的联系。例如，鱼需要呼吸水里溶解的氧气，天晴时大气压力高，水里溶解的氧气多，鱼会安静地在水下游动，阴雨之前气压低，深水中溶解的氧气大大减少，鱼纷纷浮到水面进行呼吸，因此可以通过观察鱼的行为结合对天气的观测来判断未来的天气状况。教师也可以将气象区与娃娃家结合起来，让幼儿根据天气的状况给娃娃增减衣物。总之，气象区的设立为幼儿营造了学科学、爱科学的良好氛围，在对气象进行观测的过程中，幼儿逐渐对天气状况敏感，对天气与动植物和人类生活的关系有更深入的认识。

以上关于幼儿园科学教育的园内资源管理的介绍，涉及科学区、科学发现室、种植区、饲养区、气象区的创设、规划、材料、活动等方面。教师应意识到无论是资源的选择与利用，还是开发与管理，都并非易事，需要教师付出相当的努力和大量的智慧，让这些科学资源能够真正服务于幼儿的科学探索活动，帮助幼儿获得有益的科学经验，掌握观察、记录、测量、对比、实验等科学技能与方法，形成爱科学、爱探究的精神与态度。

第四节 博物馆科学教育资源

如上文所述，学前儿童科学教育资源的涵盖范围甚广，除了能够供幼儿便捷使用的园内资源外，学前儿童科学教育也可以延伸到幼儿园之外，走到广阔的社会中去，充分利用社会上的各类机构开展科学教育。博物馆作为一个向公众开放的非营利性场所，其科学教育价值在近些年得到广泛的关注，因此本节主要讨论博物馆与科学教育之间的联系，以及如何利用博物馆科学教育资源来促进幼儿的科学探究活动。

一、博物馆与科学教育

什么是博物馆？对于这一问题，相信在不同的历史时期和不同的国家会有不一样的界定。可以确定的是，博物馆的角色定位和功能职责在历史的长河中不断地发生着变化，这反映出人们对博物馆的认识和理解在逐步加深。1946年，国际博物馆协会（International Council of Museum）成立，并对博物馆这一概念做出界定，认为博物馆是指为公众开放的美术、工艺、科学、历史及考古学藏品的机构，也包括动物园和植物园，但图书馆如无常设陈列室者则除外。1951年，国际博物馆协会对该定义进行修订，认为博物馆是运用多种方法保管和研究艺术、历史、科学和技术方面的藏品，以及动物园、植物园、水族馆的具有文化价值的资料和标本，以供观众欣赏、教育为目的，向公众开放的，为公众利益而进行管理的一切常设机构。1974年，国际博物馆协会通过《国际博物馆协会章程》，对博物馆的定义进行了完善，指出博物馆是一个不以追求营利为目的的、为社会和社会发展服务的、向公众开放的常设机构，为研究、教育和欣赏的目的，征集、保护、研究、传播并展示人类及其环境的见证物。2007年版《国际博物馆协会章程》中指出：博物馆是一个为社会及其发展服务的、非营利的常设机构，向公众开放，为研究、教育、欣赏之目的征集、保护、研究、传播、展示人类及人类环境的有形遗产和无形遗产。从国际博物馆协会对博物馆概念的数次变更中，可以发现博物馆已经由一个单纯的实体收藏机构向一个承担着研究、教育和欣赏职能的机构转变，教育已成为博物馆的核心职能。

为了让公众更加深入地了解博物馆事业，更好地发挥博物馆的功能，国际博物馆协会将每年的5月18日定为国际博物馆日，这一天世界各地的博物馆都将围绕着当年的国际博物馆日主题举办各种宣传、纪念活动。2022年的国际博物馆日主题为"博物馆的力量"，国际博物馆协会对其的解释是：博物馆可以帮助人们了解过去、打开思想、接受新的观点，从而构建更美好的未来，具体而言，博物馆可以成为实现可持续发展的力量、数字化与可及性创新的力量以及通过教育进行社区建设的力量。由此可以看到，博物馆正借由教育之路在社会建设方面扮演着越来越重要的角色。

其实早在20世纪40年代，中国现代考古学家、中国考古学之父李济就已经看到了博物馆的教育价值，尤其是科学教育价值。1944年，他在重庆广播电台曾做题为《博物馆与科学教育》的演讲。李济先生认为现代教育以科学为中心，但是实施科学教育不能仅仅依靠图书或文字，还应该依靠实物进行教育，博物馆就是实施实物教育的所在。儿童和青少年"在这里看见宇宙的现象，看见人类的历史，看见现代世界各处的生活情形，也看见火车、轮船、飞机、大炮、坦克车、无线电制造和使用的方法"。他认为这些经验对于个人的发展和国家的前途是非常有益的。1979年，由上海市科学技术委员会主管，上海科技馆主办，中国自然科学博物馆协会、上海科普教育发展基金会支持的《科学教育与博物馆》创刊，致力于推动基于博物馆的科学教育理论研究与实践探索。

在当今社会，越来越多的有识之士意识到博物馆丰富的馆藏为科学教育提供了大量可利用的资源，博物馆科学教育的概念深入人心。所谓博物馆科学教育，即依托博物馆这一公共场所开展科学教育活动。博物馆凝聚着人类文化遗产的精华，叙述着人类历史发展的进程，展示着人类整体的文明与智慧，具有独特的教育资源优势。博物馆可以呈现大量的生动有趣的科学现象，教师带着幼儿参观博物馆的过程中可以激发幼儿对科学的兴趣，拉近他们和科学的距离，使他们在感受科学乐趣、体验科学魅力的同时，形成对科学的正向态度。因此，参观博物馆，体验博物馆活动和课程，接受博物馆教育，也成为青少年儿童校外、幼儿园外社会实践的极佳选择。

二、博物馆科学教育资源建设

21世纪以来，随着社会经济的快速发展，中国的博物馆事业迎来高速发展的黄金期，博物馆不仅在数量上爆发式增长，而且在类型上也日益多元化。国家文物局发布的最新数据显示，2021年新增备案博物馆395家，备案博物馆总数达到6183家，排在全球前列，其中5605家博物馆实现免费开放，占比达90%以上。2021年全国博物馆共举办展览3.6万个，教育活动32.3万场，接待观众7.79亿人次。这些数据表明"到博物馆去"正成为新的生活方式和社会风尚，教育作为博物馆的核心职能日益凸显，而儿童，尤其是低幼儿童，已成为博物馆难以忽视的观众群体。

为了更好地在国内推动博物馆对儿童的教育功能，最大化博物馆教育资源的价值，2013年，北京师范大学教育学部中国儿童博物馆教育研究中心成立。2019年11月，中国儿童博物馆教育研究中心制定了中国儿童博物馆界的第一份纲领性文件《中国儿童博物馆行业指南（2019版）》，两年后《中国儿童博物馆教育实践指南（2021版）》（以下简称《实践指南》）正式发布，为博物馆服务0～8岁的儿童观众提供了原则性指导和具体的实践策略。《实践指南》指出，虽然我国的儿童博物馆教育在过去的十多年间做了大量的积极探索并积累了一定的实践经验，但是由于建设基础薄弱、发展历程较短、受重视程度不够等主客观原因，导致儿童博物馆教育存在一些亟待解决的问题，例如：空间上，功能单一，目标人群设定不明确；展览上，展陈呈现模式化，教育逻辑缺位；活动上，原创性不足，缺少相应评估；服务上，没有形成体系，体验感欠缺；人员上，教育学背景不足，专业性不够，培养模式不健全。

基于对以上问题的分析，《实践指南》提出了儿童博物馆教育应从以下几个方面进行提升：

第一，认识、理解、重视儿童群体的特殊性，确立儿童是主体的理念；

第二，关注不同儿童的发展差异和个性需求，明确分众是关键；

第三，认识到儿童教育事关博物馆中的每一个岗位，充分发挥博物馆的教育职能；

第四，要求博物馆关心困境儿童，推动公平正义。

《实践指南》中提出的通用性原则及针对具体问题的应对策略为我国当前博物馆教育事业的发展提供了有益的指导。

2020年9月，教育部和国家文物局联合印发了《关于利用博物馆资源开展中小学教育教学的意见》，从推动博物馆教育资源开发应用、拓展博物馆教育方式途径、建立馆校合作长效机制、加强博物馆教育组织保障等方面做出了明确指示，要求博物馆应丰富博物馆教育内容，动员馆内策展、文保人员以及专家学者、社会力量参与博物馆教育资源开发；充分挖掘博物馆资源，研究开发自然类、历史类、科技类等系列活动课程；加强博物馆网络教育资源建设，扩大博物馆教育资源的覆盖面；创新博物馆学习方式，综合运用解说导览、专题讲座、互动游戏、角色扮演、动手实践等方式，增强博物馆学习的趣味性、互动性和体验性；提升博物馆研学活动质量；纳入课后服务内容；推进馆校合作共建；加强师资联合培养；强化优秀项目示范引领等。这一文件虽然针对的是中小学阶段，但是对学前教育阶段博物馆教育资源的建设同样具有参考价值。在建设面向学前教育阶段的博物馆科学教育资源时，要做好以下工作。

（一）政策引领，条件保障

学前教育阶段不同于中小学阶段，学龄前儿童也不同于中小学儿童，有其独特的生理心理发展需求，政府层面应当出台相应的指导文件，完善组织领导制度，健全工作协调机制，建立考核评价办法，探索学前阶段利用博物馆资源的有效途径和方式方法。此外，行政部门要加强经费、人员、物资等方面的保障和投入，支持博物馆环境空间和设施设备的适宜性改造及相关活动、课程的策划、组织与实施，例如建设儿童博物馆或博物馆儿童专区，配备专职博物馆教育人员，设计开发符合幼儿学习规律的系列科学探究活动等，让博物馆真正成为适合幼儿体验科学、感知科学、欣赏科学的场所。

（二）研究先行，转变观念

相比于欧美国家大量的博物馆教育研究，当前我国博物馆教育，尤其是儿童博物馆教育仍处于起步阶段，因此要加大对儿童博物馆教育的研究投入，探索在博物馆这一特殊的机构中开展科学教育活动的方法和规律。其次，要加大宣传力度，促进博物馆工作人员、幼儿教师和幼儿家长三方实现观念的转变。博物馆工作人员应该认识到学前教育阶段对个体发展具有重要价值，作为公共机构有责任参与到儿童教育事业之中，博物馆不仅仅是一个储存藏品的场所，还是一个教育的场所，教育是博物馆的核心职能。对幼儿教师来说，应认识到幼儿园只是儿童接受教育的场所之一，更广阔的教育在社会之中，要让幼儿有机会走出园门，去体验博物馆中的科技与文明，在历史与未来交织的时空里感受人类社会的变革与进步。幼儿家长要抛弃对博物馆的传统误解，认识到幼儿也是博物馆的重要观众，博物馆中提供有大量的幼儿教育资源和活动。特别是现在很多博物馆都组建了专门的幼儿教育组，策划和组织相关的教育活动，家长可以带幼儿多多参与，在活动中让幼儿感受科学的魅力。

（三）多方合作，专业互补

教育部门和文物部门应支持幼儿园与博物馆建立起长期、稳定、互利共赢的关系，将博物馆打造成深受幼儿喜爱的科学实践基地。例如博物馆在策展时，可以与幼儿园通力合作，邀请儿童、家长、教师、专家等群体代表组成咨询委员会，征求相关意见和建议，必要时还可以请幼儿代表进行现场体验，获取直接的反馈结果。博物馆也可以开放一定的场地空间，允许幼儿园或其他教育人士举办儿童展览等活动。与此同时，博物馆应注重与高校、专业协会组织等的合作，加强博物馆教育人才的培养。目前我国从事专职博物馆教育的人员占比不高，针对学前儿童的专职人员则更少，应从长远发展的视角出发，开设相关专业或者在原有专业基础上增加有关课程，例如在学前教育专业人才培养中增加博物馆教育模块，从而建设充实、完备的博物馆教育队伍。另外，还可以鼓励在职博物馆员进修培训，提升其教育能力和水平，掌握与幼儿相处的有效方法。博物馆也可以采用聘请幼儿园教师作为兼职志愿者等形式，灵活充实博物馆教育师资，形成专业互补。

（四）项目示范，打造特色

随着博物馆事业的发展，博物馆逐渐多样化，除了传统的综合、历史、艺术类博物馆外，还有科技、民俗、遗址类等博物馆。国家文物局根据我国的实际情况，参照国际上一般使用的分类法，将中国博物馆划分为历史类、艺术类、自然科学与技术类、综合类四种类型。相对而言，自然科学与技术类博物馆在科学教育方面可以发挥更加突出的作用，馆中陈列有巨大的恐龙化石、色彩斑斓的蝴蝶标本、令人惊艳的琥珀、贝壳等，其独特的科学教育价值无可比拟。除了自然科学与技术类博物馆外，其他类型的博物馆同样可以在科学教育方面做出贡献，例如波士顿儿童博物馆设有"猜猜里面有什么"的展览区，将真实大小的烤面包机、抽水马桶、棒球等物品切成两半，将物品的剖面展现给幼儿，让幼儿对物品内部的构造一探究竟，满足了幼儿的好奇心和探究欲。因此，在具体开发、利用博物馆科学教育资源时，要注意结合博物馆本身的种类和特点，发挥其独有的优势，让博物馆的教育职能真正落到实处，打造一批卓越的博物馆科学教育示范点，让博物馆真正走进儿童的视野，使博物馆成为学前儿童科学教育的重要基地。

本章小结

本章主要围绕学前儿童科学教育资源进行阐述。首先，从广义和狭义的维度界定了学前儿童科学教育资源的概念，按照资源的性质和资源的空间对学前儿童科学教育资源的类型进行了划分，并分析了学前儿童科学教育资源的价值。其次，阐述了学前儿童科学教育资源在选择时应遵循的原则以及进行开发时可以采取的路径。再次，讨论了学前儿童科学教育资源在利用和管理时应注意的要点，从科学区、科学发现室、种植区、饲养区、气象区等方面进行了详细的阐释。最后，介绍了博物馆与科学教育之间的联系，以及当前广受关注的博物馆科学教育及其资源建设。通过本章的学习，学生将对学前儿童科学教育资源有较为全面的了解，在实践中能够掌握学前儿童科学教育资源选择、开发、利用和管理的方式方法，并探索利用博物馆开展学前儿童科学教育。

关键术语

学前儿童科学教育资源　园内资源　家庭资源　社区资源
学前儿童科学教育资源管理　博物馆科学教育

思考题

1. 思考科学教育活动的开展为何需要资源的支持和保障。
2. 思考学前儿童科学教育资源还有哪些价值。
3. 思考学前儿童科学教育资源在选择、开发、利用与管理时可能会出现哪些问题，应该如何解决。
4. 思考博物馆与科学教育的关系，尝试组织一次博物馆科学教育之旅。

建议的活动

建议阅读《中国儿童博物馆行业指南（2019版）》和《中国儿童博物馆教育实践指南（2021版）》，了解中国儿童博物馆教育的相关内容。

第七章 学前儿童科学教育的评价

学习目标

1. 了解幼儿科学教育评价的含义、内容与意义。
2. 掌握并运用学前儿童科学教育评价的方法。
3. 设计并实施学前儿童科学教育评价的方案。

> **导入案例**
>
> 某幼儿园正在开展教研活动，老师们都在讨论科学教育活动结束后教师应如何开展教育评价活动，如教育评价可以从哪些维度进行，评价内容有哪些等。

你认为科学教育评价应该如何进行？

评价是幼儿园教育工作的一个重要组成部分，幼儿园教育评价工作涉及不同的对象、目的和内容，渗透于幼儿园教学活动的各个环节。作为一名幼儿园教师，在对幼儿进行科学教育时，需要对幼儿的科学学习进行评价，科学教育行为本身也需要评价，评估幼儿的发展状况则需要了解课程实施的过程和结果。本章首先阐述学前儿童科学教育评价的含义、意义和原则，随后具体介绍怎样开展科学教育活动组织的评价和幼儿科学学习与发展的评价，最后介绍幼儿科学教育评价常用的一些方法。

第一节 学前儿童科学教育评价概述

一、幼儿科学教育评价的含义

幼儿科学教育评价包括两个方面的内容，分别是幼儿科学学习的评价和教师的科学教学组织评价。评价能够帮助教师更好地了解幼儿和改进教学，教师对幼儿科学学习状况的了解并非一定要通过严格、精确的定量分析方法，而更应在真实、具体的教育情境中，通过多样化的方式来收集信息，做出评判。幼儿的发展是指随着时间推移而产生的能力或行为的变化，它是成熟和后天学习经验共同作用的结果，评价只是关注幼儿发展的水平如何。而幼儿的学习是因经验而产生的变化，是在有目的、有计划、有组织的教育影响下发生的变化，因此科学学习的评价也与科学教育密切相关，是教师和学前儿童经过有关学前儿童科学的教育和学习，参照合理的衡量标准，通过一定的方法与途径，多方面搜集有关事实资料，加以比较分析、综合研究，从而获得对结果的了解与价值的判断过程。例如，对教师来说，在进行学前儿童科学教育时，判断是否把握了科学教育的原则、方法，以及科学教育活动的设计是否适当等；对学前儿童来说，在科学教育活动中，科学探究能力和科学态度是否得到了应有的发展等，需要及时做出正确的判断。因此，学前儿童科学教育评价是以学前儿童科学教育为对象，根据一定的标准，采用一切可行的评价技术和方法，对学前儿童科学教育的现象及其效果进行测定，分析目标实现的程度，做出价值判断的过程。

幼儿的科学学习包括三个维度，分别是科学情感与态度的养成、科学知识的学习、科学探究能力的获得。因此，幼儿科学学习的评估，从内容上来说同样包括三个方面，即对科学知识的评估，对科学探究能力的评估，以及对科学情感与态度的评估。幼儿科学教学活动的设计与实施主要包括四个方面：科学活动目标的制定、科学活动内容的选择、科学活动方法的选择、科学活动过程的组织。因此，幼儿科学教学的评价也可以相应分为这几个方面：科学活动目标的评价、科学活动内容的评价、科学活动方法的评价、科学活动过程的评价。科学教育评价还可以从动态和静态的维度划分，分为学习过程评估和学习结果评估。学习过程评估与教育过程密切联系，注重从动态的维度，追踪、呈现幼儿的学习和变化过程。而学习结果评估则是从静态的维度，鉴别、检测幼儿在接受科学教育之后的学习成果。

在当代教育评估的实践中，越来越强调教学与评价相结合的观念。也就是说，科学教学评价和幼儿科学学习与发展的评价并不是两个相互独立的活动，而是你中有我、我中有你的关系。科学教学本身就具有评价的作用，评价也不必独立于教学活动之外专门进行，可以结合教学进行，做"嵌入式评估"。

二、幼儿科学教育评价的意义

在幼儿科学教育评价工作中，对幼儿的科学学习与发展、对教师的科学教学进行评价具有多方面的意义。检验幼儿科学素养的发展水平与幼儿园科学教育活动的开展效果的同时也可以保证教育目标的实现，促进教育质量的提升，从而实现幼儿的全面发展。概括来说，幼儿科学教育评价的意义包括以下几个方面。

（一）诊断功能

教师在教学活动开始之前或之初，为了解幼儿已有的学习经验和认识，可对幼儿进行诊断性的评估。例如，教师在开展有关"影子"的教学活动之前，想了解幼儿对于影子的先有概念是什么，就可以通过和幼儿谈话，让他们说说影子是什么，影子是怎么来的。通过这样的评估所获取的信息具有"诊断"的意义，也就是说，教师可以通过评估了解幼儿有关影子的概念已经有了哪些认识，并对这些认识进行"诊断"：哪些是正确的观念？哪些是错误的观念？对于错误的观念，如何通过教学引导幼儿修正？由此可见，具有诊断功能的评估是有效教学的开始。

（二）反馈功能

学前儿童科学教育是在一定的教育目标指引下进行的活动，它最终是否实现了预定的目标需要通过评价加以检查和反馈。因此，学前儿童科学教育的评价是实现教育目标的基本保证。在具体的评价环节，可以对一个幼儿园开设的科学教育课程进行评价，通过对照该课程的目标体系，对课程设计和实施的整个过程进行系统的评价，从中了解该课程的实施是否实现了原定的教育目标；也可以对某一次科学教育活动的过程和结果进行评价，了解和评价教育活动的效果等。在教学活动过程中的评估则具有反馈学习状况的功能。教师为了了解教学的效果，可在教学过程中对幼儿的学习结果进行即时的评估。例如，教师开展了"寻找影子"的活动，让幼儿在操场上寻找各种影子并且画下来。教师逐一了解幼儿的发现和记录，通过这些信息来评估他们是否掌握了影子的特征（颜色、大小、形状等）。这一评估性活动可以向教师及时反馈幼儿的科学学习状况：幼儿是否知道什么是影子？他们对于影子的观察和表征能力如何？教师可以借助这些反馈信息来决定是否需要在教学过程中引导幼儿进一步观察影子的特征，或和幼儿讨论如何更好地表征影子的特征。

评估的反馈功能不仅指向教师，也指向幼儿。在上述例子中，教师和幼儿讨论其发现和记录，同时也是在向幼儿反馈其学习状况。幼儿通过这些反馈，可以明确自己对于影子特征的观察是否正确，对于影子的表征是否合适，还有哪些可以改进的地方，等等。通过科学教育评价，可以敏锐地发现新问题、新情况，并不断地加以修正，使科学教育的薄弱环节加强，改进科学教育工作。

（三）鉴别功能

评价结果有利于教师对幼儿学习与发展的支持，有利于鉴别幼儿的兴趣和需要，对个别幼儿制订计划和进行指导。幼儿学习与发展具有个体差异，教师需要了解幼儿的个别差异才能做到因材施教。通过对某个群体（如全班）幼儿科学学习的评估，可以帮助教师了解幼儿的个别差异。需要指出的是，评估可以鉴别幼儿的个别差异，并不是说要通过评估给幼儿贴上"好"和"差"的标签。教师应该了解并欣赏幼儿的个别差异，并将幼儿丰富多样的学习表现作为教学的资源，以促进幼儿的相互了解和交流，丰富其科学理解。

（四）激励功能

评估具有激励教学的功能。评估的结果激发教师改进教学的强烈动机。无论是正面的还是负面的评估结果，都能构成对教师的激励。此外，评估还具有对幼儿的激励功能。尤其是正面的评估结果，会激发幼儿持续深入地学习。往往教师对幼儿的一句不经意的赞许或表扬，都会给予幼儿自信和学习的动力。可见教师评估的意义有多么重要。例如，在引入一个主题后，教师给了每位儿童一个评论或提问的机会，而教师则迅速记下孩子们说的话，第二天教师把这些记录打印下来贴在教室的门上，供所有儿童查看，这些活动又会促使儿童更加积极地进行小组讨论、写日记以及绘画。

评价是一种价值判断，也是影响一个人学习能力的重要因素。传统的幼儿科学活动所关注的是科学知识的传授，导致评价的内容只注重幼儿是否掌握科学知识，评价的方式也一般是在活动后把孩子们集中起来进行简单的总结。《幼儿园教育指导纲要（试行）》指出，要"淡化评价的选拔和甄别能力，发挥评价的激励与促进发展功能"。在教育实践中，评估的各项功能的实现不是单一的，教师应综合考虑各方面的需要，尽量发挥评估的多方面功能，改变以往只重诊断性评价、终结性评价的倾向，采用多维度评价以促进每个幼儿科学素养的发展。

三、幼儿科学教育评价的原则

幼儿园科学教育是一种启蒙性教育和综合性教育活动，其评价不能仅局限于幼儿科学技能的掌握程度。幼儿园科学教育的评价要从评价主体、标准、方法、内容等的多元化入手，着眼于幼儿的学习过程和发展状态，推动幼儿对科学活动的积极参与以及科学教育活动质量的提高。幼儿园科学教育评价应遵循以下基本原则。

（一）多主体评价原则

《纲要》强调幼儿的主体地位，教师在科学活动中要改变以往单一的教师评价幼儿的模式，在活动中采用教师评价幼儿的同时引导幼儿开展同伴评价和自我评价，实现评价主体的多元性。例如，在"撒下水的是什么"这一教学环节中，教师在幼儿以两人一组合作实验结束后，用"你们实验成功了吗？那说说你们在实验中发现了什么？"这样的问题引导每组幼儿大胆介绍自己组的操作过程和结果，不仅可以帮助幼儿思考自己的行为，还有助于其他小组的幼儿了解同伴在操作过程中的想法和思路，通过参与评价综合比较自己的操作和探索。通过自评、他评、互评等多种方式相结合的方法，更好地实现幼儿园科学教育对于幼儿的多重发展价值。

（二）多角度评价原则

多角度评价原则，即对幼儿科学学习的评价不能只关注其科学知识、科学技能的习得水平，还要关注幼儿的科学情感态度、学习品质等的发展。

（三）发展性原则

发展性原则是指教师要将科学学习视为幼儿的学习与发展过程，要关注幼儿在科学学习过程中发生的变化和获得的发展，不以固定的评价标准来限制幼儿的科学学习。对幼儿在科学探究活动过程中存在的错误抱以宽容的态度，以表扬和鼓励为主，要通过给予幼儿成功的体验来激发他们的学习兴趣和自信心。

案例 7-1

在"土豆兄弟历险记"这一科学活动中，教师通过创设情境引导幼儿思考故事中土豆弟弟遇难后土豆弟弟为什么会浮上来，魔术师用什么样的东西救了它？教师抛出问题，积极调动幼儿思考"生活中有哪些东西是白色的、细细的小颗粒"。在幼儿积极回应时出现"盐""纸片""糖"等多种答案时教师不是单一的评价结果"对"或"不对"，而是用"这是你的想法""你是怎样想的呢？"让幼儿进行有效的自我评价，反思评价自己回答的答案是否符合教师先前设定的"生活中白色的、细细的小颗粒"的条件，经过思考就有幼儿否定了"纸片"，理由是"不是细细的小颗粒"。

案例分析：

幼儿在自我评价中主动反思，激发幼儿研究学习的兴趣，形成反思精神。

第二节　学前儿童科学教育评价的内容

幼儿园科学教育评价的内容可以从幼儿的科学学习评价和教师的科学教学评价入手，其中对幼儿科学学习的评价可以反映出教师的科学教育活动的实施质量，对教师的科学教学评价则可检视科学教育实施过程的合目的性。

一、幼儿发展的评价

幼儿发展评价是对幼儿发展状况的评价，作为一名幼儿园教师，在对幼儿进行科学教育时，需要通过了解与反馈幼儿的学习情况对幼儿的科学学习进行评价。幼儿的科学学习活动蕴含着丰富的教育目标，除了获得相关的科学信息，还包括儿童的情感体验以及学习能力的发展。比如，观察物理和自然世界中各种和谐的关系有助于儿童获得安全感和自信心，而儿童对未知事物的恐惧减少后，他们的胜任感和力量感也会得到增强。支持儿童的好奇心，不仅有助于他们问题解决能力的发展，也为他们学会如何学习提供了一条途径。此外，随着科学对社会的重要性逐渐为人们所认识，以正式手段评估儿童在科学中获得的成绩也越来越有必要。由此看来，在科学教育活动中，幼儿发展评价的内容是多元的，既关注幼儿在科学领域知识技能的获得，也关注幼儿的学习兴趣、情感体验、沟通能力的发展，了解幼儿的兴趣、个性特点、学习方式等。

1. 科学情感和态度的评价

科学的情感和态度主要包括儿童与材料的关系、儿童与同伴的关系、儿童活动的倾向三个方面。主要表现为儿童对周围世界的好奇心探索周围世界和学习科学的兴趣，以及儿童合作、关心、爱护自然和环境的情感和态度。科学态度还包括了好奇心、探究意识、执着的精神，还有敢于与众不同的勇气。科学态度是推动幼儿乃至成人追求与向往科学的原动力。只有当一个人形成了科学态度以后，他才会主动地探索和创造，并可能把科学作为自己一生的追求。假如没有科学态度，牛顿不会从苹果树上掉下的一个苹果出发而发现地心引力，富兰克林也不会用风筝上的钥匙来感知雷电，这个世界上其他许许多多的科学发明和创造也无法成为可能。例如，是否对周围环境中的新异刺激产生惊奇，做出积极的反应，并能集中注意，感知、观察、操作物体，提出问题，寻求有关信息和答案。是否对自然界和科学活动感兴趣，是否喜欢观察、探索自然界，是否积极参与科学活动，谈论自然界和科学活动，并在活动中表现愉悦的情绪。是否关心自然界，爱护保护动植物和周围环境。儿童科学情感、态度方法与他们已达到的概念水平和学习方法具有密切的联系，后者对了解和规划儿童今后的成长极为重要。儿童科学情感、态度方法的评价（见表7-1）应从儿童与同伴的关系、儿童与材料的关系、儿童活动的倾向三个方面进行。

表 7-1 儿童科学情感、态度等级表

维度	表现	等级
儿童和同伴的关系	只会独自无约束地操作	A
	能在别人的带领下活动	B
	能与别人合作活动	C
	能提出可为别人接受的活动建议	D
	会支配或告诉别人干什么	E

续表

维度	表现	等级
儿童与材料的关系	探究材料时犹豫不决	A
	探究材料的方法有限	B
	能做到教师所期望的	C
	能寻找独特的方法	D
	能寻求教师没有提供的材料	E
儿童活动的倾向	草草完成或根本就没有完成	A
	探究一会儿又去做别的	B
	能保持平稳的状态	C
	能专心致志地、热切地探究材料	D
	能提出下一个活动的建议	E

2. 科学探究能力的评价

科学探究能力指的是应用科学方法来解决问题的能力，它包括观察、比较、实验、归纳、推论、应用，还有交流，都是科学研究过程中所不可缺少的，具体表现在儿童的言语和具体的活动之中。其实，类似的科学方法在孩子们很小的时候就已经开始使用了。比如当孩子看蚂蚁打架时，他是在观察；当孩子把一块小石头放在蚂蚁的必经之路上来看蚂蚁如何攀爬时，他是在实验；当孩子经过用不同大小和形状的石头实验而得知蚂蚁在什么条件下会放弃攀爬时，他是在归纳实验结果；当孩子把自己的实验结果用图像或语言表达出来时，他是在与人交流自己的发现。孩子所做的这一切都是在自发地应用科学方法。而幼儿教师的责任就是通过不断地鼓励、提示与重复，把这种自发与随机的行为转变成幼儿有意识的、有目的的行为。

在评价学前儿童科学探究能力时应特别关注两个方面：一是他们的表达方式和内容，在他们的表达中包含着他们观察和思维的能力；二是他们的具体科学活动，在他们的具体活动中包含着儿童运用各种感官获取信息的能力。例如，评价他们是否能使用各种感官有顺序地观察，是否能用非正式量具测量物体，是否能尝试用正式量具测量物体，能否对一些物体进行比较、分析抽象和概括，是否有遇事思考的习惯，是否能以语言体态、绘画、塑造等手段表达交流科学探索活动中的发现、获得的经验和问题，以及探索的过程和方法等。

对不同的能力发展可以分为不同的等级标准进行测定和判断。例如，学前儿童分类能力发展的评价，可分不同的标准来判断（见表7-2）。

表 7-2 学前儿童分类能力发展的评价

	小班	中班	大班
目标标准	①能对4~6个刺激物按其外部鲜明、具体、直观的特征（如颜色、形状、大小、长短等）分成两个不同的类别 ②能按其基本概念、类别将物品分成两类	①能对6~9个刺激物按其外部直观特征（如颜色、形状、大小等）分成三个不同类别 ②能对6~9个基本概念、类别、刺激物分成3类，如将不同种类的鞋子、不同形状的桌子、不同种类的汽车各归为一类等 ③能对6~8个包含两种上级类别概念的刺激物分成两类（如将"动物"和"家具"各分为一类）	①能依据外部直观特征将10个以上的刺激物分为3~4个类别 ②能依据生活经验熟悉的上级类别概念将9个刺激物分为3类 ③经成人提示能解决简单的类包含问题
数量	4~6个	6~9个	10个以上
分出类别	两类	3类	4类以上
活动举例	在4个刺激物图片中有3个是不同种类的汽车，1个是鸭子，幼儿把不同种类的1个挑出来或者4个刺激物包括两个不同基本类别，让幼儿归为两堆	出示6件实物：儿童短裙、衬衣、裤子、肥皂、洗衣粉、洗发水，先请幼儿说说这些物品的名称，再将物品分为两类，哪几样可以放在一起，然后说说为什么这样分（引导幼儿说出短裙、衬衣、裤子是服装，肥皂、洗衣粉、洗发水是洗涤用品）	请3个男孩子、3个女孩子站在大家面前，他们分别穿着红衣服和黄衣服，幼儿可以先按性别把这6个小朋友分为男孩和女孩两类，再按穿红衣服和黄衣服把男孩分为两类，把女孩也分为两类

3. 科学知识经验的评价

幼儿阶段科学知识经验主要指那些可以感知和观察到的自然事物与现象以及事物之间、不同现象之间、事物与现象之间的关系，都是幼儿在日常生活中所经历的。具体来说，科学知识包括了物理现象（如水的不同形态）、化学现象（如醋与苏打的中和）、生物现象（如动植物的生长周期）以及宇宙气象（如季节变换、昼夜交替）、地理现象（如土壤、沙、石的不同形态）等方面丰富的内容。教师可以将活动计划和活动的设置相结合，持续考察这些内容的达成程度。评价活动中最有效的方法是持续对儿童进行观察，在儿童操作科学材料的过程中倾听他们的讨论并适当提问，将有助于教师发现很多的细节。例如，相关的问题可以包括"你发现了什么？""你可以给我演示下当……时会怎么样吗？"如果儿童对植物、动物或天气进行了长时间的观察，那么在结束时询问"关于……你发现了什么？"的问题，有助于教师对儿童的概念学习进行较为自然的评估。

教师可以把儿童的回答记录在简单的检核表上。如果情况理想，检核指标应当着重体现对基本概念的掌握、活动的完成情况以及儿童兴趣和满足感的具体表现。教师也可以利用这些数据进行自我评估，评价学习活动的有效性与价值。除了制作检核表，教师也可以引导儿童把所学的知识展现出来。"怎样把你对……的了解向大家展示出来？"孩子们的答案可以是一张日记索引、一幅图画、一个故事、一个舞蹈或一次口头语言描述。教师可以用一个作品夹或文件夹把儿童的表现及相关文字描述收集起来。同时，询问"关于……你还想到了什么？"的问题能够进一步评估儿童思维的广度。正如儿童可以在小组工作中获得知识，他们也可以合作展现他们的学习成果。年龄稍大的儿童可以用绘画或戏剧表演的方式来展现一个概念，而幼儿也可以通过创造性运动的方式参与其中。这时，教师可以记录下这些活动的细节，也可以用拍照或速绘的方式记录当时的情形。

评价者在进行幼儿科学学习与发展评价时要有正确的评价价值取向，采用动态评价的方式，持续评估幼儿的发展潜能，调整环境和材料的适宜性，并给予适宜的支持，引导幼儿发展。教师不应将个体评估作为考察儿童学习情况的唯一方式。

> **拓展阅读**
>
> ### 多彩光谱中的科学领域评价
>
> 多彩光谱项目评价活动旨在识别个体的智能，其假设是：因为认知发展是有差异的，所以每个儿童都有相对强项的领域。
>
> 多彩光谱项目的评价方法不是靠某种测试，而是为儿童提供在各个领域（社会、身体、音乐、数学、语言、机械、艺术和科学）活动的机会，了解儿童在这些领域所获得的经验。教师可以把多彩光谱材料视为有用、有效的工具，根据需要有选择性地使用。既可以吸收多彩光谱的理念，采用它的结构，把学习和评价结合起来，扩展儿童活动的范围，也可以用个别化的活动来支持教育领域的新尝试。
>
> 多彩光谱的评价方法具有三个显著的特点。
>
> （1）在有意义的真实情境中进行评价
>
> 多彩光谱的评价活动在儿童自己的环境中进行，就像教室里开展的其他活动一样。必要时教师给予帮助或提示，以便儿童能尽最大努力去完成任务。
>
> （2）模糊了课程和评价之间的界限
>
> 有些区域易于进行持续性评价，在儿童任务结束后还仍旧把材料放在教室里，这样可以获得丰富的随机信息：教师可以看到儿童记住了什么，在已学的基础上建构了什么；教师还可以观察到儿童是如何相互传授材料的使用方法的，又是如何创造性地使用材料的。
>
> （3）关注活动的风格特征
>
> 关于风格的项目有很多，如儿童的自信水平、坚持性、对细节的关注等。这些信息有利于教师辨别出儿童特定领域的或跨领域的活动风格。
>
> 科学领域的评价活动由以下几个活动构成：发现区活动评价、沉浮活动评价等。
>
> 1. 发现区活动评价
>
> 这部分考查的是儿童作为"自然科学家"对自然现象显露出的兴趣和理解所具有的敏锐的观察技能。在发现区，通过向儿童介绍各种生物和无生物的物体，鼓励

儿童对其进行观察、描述和分类。

在大约一年的活动中，引导儿童观察、探究和理解自然现象。活动区的活动和评价的结构性不强，主要不是进行单个的、正式的活动，而是让儿童在整个学年都接触到大量的自然科学活动。教师对儿童科学探究、科学观察中所含的认知成分进行正式或非正式的观察，从而对儿童做出评价。这些认知成分包括密切的观察、异同的辨别、假设的形成、实验以及对自然世界知识的兴趣。教师可以在室内、室外的各种活动中观察到这些成分。由于儿童的兴趣各异，所以要为他们提供广泛的科学体验。在对幼儿自然科学智能进行观察之前，教师需要认真研读评价标准表，熟悉各种规定。评价时使用发现区观察表，尽可能详细记录儿童的各种情况，包括问题陈述、兴趣、观察及解决问题的策略等。发现区观察表的结果不在于一个量化的分数，而是使教师通过此表全面了解儿童在自然科学领域的兴趣及其强项。

发现区活动评价标准：

（1）密切观察

①运用一种或多种感官密切观察材料，了解环境中物体的物理特性。

②长时间地注意观察某个物体的变化，如植物新生的叶子、树上的苞蕾、蝌蚪长出了腿等。

③喜欢通过画画、图表和序列卡等来记录观察现象。

（2）识别关系

①注意到物体之间的异同，喜欢对材料或事件进行比较，如把蜘蛛和蟹进行比较。

②根据不同的标准对物体进行分类，如根据颜色、形状、大小、质地等分类。

（3）形成假设

①根据观察进行假设。

②对自然物体或事件喜欢问"如果……会怎样"之类的问题。

③试着解释某种现象。

（4）实验

①在形成假设之后（这个假设可以是自己的，也可以是由他人提出的），产生实验的想法或创设简单的实验情境。例如，把大小不同的两块石头扔进水中，看看是否一个比另一个沉得快一些。

②操纵重要变量或把材料综合起来，以此来探索物体或物体之间的关系。

（5）对自然活动感兴趣

①长时间地对自然现象或相关材料感兴趣，自我学习的内在动机强烈。

②经常问与自己所观察的物体有关的问题。

③喜欢报告自己或他人在自然环境方面的经历。

（6）自然世界的知识

对某个自然物体或现象显示出不同寻常的广泛知识，如小虫子、恐龙。

自发地提供有关各种自然现象的信息，常常回答教师或他人提出的有关自然环境的问题。

2. 沉浮活动评价

这部分考查的是幼儿作为"实验型科学家"所具有的超越观察的能力以及运用所呈现的信息推断统领的规则的能力，这是科学思维中的一个关键元素。沉浮活动所标识的能力主要是进行科学思考的能力（如重量和漂浮的可能性之间的关系），提出假设并通过简单实验加以验证的能力。

活动的主要过程：

（1）预测和归类

按照"沉浮活动观察表"中的顺序拿出物件，在放入水中之前，请儿童先猜猜是沉还是浮，从第四次开始要问儿童为什么这样预测。逐一猜想和尝试拿走。从水中拿走最后一个物件后，让幼儿按沉与浮把物件分成2组，并询问归类的理由。最后，让幼儿把每一组物件再放进水中进行验证并解释它们沉或浮的原因。

沉浮活动观察表

第一部分：预测和分类

1. 预测：
①木制积木；
②螺母和螺钉；
③透明罐子；
④小软木塞；
⑤小石头；
⑥渔人玩偶；
⑦不透明的罐子；
⑧硬币或垫圈。
推理：为什么有些物体会沉下去（或浮起来）？
2. 分类：
①漂浮的东西有哪些？
②下沉的东西有哪些？
③为什么这么分类（如重量、大小、形状、颜色或其他描述）？
④为什么有的东西放在水里与预期的不一样？

第二部分：自由实验

尽可能详细地描述儿童的游戏行为、话语和问题，把那些被视为实验性的表现标注出来。

续表

第三部分：有组织的实验

1. "你怎样使这个容器沉下去的？"
①在容器里面放一些下沉的物品
②在容器上面堆放一些下沉的物品
其他（描述）：
2. "你怎样使硬币（或石头）浮起来？"
①在一个漂浮的物品（如软木塞、海绵）上放置下沉的物品
②在容器里放下沉的物品
其他（描述）：
3. "猜猜容器里是什么？"
4. 儿童的猜想及其原因是什么？
螺钉：
渔人玩偶：

（2）自由实验
把所有材料从水里和包里都拿出来，请儿童自由操作和探索。
（3）有组织的实验
①物体在上浮和下沉之间转换。让幼儿想办法把一件沉的东西浮到水面上；把一件浮在水面上的东西沉到水底。②猜猜所藏的物体。在不透明的罐子里放入一件下沉的物体（如螺钉），不让儿童看见，然后把罐子放入水中，让幼儿猜想罐子里是什么，并询问其猜测的原因。接着，在罐子里面藏漂浮的物体，操作同上。

二、科学教育活动的评价

科学教育活动的评价具体是指通过科学教育活动，对学前儿童身心发展水平以及活动所达到的目标和效果进行的评价。

1. 科学活动目标的评价

幼儿园科学探究活动目标蕴涵着不同阶段和不同性质的科学探究的价值，是幼儿园科学教育内容和教学策略的选择以及实际的组织、实施和评价提供必要的依据。目标的制定应体现不同年龄阶段幼儿的生理心理发展特点，将长期目标分解成与幼儿年龄相适应的适合幼儿学习与接受的短期目标。目标实施的难度与要求适当，充分考虑幼儿的年龄发展特点。涵盖科学知识经验、科学探究技能和科学情感态度三个方面内容。因此，在对科学活动的目标进行评价的时候，应当明确：①所制定的目标是否适宜幼儿在知识经验、探究技能与情绪情感三个方面的全面发展。②该目标是否与《3—6岁儿童学习与发展指南》与《幼儿园教育指导纲要（试行）》的要求相吻合。③为不同年龄阶段、不同层次的幼儿所制定的目标是否具有一定的连续性与层次性。④探究活动目标的难度是否符合幼儿的已有知识经验和能力。⑤探究活动的目标是否具有一定的动态性、是否可以有效协调预设与生成的关系。例如，

"有趣的弹性"教学活动中，教师将目标制定为：幼儿可以学会观察、实验、操作、信息交流等科学方法，并获得观察能力、动手能力、表征交流能力、创新能力等的发展；在科学情感目标的培养中通过幼儿日常玩的蹦蹦床、皮筋、皮球等玩具加强幼儿对弹性的喜爱以及他们对弹性探究的好奇和求知欲；学习更多有关弹性的科学知识，获得具体活动经验。

2. 科学活动内容的评价

幼儿园科学探究活动内容的设计与组织实施是为目标而服务的，它是幼儿园科学探究活动目标实现的载体。幼儿园科学探究活动的内容源自于幼儿的生活经验，是为满足幼儿的能力、兴趣和需要而设置的，科学教学活动内容与科学活动的目标要保持一致，在活动内容的实施过程中要依据活动主体即幼儿的知识水平和年龄特点的实际情况进行。在对科学探究活动内容进行评价实施的过程中应当注意以下两个方面：①课程内容是否具有科学性。课程内容应依据不同的教育对象、年龄阶段和领域内容来组织安排，做到因材施教。②课程内容结构是否合理。是否处理好国家课程、地方课程、园本课程的比例关系，充分发挥国家课程的主导作用的同时重视园本课程的辅助提高作用。是否协调好学科与活动、知识与游戏的关系。例如，在对弹性与非弹性物品分类记录的环节，由于小班幼儿还不具备书写能力，如果不考虑现状直接按计划开展不仅得不到预期的效果，同时也使幼儿对该活动失去兴趣导致活动无法进行，因此在对小班幼儿开展该记录活动时不能单一地靠幼儿自己去记录，此时需要老师在一旁指导并帮助幼儿记录，教师可采用问答的方式，引导幼儿去发现弹性物品，鼓励幼儿说一说并分一分，教师在幼儿分类时用记录表记录幼儿的分类情况。

> **拓展阅读**
>
> 《幼儿教育指导纲要（试行）》中
> 有关幼儿园课程内容的评价指标（科学）条目
>
> · 幼儿自身的生活经历、身边的各种带有科普性质的小故事、生活或媒体中幼儿熟悉的科技成果等均是幼儿进行科学学习的有效资源。
> · 结合儿童的生活经验，创设有利于激发儿童探索欲的问题和情境。
> · 营造宽松的环境，探究性问题的提出应适合儿童的差异性。
> · 提供丰富的可操作性材料，为每个幼儿都能运用多种感官、多种方式进行探索提供活动的条件。

3. 科学活动方法的评价

科学活动的方法是指教师和儿童在科学探索活动中，为完成教育目的所采用的具体方式和手段。科学活动的方法力求多种多样。结合幼儿的年龄特点与兴趣爱好以及教学内容的具体要求，多种教学方法相结合，旨在寓教于乐。确定某种方法作为科学活动的主要方法应考虑以下三个方面的因素：一是科学教育活动的目标和内容；二是不同年龄儿童的认识能力和动手能力；三是幼儿园的客观环境条件。在对幼儿园科学探究的方法选择进行评价时，要注意活动过程中的方法和组织形式是否灵活多样。活动在开展的过程中是否尽量让每个幼儿都动手动脑探究问题，是否通过集体、小组、个别活动相结合的方式来设计和组织科学活动。

例如，"有趣的弹性"主题活动课堂上，教师分别采用了自主探究法、问答法、游戏法等，将知识最大化地呈现给幼儿，不仅使其了解弹性，同时也提高他们对科学知识学习的兴趣。在活动开始时教师先给幼儿提供教学材料让幼儿自主探究发现所给材料的共性，从而使幼儿学会对材料观察、整理、分类，在教师引导性的提问中使幼儿明白生活中处处有弹性，进一步加大幼儿对弹性学习的兴趣，游戏环节玩弹弓的游戏再一次让幼儿感受并体验弹性，使幼儿对弹性的理解更加深入。该活动在利用教室的物品引导幼儿观察的同时，也启发幼儿回忆生活中的物品，学会发现生活中的科学，利用科学为生活服务。在"小蚯蚓找家"的科学活动中，通过让儿童观察蚯蚓遇到障碍物或绕道或从有孔隙的地方钻过、在有明有暗的地方会向黑暗的地方爬行、在有干土和湿土的地方蚯蚓会向湿土爬行等激发儿童观察蚯蚓的兴趣，了解蚯蚓与生存环境的关系。教师要根据实际合理、灵活地选用实验法与观察法，从而促使儿童积极主动地去探索、去发现、去学习。

4. 科学活动过程的评价

科学活动的实施过程把幼儿园科学探究活动设计从理念转换为实践。在实际的操作过程中，教师应根据整体班级的幼儿特点和探究过程对活动设计进行调整，设计只是提供一个框架，而实施则更多是灵活地进行生成。科学活动实施的过程中教师应把握好活动的节奏，让所有的幼儿在活动中受益，在游戏环节小组的合作中使幼儿有更多的交流机会，同时也成为学习的主体，把知识的应用融会贯通。在对幼儿园科学探究活动实施过程进行评价时，有必要重点关注以下几个方面。

①活动过程是否紧凑、流畅、有层次。评价过程的几个环节和层次的顺序是否能体现层层递进、环环相扣、相互衔接。例如"有趣的弹性"，幼儿感受弹性→讲解弹性→弹性分类→发现弹性（再次深入感受弹性）→使用弹性，这五个步骤在加深幼儿理解的同时也扩展了幼儿的知识，使幼儿学会观察生活，发现生活中的科学知识；该活动结构科学合理，通过一步步的教学设计使各环节紧凑开展，层层深入，幼儿在由浅及深的学习中减少了学习压力，在玩中学，轻松而愉快。

②活动过程中的重点、难点环节的把握和分析是否得当。评价活动过程中哪个环节是活动的重点，哪个环节是活动的难点，并能在时间安排、教师指导等方面围绕着重点难点的突破来分析活动的重点难点在哪个环节，应该如何突破。

③活动材料的选择和呈现是否紧紧围绕每个环节的实际需要。评价活动过程中材料种类应尽可能地做到多样化，并保证材料的充足性，以满足幼儿的探究需要。此外，材料的投放应当采用分层分次的方式。

④活动过程中师幼互动关系是否融洽。评价过程中教师能否给幼儿创设了宽松的探究环境和氛围；能否鼓励每个幼儿积极参与探究活动并大胆表达；能否尊重幼儿的意愿、重视幼儿之间的个体差异；能否不断调整自己在活动过程中的作用，如有时是材料的提供者，有时是活动的参与者，有时是活动的指导者，有时是活动的旁观者，有时又是活动的合作者。切实保证幼儿是科学探究活动的主体，是积极主动参与活动而不是被动参与，在整个过程中是愉快而富有创造性的。

> 拓展阅读

课程方案有效性评价指标

结合我国幼儿园课程方案实施的具体情况，参照美国教育评价标准联合委员会制定的方案评价标准（The Program Evaluation Standards），拟定课程方案的指标，具体见下表。

课程方案有效性评价指标

维度	评价内容
效用性	·实现不同人的教育需求 ·协调不同教育群体或个人的教育利益 ·得到了多方面的关注，在实施中得到社会、社区、教育部门等有力的支持 ·评价者值得信赖，有能力胜任评价工作 ·在后续的课程实施中有拓展的能力
可行性	·提供可操作的程序，并将不相关因素控制在最小范围内 ·设计与实施时考虑到不同的利益小组，并获得多方的合作 ·对于资源的运用成本做出预期判断，并能证明资源的花费是物有所值的
适切性	·为教师、幼儿及相关教育部门提供不同服务 ·以书面方式记录正式机构对评价所行使的不同职责；考虑不同年龄、不同性别、不同性格的幼儿需求，促进每一位幼儿的发展 ·关注课程的综合性与灵活性 ·评价机构确保向被评价者及相关人士公开所有的评价结果 ·公开阐明在实施过程中可能遇到的困难及自身的不足
精确性	·清晰表达所处的课程改革背景及其所依赖的理念 ·在目标、内容、组织、评价等指导方面描述准确、简洁 ·方案中的信息可靠、有效并得以复查 ·合理、系统地分析定量、定性资料 ·呈现的结果清晰、合理，避免个人情感和偏见 ·评价是形成性的、多维度的

第三节 学前儿童科学教育评价的方法

学前儿童科学教育评价的方法是指收集评价信息的方法，本节将介绍幼儿科学学习评价的主要方法。在幼儿科学教育评价中，无论是收集评估资料，还是对评估资料做出解释，都要坚持科学性，即不是通过主观臆测对对象做出判断，而是依照第一手的客观材料来描述对象。下面所介绍的观察分析法、问卷法、谈话法等，它们各具特点，分别适用于收集不同类型的评估资料。

一、观察记录法

对幼儿的评价应依赖于教师对幼儿长期定时和固定的观察，通过记录幼儿的行为，收集他们的作品，这样才能反应幼儿的一贯行为。观察分析法就是在自然状态或准自然状态下，对评估对象的行为进行现场观察，并根据观察结果进行分析、做出评定的过程。观察记录法在评价中的应用非常广泛，具体的方法也比较多。常用的有行为检核法、情境观察法等。

1. 行为检核法

行为检核法就是在观察之前依据评估的内容确定观察的目标，并制定一份观察行为检核表，将要观察的行为列在表中。实际观察时，观察者只要对照行为检核表中的各个项目进行逐条检核，并在符合的条目上做记号就可以了。

行为检核的观察方法对观察者的要求不高，实施起来比较方便，但在观察之前需要制定一份行为检核表（见表7-3）。检核表中的行为必须反映想要评估的内容，而且具有一定的代表性。

表7-3 幼儿对小鸡、小鸭的行为核检表

幼儿	行为											备注
	从远处看	走近	在近处看	用手抚摸	用手抓、捏	用语言逗引	模仿动物叫声	喂食	主动和同伴谈论	说出小动物的特征	发现鸡和鸭的不同	显露高兴的表情	其他行为表现	

2. 情境观察法

情境观察法比较适合对幼儿进行。由于它是在有控制的情境中进行，能排除一些无关因素的干扰，观察的效率也较高，因而得到越来越多的应用。

例如：运用情境观察的方法，评估幼儿好奇心的发展。根据好奇心的概念：好奇心是对新异刺激的积极反应倾向，可以确定好奇心的操作定义，即以一系列行为表现作为好奇心的指标。比如：接近新异刺激、观察刺激物、摆弄刺激物、自我发问、提出问题、长时间不愿离开等。

在评估过程中，教师可以设计一个情境，让幼儿置身于新异刺激的环境中，观察幼儿在其中的行为反应，并做出评估。

例如，向幼儿演示一种新奇的玩具——惯性车（幼儿平时没有见过这种玩具）。当幼儿明确了所见到的现象以后，主试问他："你想不想玩儿？如果你想玩儿，那你就玩儿吧。你想怎样玩儿就怎样玩儿。"在幼儿玩过5分钟以后，主试令其停止，并询问其有什么问题要问。幼儿在此情境中可能会有不同的表现。如果幼儿明确表示不想玩，则说明他对新异的刺激没有好奇心，计零分。如果幼儿想玩，则观察其在规定时间（5分钟）内的探索行为并予以评分。如果幼儿在5分钟之内提出不想玩了，也可根据其在这一段时间中的表现予以评分。

二、谈话法

谈话法也称访谈法，是指评估者通过直接和访谈对象进行交谈来获取有关信息的一种收集、评估资料的方法。相比前面观察记录中的两种方法，访谈法获得的资料更为真实可信，也更为生动具体，富有个性。由于访谈获得的资料比较难以标准化，而且访谈的进行费时费力，难以取得大样本的资料，过去一般很少用它作为收集资料的主要方法，只是用来验证采用其他方法收集的资料的真实性，或者补充其他方法收集到的资料的不足。近年来，由于教育研究中的定性研究越来越受到推崇，访谈方法的应用也越来越普遍。

访谈方法对访谈者的素质要求比较高。它不仅要求访谈者对访谈的内容非常熟悉，还要求访谈者本人具有较强的语言能力和敏锐的洞察力，善于倾听和理解对方。

访谈的形式多种多样，可以进行小组访谈，即和几个访谈对象同时进行，也可以个别访谈。可以进行封闭式的访谈（即限定问题的访谈），也可以进行开放式的访谈。不管采用何种形式的访谈，访谈者事先都需要准备详细的访谈提纲，包括访谈的程序、中心问题、附加问题等。要注意访谈中的问题不能太多，尽量避免提出和主题无关的问题。提问题时，要先从一般性的问题开始，逐渐深入到具体的问题。值得一提的是，对于幼儿来说，访谈法是最让幼儿感到轻松的方法，因为幼儿可以表露出他的真实想法。

谈话法也可应用于教师、家长等对象。它比问卷调查更直接、更富人情味，因而也更便于评估者从中获取真实的信息。比如，教师想要全面地评估幼儿对自然界的情感和态度，固然可以通过观察的方法，但是通过观察得到的信息有很大的局限性，特别是不能看出幼儿在日常生活中表现出的对自然界的情感和态度，教师就可以通过对幼儿和家长的访谈来获取信息。

三、作品分析法

《幼儿园教育指导纲要》指出，评价要"在日常活动与教育教学过程中采用自然的方法进行"，观察所获得的具有典型意义的幼儿行为表现和所积累的各种作品等是评价的重要依据。

作品分析法的实施主要有以下两个步骤。

1. 向幼儿布置任务，规定完成作品的时间

向幼儿布置所要完成的作品及正确完成作品的时间期限。幼儿在了解任务的基础上充分

发挥个体主体性，形成不同风格的作品。不确定的范围越大，幼儿自由发挥的空间越大，作品分析的内容就越具体，有利于全面、深入地了解幼儿的发展状况。作品的完成时限一般不宜过长，应根据制作任务的内容、性质与难度科学设定。如果规定的时限过长，在作品制作的前期，学前儿童会因认为时间充裕而放松情绪，在上交作品之前又匆忙完成，这种前松后紧的情况不利于充分发挥他们的主动性、积极性和创造性，研究者也难以据此准确地分析作品的制作水平以及学前儿童的相应特征。

2. 收集幼儿作品并进行分析

对幼儿的作品进行分析时，首先对比事先确立的指标内容，这样做可以保证不同作品之间具有横向可比性；其次应分析作品所具有的特色。所有的作品统计与分析完毕后，再将所有作品分析结果进行综合和具体化，之后便可得出科学的结论。父母最欣赏的评价方式往往并不是标有检核符号的量表，而是教师放在儿童作品文件夹中或者随机写在便利贴上的笔记。教师可以运用手机或数码相机记录儿童建构的作品、主题方案以及图画，为班级或每位儿童制作电子文件夹，或者把照片打印出来放进传统的文件夹里。这些作品记录了教师和幼儿共同学习的主题，所有这些记录都是一种有形的证据，记录了幼儿通过科学知识对自己的了解和对世界的认识。

本章小结

幼儿园科学教育是幼儿思维的"实验室"，幼儿时期的科学教育活动要让幼儿像科学家一样在活动中主动进行科学探究，亲身经历完整的科学过程，发展初步探究能力，提升科学素养，这是幼儿园科学教育活动的目标和价值所在。能够促进幼儿全面发展，有助于发掘幼儿科学潜能并促进其发展，甚至对其的一生产生深刻影响。在科学教育活动中，过程性评价非常重要，教师应关注过程性评价，避免用"标准答案"来限制幼儿的各种观念，而要有意识地培养幼儿的创造性思维和科学探究能力，为他们未来的发展打下坚实的基础。

关键术语

幼儿园科学教育评价内容　幼儿园科学教育评价目标

幼儿园科学教育评价方法　评价理念　诊断改进

思考题

1. 简述学前儿童科学教育评价的意义。
2. 学前儿童科学评价中，幼儿发展的评价指标体系包含哪些内容？
3. 简述学前儿童科学教育评价方法有哪些并对它们进行比较。
4. 尝试运用多彩光谱项目的评价方法制定幼儿园科学教育评价方案。

建议的活动

建议观看纪录片《请为我投票》，体会评价的意义，思考评价的方法，树立正确的评价观。

参考文献

[1] 教育部. 幼儿园教育指导纲要（试行）[M]. 北京：首都师范大学出版社，2001.

[2] 张俊. 幼儿园科学教育[M]. 北京：人民教育出版社，2004.

[3] 张红霞. 科学究竟是什么[M]. 北京：教育科学出版社，2003.

[4] 洪秀敏. 学前儿童科学教育[M]. 北京：北京大学出版社，2015.

[5] 刘占兰. 学前儿童科学教育[M]. 北京：北京师范大学出版社，2008.

[6] 张俊，等. 幼儿园科学领域教育精要：关键经验与活动指导[M]. 北京：教育科学出版社，2015.

[7] 韦钰，等. 探究式科学教育教学指导[M]. 北京：教育科学出版社，2005.

[8] 教育部. 3—6岁儿童学习与发展指南[M]. 北京：首都师范大学出版社，2014.

[9] 施燕. 学前儿童科学教育与活动指导[M]. 上海：华东师范大学出版社，2014.

[10] 王春燕，秦元东，黎安林. 探究·体验·发现：幼儿园科学教育理论与实践[M]. 南京：南京师范大学出版社，2010.

[11] 温·哈伦. 科学教育的原则与大概念[M]. 韦钰，译. 北京：科学普及出版社，2011.

[12] 大卫·杰纳·马丁. 建构儿童的科学：探究过程导向的科学教育[M]. 杨彩霞，等，译. 北京：北京师范大学出版社，2006.

[13] 夏力. 学前儿童科学教育活动指导[M]. 上海：复旦大学出版社，2014.

[14] 沈艳凤，沈珍珍，潘学琴. 造房子[M]. 南京：南京师范大学出版社，2019.

[15] 英格里德·查鲁福. 与幼儿一起发现自然[M]. 张澜，等，译. 南京：南京师范大学出版社，2017.

[16] 周兢，陈娟娟. 幼儿园活动整合课程指导[M]. 南京：南京师范大学出版社，2002.

[17] 朱莉·布拉德. 0~8岁儿童学习环境创设[M]. 陈妃燕，等，译. 南京：南京师范大学出版社，2014.

[18] 朱旭东. 儿童·博物馆·教育：共同愿景[M]. 上海：上海教育出版社，2021.

[19] 周婧景. 博物馆儿童教育：儿童展览与教育项目的双重视角[M]. 杭州：浙江大学出版社，2017.

[20] 莎莉·穆莫. 早期STEM教学：科学、技术、工程与数学的整合活动[M]. 李正清，译. 南京：南京师范大学出版社，2017.

[21] 崔璐. 幼儿园STEM教育活动设计与实施的现状研究[D]. 昆明：云南师范大学，2021.

[22] 何善亮. 论中小学科学教育的内容选择与表达方式——兼谈科学教育需要什么样的大概念[J]. 天津师范大学学报（基础教育版），2019（2）.

[23] 韦倩倩，陈时见. 幼儿园STEM教育的基本特征与实施策略[J]. 河北师范大学学报（教育科学版），2021（6）.

[24] 林虹娟. STEM教育理念下幼儿园建构活动的实施探究[D]. 福州：福建师范大学，2021.

[25] 孙红艳,樊俊杰. STEM教育与幼儿园课程相融合的实践探究[J]. 吉林省教育学院学报,2020(3).

[26] 王丽. 课程统整理念下的幼儿STEM活动研究[D]. 南京:南京师范大学,2019.

[27] 王春燕. 儿童需要什么样的科学:对我国儿童科学教育价值取向的思考[J]. 学前教育研究,2009(05).

[28] 高潇怡. 我国幼儿园科学教育内容的问题与改进:基于对美国《下一代科学教育标准》借鉴的思考[J]. 教育研究与实验,2017(01).

[29] 李槐青. 当前幼儿园科学教育存在的问题及其解决策略[J]. 学前教育究,2010(07).